CADERNO DE REVISÃO

ENSINO MÉDIO
QUÍMICA

José Carlos de Azambuja Bianchi
Mestre em Química Inorgânica, com linha de pesquisa em Ensino, pela Universidade Estadual de Campinas (Unicamp). Bacharel e Licenciado em Química pela Faculdade Oswaldo Cruz. Professor do Ensino Médio na rede particular de ensino.

Carlos Henrique Albrecht
Pós-graduado em Estrutura da Matéria pela Unicamp. Bacharel e Licenciado em Química pela Unicamp. Professor do Ensino Médio nas redes pública e particular de ensino.

Daltamir Justino Maia
Doutor em Ciências pela Unicamp. Mestre em Química Inorgânica pela Unicamp. Bacharel em Química pela Unicamp. Autor de livros de Ensino Superior de Química. Professor EBTT do Instituto Federal de São Paulo (Campus Campinas).

1ª edição
São Paulo – 2017

© Editora do Brasil S.A., 2017
Todos os direitos reservados

Direção-geral: Vicente Tortamano Avanso

Direção editorial: Cibele Mendes Curto Santos
Gerência editorial: Felipe Ramos Poletti
Supervisão editorial: Erika Caldin
Supervisão de arte, editoração e produção digital: Adelaide Carolina Cerutti
Supervisão de direitos autorais: Marilisa Bertolone Mendes
Supervisão de controle de processos editoriais: Marta Dias Portero
Supervisão de revisão: Dora Helena Feres
Consultoria de iconografia: Tempo Composto Col. de Dados Ltda.
Licenciamentos de textos: Cinthya Utiyama, Jennifer Xavier, Paula Tozaki, Renata Garbellini
Controle de processos editoriais: Bruna Alves, Carlos Nunes, Gabriella Mesquita, Rafael Machado

Concepção, desenvolvimento e produção: Triolet Editorial & Mídias Digitais
Diretora executiva: Angélica Pizzutto Pozzani
Diretor de operações e produção: João Gameiro
Gerente editorial: Denise Pizzutto
Editora de texto: Carmen Lucia Ferrari
Editora assistente: Tatiana Pedroso Gregório
Preparação e revisão: Carol Gama, Flavia Schiavo, Gabriela Damico, Juliana Simões, Mariana Góis, Patrícia Rocco, Roseli Simões, Vinicius de Oliveira.
Projeto gráfico: Triolet Editorial/Arte
Editora de arte: Daniela Fogaça Salvador
Assistentes de arte: Felipe Frade, Christof Gunkel
Ilustradores: Adilson Secco, Suryara Bernardi
Iconografia: Pamela Rosa (coord.)
Capa: Beatriz Marassi

Dados Internacionais de Catalogação na Publicação (CIP)
(Câmara Brasileira do Livro, SP, Brasil)

Bianchi, José Carlos de Azambuja
  Química: Caderno de Revisão / José Carlos de Azambuja Bianchi, Carlos Henrique Albrecht, Daltamir Justino Maia. -- 1. ed. -- São Paulo : Editora do Brasil, 2017. -- (Série Brasil Ensino Médio)

  ISBN: 978-85-10-06611-2 (aluno)
  ISBN: 978-85-10-06612-9 (professor)

  1. Química (Ensino Médio) I. Albrecht, Carlos Henrique. II. Maia, Daltamir Justino. III. Título. IV. Série.

17-06644   CDD-540.7

Índice para catálogo sistemático:
1. Química : Ensino médio   540.7

Reprodução proibida. Art. 184 do Código Penal e Lei n. 9.610 de 19 de fevereiro de 1998.
Todos os direitos reservados

2017
Impresso no Brasil

Impresso na Meltingcolor Gráfica e Editora Ltda.
1ª Edição – 1ª Impressão – 2017

Rua Conselheiro Nébias, 887
São Paulo, SP – CEP 01203-001
Fone: +55 11 3226-0211
www.editoradobrasil.com.br

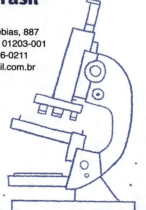

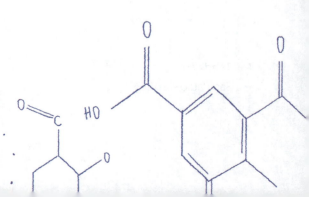

APRESENTAÇÃO

Caros alunos,

Neste Caderno de Revisão, são trabalhados tanto seus conhecimentos prévios quanto os adquiridos em estudos realizados sob a orientação do professor ou por sua própria iniciativa. Esta é uma oportunidade para que você revise todo o conteúdo trabalhado no seu livro. Releia, reescreva e faça resumos dos temas que reúnem os conhecimentos e os relacionem aos de outras disciplinas e às suas experiências cotidianas.

Ao estudar Química, você perceberá a presença do termo *substância*. Aparentemente, entender o que significa essa palavra é fácil, mas, na verdade, essa compreensão requer muita atenção. Por que alguns materiais do Universo ganham o *status* de substância e outros não? Por que há interesse nas substâncias? Essas questões estarão presentes no livro *Química: matéria, energia e transformações* para você estudar e revisá-las quando for necessário.

Tentar resolver alguns exercícios é uma maneira interessante de fazer uma revisão, entretanto, procure começar relendo o tratamento conceitual que está no livro. Conceitos sustentam as resoluções dos exercícios, pois oferecem os significados dos objetos indicados nos enunciados dessas questões.

Bom estudo!

Os autores

Sumário

Capítulo 1 Substâncias 6

Capítulo 2 Energia 12

Capítulo 3 Radioquímica 14

Capítulo 4 Quantidade de átomos, moléculas e íons 25

Capítulo 5 Modelos atômicos, a tabela dos elementos e modelos de ligações 32

Capítulo 6 Ligações covalentes 40

Capítulo 7 Compostos inorgânicos 50

Capítulo 8 Gases 61

Capítulo 9 Reservas da crosta terrestre e tecnologia 72

Capítulo 10 Soluções 85

Capítulo 11 Termoquímica 95

Capítulo 12 Cinética química 107

Capítulo 13 Equlíbrio químico 118

Capítulo 14 Eletroquímica 133

Capítulo 15 Introdução à química orgânica 148

Capítulo 16 Organização das moléculas orgânicas 165

Capítulo 17 As modernas moléculas orgânicas 178

Gabarito 187

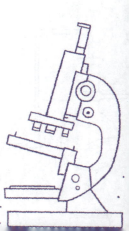

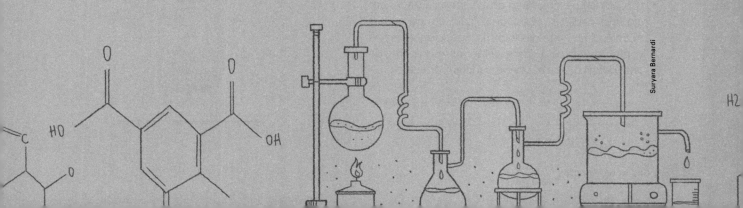

CAPÍTULO 1 – SUBSTÂNCIAS

- **Elemento químico**: o conjunto de átomos que apresentam as mesmas propriedades.
- **Matérias homogêneas e heterogêneas**: são classificadas segundo a uniformidade ou não do aspecto da amostra em observação.
- **Fases de um sistema**: considera-se fase cada uma das partes homogêneas de um sistema heterogêneo.
- **Separação de misturas**

    – **Destilação simples**: quando a mistura é homogênea, como água com sal de cozinha dissolvido, o processo de filtração não é capaz de separar seus componentes. Para isso, podemos utilizar a técnica da destilação simples, que consiste no aquecimento da mistura até que seu componente líquido vaporize e permaneça somente o componente sólido no recipiente.

    – **Destilação fracionada**: trata-se de um processo de separação de dois ou mais líquidos que se misturam homogeneamente e que apresentam diferentes temperaturas de ebulição.

- **Substâncias**: constituem um tipo de matéria cujas propriedades são constantes independentemente da origem delas. São classificadas em:

    – **Substância simples**: é aquela constituída por átomos quimicamente iguais, ou seja, átomos do mesmo elemento químico, por exemplo O_2.

    – **Substância composta**: é aquela constituída por dois ou mais átomos quimicamente diferentes, ou seja, átomos de elementos químicos diferentes, por exemplo SO_2.

- **As substâncias e as mudanças de fases**

    – **Vaporização**: é a passagem da fase líquida para a fase de vapor. Existem dois tipos de vaporização: a evaporação e a ebulição.

    – **Fusão**: é a transformação física da fase sólida para a fase líquida. Tal fenômeno também requer energia para que a substância mude de fase.

    A transformação do líquido para o sólido é a solidificação e a passagem do vapor para o líquido chama-se liquefação. A sublimação é a transformação, sem passar pelo estado líquido, do sólido para o vapor ou do vapor para o sólido.

- **Caracterização das substâncias por meio de suas propriedades**: propriedade é uma qualidade peculiar de um material. As propriedades quantitativas podem ser medidas, como a densidade e a temperatura de ebulição e de fusão de uma substância.

- **Temperaturas de fusão e ebulição normais**: define-se como temperatura de ebulição normal aquela na qual uma substância passa da fase líquida para a fase gasosa sob pressão de 1 atmosfera. A temperatura de fusão é aquela em que uma substância em fase sólida passa para a fase líquida também sob pressão de 1 atmosfera.

- **Densidade absoluta** ou **massa específica**: é a relação entre a massa do corpo e o volume ocupado pela respectiva massa do mesmo corpo.

---

1. (Unicamp-SP) O "pão francês" é o pão mais consumido pelos brasileiros. Sua receita é muito simples. Para a fabricação é necessário farinha de trigo, fermento biológico, água e um pouco de sal. Sabe-se que a adição de bromato de potássio ($KBrO_3$) proporciona um aumento de volume do produto final. Nesse caso, pode-se considerar, simplificadamente, que o $KBrO_3$ se decompõe dando KBr e gás oxigênio. Tempos atrás, tornou-se prática comum o uso de bromato de potássio em massas e pães. Em função deste uso, ainda hoje é comum observarmos, afixadas em algumas padarias, frases como: "pão sem elementos químicos". Em vista das informações acima e de seu conhecimento de química, pergunta-se: do ponto de vista químico, essa frase é verdadeira? Justifique.

2. (Puccamp-SP) Como medida de segurança, na estocagem de combustíveis como, por exemplo, a gasolina, é comum injetar-se gás nitrogênio para que, ocupando o lugar do ar, impeça a formação da mistura combustível (gasolina + oxigênio). Dentro do tanque temos um sistema:

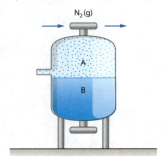

a) monofásico.
b) bifásico.
c) trifásico.
d) com apenas N$_2$(g) em A.
e) heterogêneo em B.

3. (PUC-MG) Dependendo do número de fases, os sistemas podem ser classificados em homogêneos e heterogêneos. Considere as afirmações:

I. Todo sistema polifásico é uma mistura heterogênea.
II. Todo sistema monofásico é um sistema homogêneo.
III. Todo sistema monofásico é mistura homogênea.
IV. Não existe sistema polifásico formado somente de gases e vapores.
V. A água é uma mistura de hidrogênio e oxigênio.

a) Apenas I é verdadeira.
b) Apenas II e IV são verdadeiras.
c) Apenas IV é verdadeira.
d) Apenas IV e V são verdadeiras.
e) Todas são verdadeiras.

4. (UFMG) Considere um sistema constituído apenas por água e gelo. Pode-se afirmar corretamente que esse sistema:
a) apresenta dois componentes.
b) apresenta três fases.
c) apresenta um componente e uma fase.
d) é constituído por uma substância.
e) é homogêneo.

5. (UEL-PR) De uma mistura heterogênea entre dois líquidos imiscíveis e de densidades diferentes é possível obter líquidos puros pelos processos de:
I. sublimação.   II. decantação.   III. filtração.

Dessas afirmativas, apenas:
a) I é correta.
b) II é correta.
c) III é correta.
d) I e II são corretas.
e) II e III são corretas.

6. (Fatec-SP) Um estudante recebeu uma amostra na forma de um pó branco constituída por mistura das substâncias sólidas A e B, que frente à água comportam-se como registra a tabela que segue.

Sólido	Comportamento em água	
	Água a 25 °C	Água fervente
A	Insolúvel	Insolúvel
B	Insolúvel	Solúvel

Assinale a opção que contém o procedimento experimental correto para separar os sólidos A e B.
a) Utilizar um ímã, separando A e B.
b) Adicionar o pó branco à água fervente e submeter a mistura à evaporação.
c) Adicionar o pó branco à água a 25 °C, filtrar a mistura e submeter o filtrado à evaporação.
d) Adicionar o pó branco à água fervente, filtrar a mistura e submeter o filtrado à evaporação
e) Adicionar o pó branco à água a 25 °C e submeter a mistura à evaporação.

7. (UFSCar-SP) A figura representa o esquema de um experimento para determinação do teor de álcool na gasolina.

Com base no experimento e considerando que não há variação de volume, pode-se afirmar que o teor de álcool, em volume, na gasolina analisada, e o processo de extração utilizado são, respectivamente,

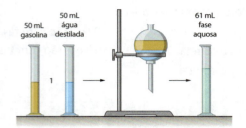

a) 11% e dissolução fracionada.
b) 22% e dissolução fracionada.
c) 11% e decantação fracionada.
d) 22% e decantação fracionada.
e) 11% e destilação fracionada.

___
___
___
___
___
___
___
___

8. (Unicamp-SP) As "margarinas", muito usadas como substitutos da manteiga, contêm gorduras vegetais hidrogenadas. A diferença fundamental entre uma margarina *light* e outra "normal" está no conteúdo de gordura e de água. Colocou-se em um tubo de ensaio certa quantidade de margarina "normal" e, num outro tubo de ensaio, idêntico ao primeiro, colocou-se a mesma quantidade de margarina *light*. Aqueceram-se em banho-maria os dois tubos contendo as margarinas até que aparecessem duas fases, como esquematizado na figura.

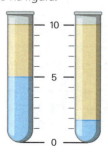

a) Reproduza, na resposta, a figura do tubo correspondente à margarina *light*, identificando as fases lipídica e aquosa.

___
___
___
___
___

b) Admitindo que as duas margarinas tenham o mesmo preço e considerando que este preço diz respeito, apenas, ao teor da gordura de cada uma, em qual delas a gordura custa mais e quantas vezes (multiplicação) este preço é maior do que na outra?

___
___
___
___

9. (Fuvest-SP) O composto orgânico sólido ácido ftálico, utilizado na síntese de corantes, pode estar impurificado por naftaleno, matéria-prima para sua obtenção.

Tabela de solubilidade						
Solvente	Água		Álcool		Éter	
Substância	Fria	Quente	Frio	Quente	Frio	Quente
Naftaleno	i	i	s	m	s	m
Ácido ftálico	p	m	s	s	p	p

m = muito solúvel;   i = insolúvel;
s = solúvel;   p = parcialmente solúvel.

Com base na tabela, escreva um procedimento que permita separar o ácido ftálico do naftaleno, obtendo o primeiro no estado sólido.

___
___
___
___
___
___
___
___

10. (UFMG) O mercúrio, um metal líquido, é utilizado pelos garimpeiros para extrair ouro. Nesse caso, o mercúrio forma, com o ouro, uma mistura líquida homogênea, que pode ser separada, facilmente, da areia e da água.

Para separar esses dois metais, minimizando os riscos ambientais, seria interessante que os garimpeiros utilizassem uma retorta, como representado, esquematicamente, nesta figura:

Para tanto, a mistura é aquecida na retorta e, então, o mercúrio evapora-se e condensa-se no bico desse recipiente.

Considerando-se essas informações, é incorreto afirmar que:

a) o ouro é mais volátil que o mercúrio.
b) o mercúrio é destilado na retorta.
c) o mercúrio se funde a uma temperatura menor que o ouro.
d) o ouro se dissolve no mercúrio.

11. (Uespi-PI) O elemento químico fósforo pode ser encontrado na forma de duas substâncias simples: o fósforo branco, que é usado na produção de bombas de fumaça e cuja inalação provoca necrose dos ossos, e o fósforo vermelho, que é utilizado na fabricação de fósforo de segurança e se encontra na tarja da caixa e não no palito. Sobre o fósforo, assinale a alternativa correta.

a) Estas duas formas de apresentação do fósforo são chamadas de alotrópicas.
b) Estas duas formas de apresentação do fósforo são chamadas de isotérmicas.
c) A diferença entre as duas formas de fósforo reside somente no estado físico.
d) O fósforo apresenta-se na natureza em duas formas, chamadas de isobáricas.
e) Estas duas formas de apresentação do fósforo são chamadas de isotópicas.

12. (PUC-RJ) Considere as seguintes afirmativas:

I. durante a mudança de estado de uma substância pura, a temperatura se mantém constante;
II. as misturas são sistemas polifásicos;
III. um sistema homogêneo pode apresentar mais de um componente, mas não mais que uma fase;

e responda quais são sempre verdadeiras.

a) Apenas a I
b) Apenas a II
c) Apenas a III
d) A I e a III
e) A I e a II

13. (Unifesp-SP) Para se isolar a cafeína (sólida, em condições ambientais) de uma bebida que a contenha (exemplos: café, refrigerante etc.), pode-se usar o procedimento simplificado seguinte.

"Agita-se um certo volume da bebida com dicloroetano e deixa-se em repouso algum tempo. Separa-se, então, a parte orgânica, contendo a cafeína, da aquosa. Em seguida, destila-se o solvente e submete-se o resíduo da destilação a um aquecimento, recebendo-se os seus vapores em uma superfície fria, onde a cafeína deve cristalizar".

Além da destilação e da decantação, quais operações são utilizadas no isolamento da cafeína?

a) Flotação e ebulição
b) Flotação e sublimação
c) Extração e ebulição
d) Extração e sublimação
e) Levigação e condensação

14. (UFV-MG) A naftalina, nome comercial do hidrocarboneto naftaleno, é utilizada em gavetas e armários para proteger tecidos, papéis e livros do ataque de traças e outros insetos. Assim como outros compostos, a naftalina tem a propriedade de passar do estado sólido para o gasoso sem fundir-se. Esse fenômeno é chamado de:

a) liquefação.
b) sublimação.
c) combustão.
d) ebulição.
e) solidificação.

15. (UFMT) Os gráficos I e II representam, respectivamente, o processo de aquecimento e o resfriamento da amostra de um líquido.

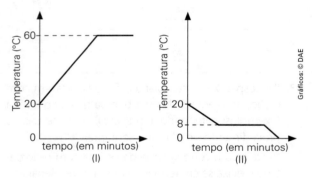

Com base na análise dos gráficos, pode-se concluir que:
a) a 8 °C a amostra coexiste nos estados líquido e sólido.
b) trata-se de uma mistura de duas substâncias.
c) o ponto de ebulição do líquido é 20 °C.
d) a 0 °C a amostra encontra-se no estado líquido.
e) ocorrendo variação da pressão atmosférica, o gráfico I permanecerá inalterado.

16. (Vunesp-SP) Em um laboratório, foi encontrado um frasco, sem identificação, contendo um pó branco cristalino. Aquecendo este pó com taxa constante de fornecimento de calor, foi obtida a seguinte curva de aquecimento:

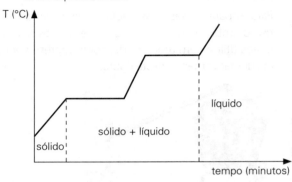

Pode-se afirmar que o pó branco encontrado é:
a) uma substância simples.
b) uma substância composta.
c) uma mistura de cristais com tamanhos diferentes.
d) uma mistura de duas substâncias.
e) uma mistura de três substâncias.

17. (UnB-DF) Analise o gráfico correspondente à curva de aquecimento de um material, no qual estão representadas diferentes fases (s = sólido; ℓ = líquido; v = vapor), e julgue os itens seguintes.

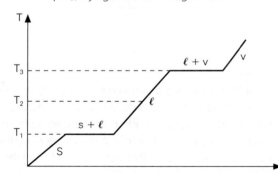

a) T_2 corresponde ao ponto de ebulição do material.
b) Se no estado líquido esse material fosse resfriado, solidificaria à temperatura T_1.
c) Segundo o gráfico, o material é constituído por uma mistura de três substâncias.

18. (Fuvest-SP) Três variedades alotrópicas do carbono são diamante, grafita e fulereno. As densidades dessas substâncias, não necessariamente na ordem apresentada, são 3,5; 1,7 e 2,3 g/cm³. Com base nas substâncias médias entre os átomos de carbono, escolha a densidade adequada e calcule o volume ocupado por um diamante de 0,175 quilate. Esse volume, em cm³, é igual a:

a) $0,50 \times 10^{-2}$ d) $2,0 \times 10^{-2}$
b) $1,0 \times 10^{-2}$ e) $2,5 \times 10^{-2}$
c) $1,5 \times 10^{-2}$

Dados:

Distância média entre os átomos de carbono, em nanômetro (10^{-9} m)

diamante = 0,178   grafita = 0,207
fulereno = 0,226   1 quilate = 0,20 g

19. (UFMG) Em um frasco de vidro transparente, um estudante colocou 500 mL de água e, sobre ela, escorreu vagarosamente, pelas paredes internas do recipiente, 50 mL de etanol. Em seguida, ele gotejou óleo vegetal sobre esse sistema. As gotículas formadas posicionaram-se na região interfacial, conforme mostrado na figura a seguir.

Considerando-se esse experimento, é correto afirmar que

a) a densidade do óleo é menor que a da água.
b) a massa de água, no sistema, é 10 vezes maior que a de etanol.
c) a densidade do etanol é maior que a do óleo.
d) a densidade da água é menor que a do etanol.

20. (UFMG) Uma certa quantidade de água é colocada em um congelador, cuja temperatura é de −20 °C. Após estar formado e em equilíbrio térmico com o congelador, o gelo é transferido para outro congelador, cuja temperatura é de −5 °C. Considerando-se essa situação, é correto afirmar que, do momento em que é transferido para o segundo congelador até atingir o equilíbrio térmico no novo ambiente, o gelo

a) se funde.
b) transfere calor para o congelador.
c) se aquece.
d) permanece na mesma temperatura inicial.

CAPÍTULO 2 – ENERGIA

- **Senso comum sobre energia**: responsável por promover os movimentos que produzem a dinâmica do Universo com todas as suas transformações.
- **Princípio da conservação da energia**: a energia não pode ser criada nem destruída, ela simplesmente se transforma de uma modalidade em outra.
- **Definição de caloria**: a quantidade de calor transmitida a um grama de água pura para que sua temperatura se eleve de 1 °C é precisamente entre 14,5° e 15,5 °C.
- **A experiência de Joule**: proporcionou o entendimento da relação entre energia térmica e energia mecânica: 1 caloria equivale a 4,18 joules ou 4,18 J.
- **Produção e consumo de energia**
  - **Combustível renovável**: álcool
  - **Combustíveis não renováveis**: petróleo, gás natural e carvão mineral.
- **Combustão**: é toda reação química entre combustíveis e comburente – substância que alimenta a combustão. É exotérmica porque libera calor para o ambiente e acontece a altas temperaturas, com ritmos elevados. O comburente é o oxigênio, e o combustível é composto basicamente de hidrogênio, carbono, oxigênio, enxofre e nitrogênio (não necessariamente todos esses elementos devem estar presentes).

---

1. (UEL-PR) Os impactos advindos da queima de combustíveis fósseis têm intensificado a busca por combustíveis alternativos. É nesse contexto que surgem, no Brasil, propostas de utilização de um combustível de origem vegetal, denominado biodiesel, em substituição ao óleo diesel. Sobre a utilização de combustíveis menos poluidores, assinale a alternativa correta.

a) A substituição de combustíveis fósseis por combustíveis de origem vegetal será insignificante para a melhoria da qualidade de vida, pois os primeiros têm participação mínima na poluição dos grandes centros urbanos.

b) Doenças respiratórias e agravamento de doenças crônicas são comumente relacionados a áreas poluídas; portanto, a utilização de combustíveis menos poluidores poderá melhorar a qualidade de vida.

c) Apesar de melhorar a qualidade de vida dos centros urbanos, a substituição de combustíveis fósseis por combustíveis de origem vegetal é economicamente inviável.

d) Os investimentos necessários para a substituição do diesel pelo biodiesel são injustificáveis, pois a redução da poluição beneficiaria uma pequena parcela da população.

e) Ao longo do tempo, a população dos centros urbanos desenvolveu mecanismos de absorção da poluição que dificultam o aparecimento de doenças; portanto, a substituição de combustíveis é uma medida desnecessária.

2. (Enem) As previsões de que, em poucas décadas, a produção mundial de petróleo possa vir a cair têm gerado preocupação, dado seu caráter estratégico. Por essa razão, em especial no setor de transportes, intensificou-se a busca por alternativas para a substituição do petróleo por combustíveis renováveis. Nesse sentido, além da utilização de álcool, vem se propondo, no Brasil, ainda que de forma experimental,

a) a mistura de percentuais de gasolina cada vez maiores no álcool.

b) a extração de óleos de madeira para sua conversão em gás natural.

c) o desenvolvimento de tecnologias para a produção de biodiesel.

d) a utilização de veículos com motores movidos a gás do carvão mineral.

e) a substituição da gasolina e do diesel pelo gás natural.

3. (Enem) Já são comercializados no Brasil veículos com motores que podem funcionar com o chamado combustível flexível, ou seja, com gasolina ou álcool em qualquer proporção. Uma orientação prática para o abastecimento mais econômico é que o motorista multiplique o preço do litro da gasolina por 0,7 e compare o resultado com o preço do litro do álcool. Se for maior, deve optar pelo álcool. A razão dessa orientação deve-se ao fato de que, em média, se com um certo volume de álcool o veículo roda dez quilômetros, com igual volume de gasolina rodaria cerca de:

a) 7 km
b) 10 km
c) 14 km
d) 17 km
e) 20 km

4. (Enem) Há estudos que apontam razões econômicas e ambientais para que o gás natural possa vir a tornar-se, ao longo deste século, a principal fonte de energia em lugar do petróleo. Justifica-se essa previsão, entre outros motivos, porque o gás natural:

a) além de muito abundante na natureza é um combustível renovável.
b) tem novas jazidas sendo exploradas e é menos poluente que o petróleo.
c) vem sendo produzido com sucesso a partir do carvão natural.
d) pode ser renovado em escala de tempo muito inferior à do petróleo.
e) não produz CO_2 em sua queima, impedindo o efeito estufa.

5. (Enem) Os sistemas de cogeração representam uma prática de utilização racional de combustíveis e de produção de energia. Isto já se pratica em algumas indústrias de açúcar e de álcool, nas quais se aproveita o bagaço da cana, um de seus subprodutos, para produção de energia. Esse processo está ilustrado no esquema abaixo.

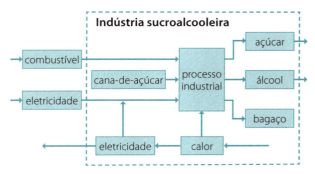

Entre os argumentos favoráveis a esse sistema de cogeração, pode-se destacar que ele:

a) otimiza o aproveitamento energético ao usar queima do bagaço nos processos térmicos da usina e na geração de eletricidade.
b) aumenta a produção de álcool e de açúcar ao usar o bagaço como insumo suplementar.
c) economiza na compra de cana-de-açúcar, já que o bagaço também pode ser transformado em álcool.
d) aumenta a produtividade ao fazer uso do álcool para a geração de calor na própria usina.
e) reduz o uso de máquinas e equipamentos na produção de açúcar e álcool, por não manipular o bagaço da cana.

6. (Enem) No processo de fabricação de pão, os padeiros, após prepararem a massa utilizando fermento biológico, separam uma porção de massa em forma de "bola" e a mergulham num recipiente com água, aguardando que ela suba, como pode ser observado, respectivamente, em I e II do esquema a seguir. Quando isso acontece, a massa está pronta para ir ao forno.

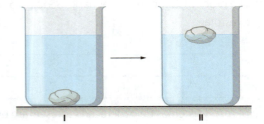

Um professor de Química explicaria esse procedimento da seguinte maneira:

A bola da massa torna-se menos densa que o líquido e sobe. A alteração da densidade deve-se à fermentação, processo que pode ser resumido pela equação:

$$C_6H_{12}O_6 \rightarrow 2\ C_2H_5OH + 2\ CO_2 + energia.$$
glicose   álcool comum   gás carbônico

Considere as afirmações abaixo.

I. A fermentação dos carboidratos da massa de pão ocorre de maneira espontânea e não depende da existência de qualquer organismo vivo.

II. Durante a fermentação, ocorre produção de gás carbônico, que se vai acumulando em cavidades no interior da massa, o que faz a bola subir.

III. A fermentação transforma a glicose em álcool. Como o álcool tem maior densidade do que a água, a bola de massa sobe.

Dentre as afirmativas, apenas:

a) I está correta.
b) II está correta.
c) I e II estão corretas.
d) II e III estão corretas.
e) III está correta.

7. (UFPR) A cana-de-açúcar, trazida da Índia por colonizadores portugueses, continua gerando trabalho, riqueza e divisas para o país. Que alternativa não contém produto obtido de cana-de-açúcar?

a) Cerveja, bebida que contém, entre outros ingredientes, 5% (ºGL) de álcool etílico.
b) Caldo de cana ou garapa, bebida altamente energética.
c) Melado, alimento viscoso de alto valor energético.
d) Energia elétrica produzida por cogeração em uma indústria sucroalcooleira.
e) Gasolina brasileira, mistura de combustíveis que contém aproximadamente 25% (ºGL) de etanol.

8. (Mack-SP) O gás metano, principal constituinte do gás natural, pode ser obtido:

I. em bolsões naturais, assim como o petróleo.
II. na fermentação de lixo orgânico doméstico e de excrementos de animais.
III. na decomposição de vegetais no fundo de lagos e pântanos.
IV. na combustão total da madeira.

Estão corretas somente:

a) I e IV
b) I, II e IV
c) III e IV
d) II e III
e) I, II e III

CAPÍTULO 3 – RADIOQUÍMICA

- **Radioquímica**: um estudo cuja origem se deve às observações sobre fragmentos atômicos emitidos espontaneamente.
- **Lei de Proust**: estabelece que, independentemente do modo que se prepara um composto, os elementos constituintes da substância se combinam sempre na mesma proporção em massa.
  – Proporcionou a Dalton argumentos para acreditar nos átomos maciços e quase cem anos depois de Dalton coube a *Sir* Rutherford propor a existência de átomos nucleares.
  – Em 1911, o átomo de Dalton já não existia como um corpo maciço. Passou a ter um núcleo positivo e a eletrosfera um ambiente de elétrons com carga negativa ao redor do núcleo positivo.
- **Elemento químico**: passa a ser definido como um conjunto de átomos com a mesma carga

positiva nuclear conferida pelos prótons, porém com números de massa diferentes devido à presença de nêutrons em quantidades diferentes nestes átomos pertencentes ao conjunto. Atualmente, elemento químico é um conjunto de átomos isótopos, isto é, com o mesmo número de prótons, mas com diferentes quantidades de nêutrons.

- **Íons**: são partículas com número de prótons diferente do número de elétrons. Os íons podem ser chamados de cátions ou ânions. **Cátions** são íons em que o número de elétrons é menor que o número de prótons. **Ânions** são íons em que o número de elétrons é maior que o número de prótons.

- A **radioatividade** é observada como emissão de partículas nucleares, isto é, núcleos que se fragmentam ao emitirem partículas menores do que ele próprio.

- **Isótopos**: são átomos de um mesmo elemento químico (mesmo número atômico) com diferentes números de nêutrons. Por consequência, o número de massa (A) também será diferente.

- **Emissão alfa**: é constituída de dois nêutrons e dois prótons, que, ao ser emitida por um núcleo radioativo, gera um novo núcleo ou núcleo-filho com duas unidades a menos em relação ao número atômico do átomo que o gerou e quatro unidades a menos em relação ao número de massa.

– Símbolos para a emissão alfa (dois prótons e dois nêutrons):

$$^{A}_{Z}T \rightarrow {}^{A-4}_{Z-2}X + {}^{4}_{2}\alpha$$

em que A = número de massa (quantidade de prótons + nêutrons); Z = número atômico (quantidade de prótons no núcleo). Exemplo:

$$^{238}_{92}U \rightarrow {}^{234}_{90}Th + {}^{4}_{2}\alpha$$

- **Emissão beta**: (elétron) o átomo-filho possui o mesmo número de massa do átomo-pai, portanto são isóbaros e possuem uma unidade a mais no número atômico. Exemplo:

$$^{14}_{6}C \rightarrow {}^{14}_{7}C + {}^{0}_{-1}\beta$$

Ambas as emissões são acompanhadas de liberação de energia.

- **Meia-vida**: é o tempo que transcorre para que a quantidade de átomos radiativos da amostra original seja reduzida à metade. A equação simplificada desta definição nos informa que $N = \dfrac{N_0}{2^n}$, em que N é o número de átomos que restam após transcorrer "n" meias-vidas e N_0 é o número de átomos originais na amostra.

(UFMT) As questões **1** e **2** estão relacionadas ao texto abaixo:

A radioatividade sempre existiu em nosso planeta. Materiais radioativos estão presentes na crosta terrestre, nos pisos e nas paredes de nossas construções, nos alimentos e no nosso próprio corpo. Grande é o seu potencial de uso pela humanidade, como em centrais elétricas alimentadas por energia nuclear, na datação geológica e na medicina moderna.

1. Sobre radioatividade, assinale a afirmativa incorreta.

a) O fenômeno da radioatividade foi descoberto pelo cientista francês Henri Becquerel e pesquisado, entre outros cientistas, pelo casal Marie e Pierre Curie.

b) A emissão de radiação gama a partir do núcleo de um átomo não altera o número atômico e o número de massa do atômico.

c) A perda de uma partícula beta ($^{0}_{-1}\beta$) de um átomo de $^{75}_{33}$As forma um isótopo de arsênio.

d) Quando um radionuclídeo emite uma partícula alfa, seu número de massa diminui 4 unidades, e seu número atômico diminui 2 unidades.

e) O fenômeno da radioatividade está ligado diretamente ao núcleo do átomo, que ao final do processo de reação sofre alteração, ao contrário da reação química, em que o núcleo permanece inalterado, sofrendo mudanças apenas na eletrosfera do átomo.

_____
_____

2. Uma amostra de urânio radiativo, $^{238}_{92}U$, colocada em um recipiente cilíndrico de chumbo, decai em tório, $^{234}_{90}Th$, e emite radiação por meio de uma fenda na câmara de chumbo. A radiação passa entre duas placas condutoras, ligadas a uma fonte de corrente contínua, e incide sobre uma tela fluorescente, conforme a figura (as linhas pontilhadas indicam as possíveis trajetórias das partículas).

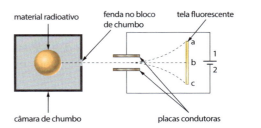

Assinale a correspondência correta entre partícula emitida e posição na tela fluorescente.

a) γ, b
b) α, a
c) β, c
d) α, c
e) β, a

3. (Fuvest-SP) O número de elétrons do cátion X^{2+} de um elemento X é igual ao número de elétrons do átomo neutro de um gás nobre. Este átomo de gás nobre apresenta número atômico 10 e número de massa 20. O número atômico do elemento X é:

a) 8
b) 10
c) 12
d) 18
e) 20

4. (UnB-DF) O elemento químico iodo foi descoberto em 1812 pela análise química de algas marinhas. Esse elemento é encontrado naturalmente na composição de sais de iodeto e de sais de iodato. Ele é par essencial dos hormônios tireoidianos, que desempenham um papel vital na produção de energia nos seres humanos. No mundo, a deficiência de iodo ainda é a principal causa de hipotireoidismo, enfermidade que retarda o metabolismo humano.

Entre outros problemas associados a essa deficiência, está o aumento da glândula tireoide (bócio, popularmente chamado de papo). O diagnóstico das doenças relacionadas à tireoide pode ser feito por meio do uso de radioisótopos de iodo.

Recentemente, a imprensa noticiou que a maioria das marcas de sal comercializadas no Brasil contém uma quantidade de iodo aquém daquela recomendada pela legislação, que é de 40 mg de iodo por quilograma de sal. Átomos desse elemento químico podem ser fornecidos à dieta alimentar, por exemplo, pela adição de iodato de potássio (KIO$_3$) ao sal de cozinha.

A partir das informações do texto, e sabendo que a notação química do iodo é $_{53}$I^{127}, julgue os itens a seguir.

a) Nos sais de iodeto, os átomos de iodo são eletricamente neutros.

b) O núcleo do átomo de iodo contém 53 nêutrons.

c) Os átomos de iodo, segundo o modelo atômico de Rutherford, podem ser representados por esferas indivisíveis.

d) O radioisótopo do iodo usado em diagnósticos de doenças da tireoide emite radiações provenientes de sua atmosfera.

5. (PUC-RJ) Uma das características das últimas décadas foram as crises energéticas. Neste contexto, tivemos várias notícias nos jornais relacionadas com diferentes formas de geração de energia. As afirmativas abaixo poderiam ter constado de algumas dessas matérias:

I. O reator nuclear Angra II, que entrou em operação este ano, gera energia através da fusão nuclear de átomos de urânio enriquecido.

II. A queima de combustível fóssil, por exemplo, a gasolina, constitui-se, na realidade, numa reação de oxidação da matéria orgânica.

III. A queima de uma dada quantidade de carvão em uma termoelétrica produz a mesma quantidade de energia que a fusão de igual massa de urânio em uma usina nuclear.

IV. É possível aproveitar a energia solar utilizando-se a eletrólise de água durante o dia e queimando-se o hidrogênio produzido durante a noite.

Dentre as afirmações acima, apenas está(ão) correta(s):

a) I.
b) III.
c) I e II.
d) II e IV.
e) III e IV.

6. (UnB-DF) As usinas nucleares produzem uma grande quantidade de lixo atômico, que constitui um sério problema ambiental da atualidade. Tal problema está relacionado à estrutura nuclear dos átomos dos elementos radioativos que estão nesse material.

Com relação a esse assunto, julgue os seguintes itens:

1. As radiações gama emitidas pelo lixo atômico são constituídas por partículas contendo dois prótons e dois nêutrons.
2. O modelo atômico de Rutherford baseou-se em experimentos de exposição de lâminas de ouro à ação de material radioativo.
3. A radioatividade é uma evidência de que a hipótese de Dalton de o átomo ser uma partícula indivisível estava equivocada.
4. Apesar dos problemas ambientais que podem advir de má destinação do lixo atômico e do risco inerente ao uso da tecnologia nuclear, a ausência de outras alternativas viáveis justifica o uso dessa tecnologia para a geração, no complexo nuclear de Angra dos Reis, da maior parte da energia elétrica que é consumida na Região Sudeste do Brasil.

7. (ITA-SP) Considere as seguintes afirmações:

I. A radioatividade foi descoberta por Marie Curie.
II. A perda de uma partícula beta de um átomo $_{33}As^{75}$ forma um átomo de número atômico maior.
III. A emissão de radiação gama a partir do núcleo de um átomo não altera o número atômico e o número de massa do átomo.
IV. A desintegração de $_{88}Ra^{226}$ a $_{83}Po^{214}$ envolve a perda de 3 partículas alfa e de 2 partículas beta.

Das afirmações feitas, estão corretas:

a) apenas I e II.
b) apenas I e III.
c) apenas I e IV.
d) apenas II e III.
e) apenas II e IV.

8. (UFG-GO) O quadro abaixo contém informações sobre radioisótopos e suas aplicações.

Radioisótopo	Equação de decaimento	Meia-vida	Aplicação
Flúor-18	$^{18}_{9}F \Rightarrow ^{18}_{8}O + 2\gamma$	110 min	Tomografia por emissão de pósitrons
Cobalto-60	$^{60}_{27}Co \Rightarrow ^{60}_{27}Co + \gamma$	5,26 anos	Esterilização de alimentos

Interpretando as informações no quadro, pode-se afirmar:

I. O consumo de alimentos contaminados com radiação γ oferece riscos à saúde, pois o cobalto-60 apresenta meia-vida longa.
II. O flúor-18 é utilizado na tomografia de emissão de pósitrons porque sua permanência no organismo é breve.
III. O cobalto-60, por ser emissor de radiação γ, é utilizado em tomografia por emissão de pósitrons.

É (São) correta(s) a(s) afirmação(ões):

a) I apenas.
b) II apenas.
c) III apenas.
d) I e II.
e) II e III.

9. (UnB-DF) Em 1987, Goiânia foi sede de um acidente nuclear grave, que envolveu o isótopo radioativo césio-137. A desintegração do ^{137}Cs pode ser representada pelas seguintes equações:

$$^{137}Cs_{55} \rightarrow _{-1}\beta^0 + ^{137}Ba_{56} \text{ (instável)}$$

$$^{137}Ba_{56} \text{ (instável)} \rightarrow ^{137}Ba_{56} \text{ (estável)} + \gamma$$

Acerca desse assunto, julgue os itens a seguir.

1) O césio-133 difere do césio-137 em relação ao número de prótons.
2) No processo de desintegração, o césio libera partícula e radiação eletromagnética.
3) Recipientes de chumbo ou concreto são usados para blindar a radiação γ, a qual apresenta maior grau de penetração em tecidos humanos que as partículas β.
4) Por ser um elemento radioativo, o césio pode ser corretamente classificado como transurânico.
5) O césio, por ser radioativo, tem propriedades químicas diferentes das dos metais alcalinos.

10. (UFMG) Em um acidente ocorrido em Goiânia, em 1987, o césio-137 ($^{137}_{55}Cs$, número de massa 137) contido em um aparelho de radiografia foi espalhado pela cidade, causando grandes danos à população. Sabe-se que $^{137}_{55}Cs$ sofre um processo de decaimento, em que é emitida radiação gama (γ) de alta energia e muito perigosa. Nesse processo, simplificadamente, um nêutron do núcleo do Cs transforma-se em um próton e um elétron.
Suponha que, ao final do decaimento, o próton e o elétron permaneçam no átomo.
Assim sendo, é correto afirmar que o novo elemento químico formado é:

a) $^{137}_{56}Ba$
b) $^{136}_{56}Xe$
c) $^{136}_{55}Cs$
d) $^{138}_{57}La$

11. (UnB-DF) Ao capturar um nêutron, um átomo de urânio pode sofrer um processo de fissão, que resulta na desintegração de seu núcleo. Formam-se assim dois elementos mais leves (por exemplo, bário e criptônio), com emissão simultânea de 2,5 nêutrons, em média, por núcleo.

O funcionamento do reator. In: *Ciência Hoje*, n. 32, v. 6, 1987.

Com o auxílio do texto, julgue os itens seguintes.

(1) Os átomos de bário e criptônio são isótopos do átomo de urânio que os originou.
(2) No processo de fissão nuclear citado, é também possível a formação de átomos de massa maior do que a do átomo de urânio.
(3) A emissão de 2,5 nêutrons, em média, por núcleo significa que podem estar ocorrendo reações que produzirão 3 nêutrons e reações que produzirão 2 nêutrons.

12. (Vunesp-SP) Medidas de radioatividade de uma amostra de tecido vegetal encontrado nas proximidades do Vale do Reis, no Egito, revelaram que o teor em carbono 14 (a relação $^{14}C/^{12}C$) era correspondente a 25% do valor encontrado para um vegetal vivo. Sabendo que a meia-vida do carbono 14 é 5.730 anos, conclui-se que o tecido fossilizado encontrado não pode ter pertencido a uma planta que viveu durante o antigo Império Egípcio – há cerca de 6.000 anos –, pois:

a) a meia-vida do carbono 14 é cerca de 1.000 anos menor do que os 6.000 do Império Egípcio.
b) para que fosse alcançada esta relação $^{14}C/^{12}C$ no tecido vegetal, seriam necessários apenas cerca de 3.000 anos.
c) a relação $^{14}C/^{12}C$ de 25% em comparação com a de um tecido vegetal vivo, corresponde à passagem de, aproximadamente, 1.500 anos.
d) ele pertenceu a um vegetal que morreu há cerca de 11.500 anos.
e) ele é relativamente recente, tendo pertencido a uma planta que viveu há apenas 240 anos, aproximadamente.

Caderno de revisão

13. (UFRJ) As células cancerosas são mais fracas que as normais e, por esse motivo, uma dose controlada de radiação incidindo apenas sobre o local do tumor pode matar apenas as células cancerosas. Esse é o princípio da chamada radioterapia do câncer. O cobalto 60, usado no tratamento do câncer, possui tempo de meia-vida de aproximadamente 5 anos. Observou-se, por exemplo, que uma amostra desse radionúcleo, colocada em uma cápsula lacrada e aberta após 20 anos, continha 75 mg de cobalto 60.

a) Qual a quantidade de cobalto 60 colocada inicialmente na cápsula?

b) Qual a porcentagem de material que restou da amostra inicial?

14. (Uerj) Considere a ingestão de um comprimido que contenha 100 mg de ciprofibrato – medicamento utilizado para o controle da concentração de colesterol no sangue – e que a sua absorção pelo organismo seja total. Considere, ainda, que a meia-vida do ciprofibrato, no plasma sanguíneo, é de 96 horas.

Determine o tempo, e dias, para que a quantidade de ciprofibrato no plasma sanguíneo se reduza a 6,5 mg.

15. (Unifesp-SP) O decaimento do tecnécio-99, um isótopo radioativo empregado em diagnóstico médico, está representado no gráfico fornecido a seguir.

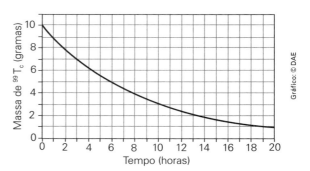

Uma amostra típica de tecnécio-99 usada em exames apresenta uma atividade radioativa inicial de 2×10^7 desintegrações por segundo. Usando as informações do gráfico, pode-se prever que essa amostra apresentará uma atividade de $2,5 \times 10^6$ desintegrações por segundo após, aproximadamente

a) 3,5 horas.
b) 7 horas.
c) 10 horas.
d) 18 horas.
e) 24 horas.

16. (Unicamp-SP) Entre o *doping* e o desempenho do atleta, quais são os limites? Um certo "β bloqueador", usado no tratamento de asma, é uma das substâncias proibidas pelo Comitê Olímpico Internacional (COI), já que provoca um aumento de massa muscular e diminuição de gordura. A concentração dessa substância no organismo pode ser monitorada através da análise de amostras de urina coletadas ao longo do tempo de uma investigação.

O gráfico mostra a quantidade do "β bloqueador" contida em amostras da urina de um indivíduo, coletadas periodicamente durante 90 horas após a ingestão da substância. Este comportamento é válido também para além das 90 horas. Na escala de quantidade, o valor 100 deve ser estendido como sendo a quantidade observada num tempo inicial considerado arbitrariamente zero.

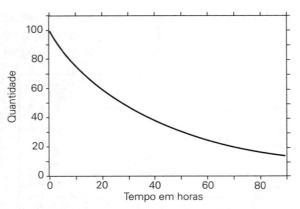

a) Depois de quanto tempo a quantidade eliminada corresponderá a do valor inicial, ou seja, duas meias-vidas de residência da substância no organismo?

b) Suponha que o *doping* para esta substância seja considerado positivo para valores acima de $1,0 \times 10^{-6}$ g/mL de urina (1 micrograma por mililitro) no momento da competição. Numa amostra coletada 120 horas após a competição, foram encontrados 15 microgramas de "β bloqueador" em 150 mL de urina de um atleta. Se o teste fosse em amostra coletada logo após a competição, o resultado seria positivo ou negativo? Justifique.

17. (Fuvest-SP) Para diagnósticos de anomalias da glândula tireoide, por cintilografia, deve ser introduzido, no paciente, iodeto de sódio, em que o ânion iodeto é proveniente de um radioisótopo do iodo (número atômico 53 e número de massa 131). A meia-vida efetiva desse isótopo (tempo que decorre para que metade da quantidade do isótopo deixe de estar presente na glândula) é de aproximadamente 5 dias.

a) O radioisótopo em questão emite radiação β^-. O elemento formado nessa emissão é $_{52}$Te, ^{127}I ou $_{54}$Xe? Justifique. Escreva a equação nuclear correspondente.

b) Suponha que a quantidade inicial do isótopo na glândula (no tempo zero) seja de 1,000 μg e se reduza, após certo tempo, para 0,125 μg. Com base nessas informações, trace a curva que dá a quantidade do radioisótopo na glândula em função do tempo, colocando os valores nas coordenadas adequadamente escolhidas.

18. (Unicamp-SP) Existem várias hipóteses quanto à ordem da Terra sobre os acontecimentos que geraram as condições físico-químico-biológicas dos dias de hoje. Acredita-se que o nosso planeta tenha se formado há cerca de 4.550 milhões de anos. Um dos estágios, logo no início, deve ter sido o seu aquecimento, principalmente pela radioatividade. A figura mostra a produção de energia a partir de espécies radioativas e suas abundâncias conhecidas na Terra.

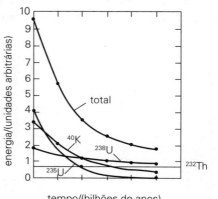

a) Quantas vezes a produção de energia radiogênica (radioativa) era maior na época inicial de formação da Terra em relação aos dias atuais?

b) Quais foram os dois principais elementos responsáveis pela produção de energia radiogênica na época inicial de formação da Terra?

c) E, nos dias de hoje, quais são os dois principais elementos responsáveis pela produção dessa energia?

19. (UFPI) Na conferência de 1998, a Sociedade Nuclear Europeia mostrou muita preocupação acerca do perigo do lixo nuclear. Por exemplo, a desintegração do isótopo ^{90}Sr, um dos elementos mais nocivos à vida, se dá através de emissões beta (β) de elevada energia, cuja meia-vida é de 28 anos. Considerando uma massa inicial de 24 mg desse isótopo, a massa aproximada em miligramas, após 100 anos, será:

a) 1,0
b) 2,0
c) 4,0
d) 8,0
e) 16

20. (UFRJ) O físico brasileiro Cesar Lattes desenvolveu importantes pesquisas com emulsões nucleares contendo átomos de boro ($_5B^{10}$) bombardeados por nêutrons. Quando um nêutron, em grande velocidade, atinge o núcleo de um átomo de $_5B^{10}$ e é por ele absolvido, dá origem a dois átomos de um certo elemento químico e um átomo de trítio ($_1H^3$).

a) Identifique esse elemento químico, indicando seu número atômico e seu número de massa.

b) Uma certa massa inicial do radioisótopo trítio reduz-se a 200 g em 36 anos. A mesma massa inicial leva 60 anos para reduzir a 50 g.
Calcule o tempo de meia-vida do trítio.

21. (UFPE) A água contendo isótopos ^{2}H é denominada "água pesada", porque a molécula ^{2}H$_2$^{16}O quando comparada com a molécula ^{1}H$_2$^{16}O possui:

a) maior número de nêutrons.
b) maior número de prótons.
c) maior número de elétrons.
d) menor número de elétrons.
e) menor número de prótons.

22. (Unesp-SP) Os "agentes de cor", como o próprio nome sugere, são utilizados na indústria para a produção de cerâmicas e vidros coloridos. Trata-se, em geral, de compostos de metais de transição e a cor final depende, entre outros fatores, do estado de oxidação do metal, conforme mostram os exemplos na tabela a seguir.

Coloração	Agentes de cor	Estado de oxidação	Número atômico
verde	Cr (crômio)	Cr^{3+}	24
amarelo	Cr (crômio)	Cr^{6+}	24
marrom-amarelado	Fe (ferro)	Fe^{3+}	26
verde-azulado	Fe (ferro)	Fe^{2+}	26
azul-claro	Cu (cobre)	Cu^{2+}	29

Com base nas informações fornecidas na tabela, é correto afirmar que:

a) o número de prótons do cátion Fe^{2+} é igual a 24.
b) o número de elétrons do cátion Cu^{2+} é 29.
c) Fe^{2+} e Fe^{3+} não se referem ao mesmo elemento químico.
d) o cátion Cr^{3+} possui 21 elétrons.
e) no cátion Cr^{6+}, o número de elétrons é igual ao número de prótons.

23. (Uerj) Feixes de partículas ou de radiação podem ser utilizados na terapia de câncer. A destruição de um tumor no organismo humano se dá pela transferência de uma certa quantidade de energia do feixe, denominada "dose", para as células do tecido doente. O gráfico a seguir mostra como varia a dose fornecida por diferentes feixes, em função da profundidade de um tecido penetrado.

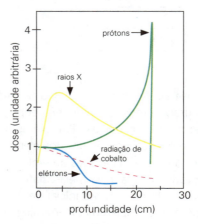

(Adaptado de publicação do Loma Linda University Medical Center, Batavia, s.d.)

Considere que, para os valores das doses apresentadas no gráfico, a eficiência do tratamento seja tanto maior quanto maior for a intensidade da dose na região do tumor. Caso o tumor a ser tratado esteja localizado a uma profundidade de 21 cm, a melhor escolha para o tratamento envolve uma fonte de energia de:

a) raios X
b) cobalto
c) elétrons
d) prótons

24. (UFSCar-SP) Uma das aplicações nobres da energia nuclear é a síntese de radioisótopos que são aplicados na medicina, no diagnóstico e tratamento de doenças. O Brasil é um país que se destaca na pesquisa e fabricação de radioisótopos. O fósforo-32 é utilizado na medicina nuclear para tratamento de problemas vasculares. No decaimento deste radioisótopo, é formado enxofre-32, ocorrendo emissão de

a) partículas alfa.
b) partículas beta.
c) raios gama.
d) nêutrons.
e) raios X.

25. (Unitau-SP) Um átomo radioativo $_{93}Np^{237}$, ao se desintegrar, emite cinco partículas alfa e duas partículas beta. O número atômico e o número de massa do átomo resultante são, respectivamente:

a) 85 e 217.
b) 83 e 237.
c) 80 e 227.
d) 88 e 210.
e) 83 e 217.

26. (Espcex) O radioisótopo cobalto-60 ($_{27}^{60}Co$) é muito utilizado na esterilização de alimentos, no processo a frio. Seus derivados são empregados na confecção de esmaltes, materiais cerâmicos, catalisadores na indústria petrolífera nos processos de hidrodessulfuração e reforma catalítica. Sabe-se que este radioisótopo possui uma meia-vida de 5,3 anos.

Considerando os anos com o mesmo número de dias e uma amostra inicial de 100 g de cobalto-60, após um período de 21,2 anos, a massa restante desse radioisótopo será de

a) 6,25 g
b) 10,2 g
c) 15,4 g
d) 18,6 g
e) 24,3 g

27. (UCS-RS) A primeira explosão de uma bomba atômica na história da humanidade aconteceu no dia 6 de agosto de 1945. Ela continha 50 g de urânio 235, com potencial destrutivo equivalente a 15 mil toneladas de TNT e foi lançada sobre o centro da cidade de Hiroshima, às 8h15min da manhã, horário local, causando a morte de mais de 140 mil pessoas. Nagasaki foi atingida três dias depois. Inicialmente, o plano do exército americano era jogar a bomba sobre Kokura. Mas o tempo nublado impediu que o piloto visualizasse a cidade, e decidiu-se pela segunda opção. A bomba, agora de plutônio 239, apresentava um potencial destrutivo equivalente a 22 mil toneladas de TNT. Cerca de 70 mil pessoas morreram.

Pouco depois de a bomba atômica ser lançada sobre o Japão, cientistas inventaram outra arma, ainda mais poderosa: a bomba de hidrogênio. Em 1957, a bomba H explodia no atol de Bikini, no oceano Pacífico. Tinha um poder de destruição cinco vezes maior do que todas as bombas convencionais detonadas durante a Segunda Guerra Mundial.

Prevendo a corrida armamentista, Albert Einstein declarou em 1945: "O poder incontrolado do átomo mudou tudo, exceto nossa forma de pensar e, por isso, caminhamos para uma catástrofe sem paralelo".

Disponível em: <http://www.sitedecuriosidades.com/curiosidade/as-bombas-atomicas-lancadas-sobre-o-japao.html>. <http://www.nippo.com.br/4.hiroshima/>. <https://pt.wikipedia.org/wiki/Bombardeamentos_de_Hiroshma_e_Nagasaki>. Acesso em: 2 set. 2015.

Em relação à temática e às informações apresentadas no texto, assinale a alternativa correta.

a) A fissão nuclear do urânio 235 se dá por um processo de reação em cadeia, com a liberação de uma grande quantidade de energia.
b) Um átomo de urânio 235 decai para plutônio 239 pela emissão de uma partícula alfa.
c) A energia gerada na explosão de uma bomba atômica se origina a partir de um processo de fusão nuclear.
d) A bomba de hidrogênio é uma aplicação bélica que visa causar destruição com base na enorme energia e no grande fluxo de nêutrons liberados nas reações de fissão nuclear.
e) As partículas beta possuem maior poder de penetração em tecidos biológicos que as radiações gama.

___

28. (Puccamp-SP) O isótopo do elemento césio de número de massa 137 sofre decaimento segundo a equação:

$$^{137}_{55}Cs \rightarrow X + ^{0}_{-1}\beta$$

O número atômico do isótopo que X representa é igual a

a) 54
b) 56
c) 57
d) 136
e) 138

___

Observe a figura a seguir e responda à(s) questão(ões).

29. (UEL-PR) O desastre de Chernobyl ocorreu em 1986, lançando grandes quantidades de partículas radioativas na atmosfera. Usinas nucleares utilizam elementos radioativos com a finalidade de produzir energia elétrica a partir de reações nucleares.

Com base nos conhecimentos sobre os conceitos de radioatividade, assinale a alternativa correta.

a) A desintegração do átomo de $^{210}_{83}Bi$ em $^{210}_{84}Po$ ocorre após a emissão de uma onda eletromagnética gama.
b) A desintegração do átomo $^{235}_{92}U$ em $^{231}_{90}Th$ ocorre após a emissão de uma partícula beta.
c) A fusão nuclear requer uma pequena quantidade de energia para promover a separação dos átomos.
d) A fusão nuclear afeta os núcleos atômicos, liberando menos energia que uma reação química.
e) A fissão nuclear do átomo de $^{235}_{92}U$ ocorre quando ele é bombardeado por nêutrons.

___

30. (PUC-SP) Foram estudados, independentemente, o comportamento de uma amostra de 100 mg do radioisótopo bismuto-212 e o de uma amostra de 100 mg do radioisótopo bismuto-214. Essas espécies sofrem desintegração radioativa distinta, sendo o bismuto-212 um emissor β, enquanto o bismuto-214 é um emissor α.

As variações das massas desses radioisótopos foram acompanhadas ao longo dos experimentos. O gráfico a seguir ilustra as observações experimentais obtidas durante as primeiras duas horas de acompanhamento.

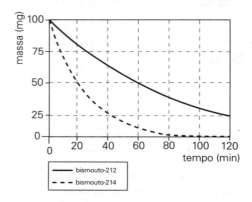

Sobre esse experimento, é **incorreto** afirmar que

a) a meia-vida do ^{212}Bi é de 60 minutos.
b) após aproximadamente 25 minutos do início do experimento, a relação entre a massa de ^{212}Bi e a massa de ^{212}Po é igual a 3.
c) no decaimento do ^{214}Bi, forma-se o isótopo ^{210}Tl.
d) após 4 horas do início do experimento, ainda restam 12,5 mg de ^{212}Bi sem sofrer desintegração radioativa.

CAPÍTULO 4 – QUANTIDADE DE ÁTOMOS, MOLÉCULAS E ÍONS

- **Fórmulas porcentual, mínima e molecular**:
  - Fórmula porcentual expressa as porcentagens em massa dos elementos presentes na constituição química de substâncias. Exemplo: água com 11,1% em massa do elemento hidrogênio e 88,8 % em massa do elemento oxigênio.
  - Fórmula mínima informa a proporção entre os átomos dos diferentes elementos que constituem a substância. Exemplo: CH_2O informa que a proporção dos menores números inteiros entre os átomos na fórmula é: 1:2:1, entretanto não revela a totalidade de átomos dos elementos na mesma fórmula.
  - Fórmula molecular, usando o exemplo anterior, pode nos informar, além da proporção, a real quantidade de átomos dos elementos. Exemplo: $C_6H_{12}O_6$.
- **Massas atômicas**, **iônicas e moleculares**: referem-se ao padrão C-12 cuja massa estabelecida arbitrariamente é 12 u; portanto, a quantidade unitária ou 1 u é a décima segunda parte de 12 u ou da massa do isótopo de C-12.
  - A média ponderada das massas atômicas dos respectivos isótopos de um elemento químico e suas abundâncias resulta na massa atômica dos elementos químicos cujos valores se encontram em tabelas para serem consultados.
- **Mol**: é a unidade da grandeza definida para expressar a quantidade de matéria.
  - A quantidade de matéria expressa uma quantidade de partículas. Esta quantidade é sempre comparada com a quantidade de átomos de C-12 contidos em 0,012 kg de (12 g) de C-12. Exemplo: se conseguirmos determinar que um copo de água contém tantas moléculas de água quantos são os átomos de carbono –12 contidos em 0,012 g de C-12 então concluímos que estamos trabalhando com 1 mol de moléculas de água.
  - A massa da quantidade de matéria deverá ser diferente para cada substância e elemento químico, pois as moléculas e os átomos possuem valores específicos. Sendo assim, usamos a massa molar que nos proporciona conhecer a massa em gramas de uma substância ou elemento que contém 1 mol de moléculas ou 1 mol de átomos, respectivamente. Exemplo: a massa molar da água vale 18 g · mol^{-1}. Isso quer dizer que 18 g de água contém o mesmo número de moléculas de água quantos forem os átomos contidos em 12 g de C-12. Portanto, expressamos a massa molar em **g · mol^{-1}**.
  - A quantidade partículas a que nos referimos pode ser determinada experimentalmente e, à medida que as técnicas de medição se tornem mais aprimoradas, o valor estimado ganha em precisão. O valor aproximado será considerado como sendo $6,0 \cdot 10^{23}$ mol^{-1}. Significa que 1 mol de moléculas, um mol de átomos, 1 mol de íons, 1 mol de elétrons, 1 mol de núcleos contêm $6,0 \cdot 10^{23}$ partículas a que estamos nos referindo. Claro que a massa destas amostras das quais falamos serão diferentes.
  - Ao número $6,0 \cdot 10^{23}$ é dado o nome de **Número de Avogadro** (N) em homenagem póstuma a Amedeo Avogadro.

---

1. (UEL-PR) A massa atômica de determinado elemento *x* é igual à massa atômica do carbono.

   A massa atômica do elemento *x* é:

   a) 6 u
   b) 10 u
   c) 60 u
   d) 5 u
   e) 2 u

   _____
   _____
   _____

2. (Uerj) O esquema a seguir representa a distribuição média dos elementos químicos presentes no corpo humano.

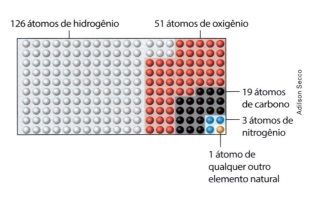

(Adaptado de SNYDER, Carl H. The extraordinary chemistry of ordinary things. New York: John Wiley & Sons, Inc. 1997.)

O elemento que contribui com a maior massa para a constituição do corpo humano é:

a) carbono.
b) oxigênio.
c) nitrogênio.
d) hidrogênio.

3. (ITA-SP) Pouco após o ano 1800 existiam tabelas de massas atômicas relativas nas quais o oxigênio tinha massa atômica 100 exata. Com base nesse tipo de tabela, a massa molecular relativa ao dióxido de enxofre, SO_2, seria:
Dados: S = 32 u; O = 16 u (escala atual)
a) 64
b) 232
c) 250
d) 300
e) 400

4. (UEG-GO) Um composto $A\ell\,(XO_4)_3$ apresenta uma "massa molecular" igual a 342 u. Determine a massa atômica do elemento X.
(Massas atômicas: $A\ell$ = 27 u; O = 16 u)

5. (UFG-GO) A palavra "mol" foi introduzida em Química, nos idos de 1896, pelo químico alemão Wilhelm Ostwald, que tirou o termo do latim, moles. O mol, que tem como símbolo a palavra mol, é:

1. ( ) a unidade do SI de quantidade de substância.
2. ( ) a quantidade de substâncias que contém tantas entidades elementares (átomos, moléculas ou outras partículas) quantos forem os átomos contidos em exatamente 12 g do isótopo 12 do carbono.
3. ( ) a quantidade que contém sempre o mesmo número de partículas, qualquer que seja a substância.
4. ( ) o número atômico expresso em gramas.

6. (Unicamp-SP) A ingestão de cloreto de sódio, na alimentação, é essencial. Excessos, porém, causam problemas, principalmente de hipertensão.

O consumo aconselhado para um adulto situa-se na faixa de 1.100 mg a 3.300 mg de sódio por dia.

Pode-se preparar uma bela e apetitosa salada misturando-se 100 g de agrião (33 g de sódio), 100 g de iogurte (50 mg de sódio) e uma xícara de requeijão cremoso (750 mg de sódio), consumindo-a acompanhada com uma fatia de pão de trigo integral (157 mg de sódio).

a) Que percentual da necessidade diária mínima de sódio foi ingerido?

b) Quantos gramas de cloreto de sódio deveriam ser adicionados à salada para atingir o consumo diário máximo de sódio aconselhado?

7. (UnB-DF) O nitrato de amônia, NH₄NO₃, e o sulfato de amônio, (NH₄)₂SO₄, são amplamente utilizados nos fertilizantes do tipo NPK. A sigla NPK indica que o fertilizante contém substâncias que são fontes de nitrogênio (N), fósforo (P) e potássio (K). Calcule a porcentagem em massa de nitrogênio em cada uma dessas substâncias.

Dados: massas molares:

MM (O) = 16 g/mol

MM (H) = 1,00 g/mol

MM (S) = 32,0 g/mol

MM (N) = 14,0 g/mol

MM (NH₄NO₃) = 80 g/mol

MM [(NH₄)₂SO₄] = 132,0 g/mol

8. (Mack-SP) As porcentagens de nitrogênio e oxigênio presentes na substância NH₄NO₃ são, respectivamente,

Dados: massas atômicas: N = 14 u, O = 16 u e H = 1 u

a) 17,5% e 77,5%
b) 35,0% e 60,0%
c) 25,4% e 38,4%
d) 40,0% e 60%
e) 2,5% e 4,75%

9. (Vunesp-SP) As hemácias apresentam grande quantidade de hemoglobina, pigmento vermelho que transporta oxigênio dos pulmões para os tecidos. A hemoglobina é constituída por uma parte não proteica, conhecida como grupo heme. Num laboratório de análises foi feita a separação de 22,0 mg de grupo heme de uma certa amostra de sangue, onde se constatou a presença de 2,0 mg de ferro. Se a molécula do grupo heme contiver apenas um átomo de ferro Fe = 56 g/mol, qual a sua massa molar em gramas por mol?

a) 154
b) 205
c) 308
d) 616
e) 1 232

10. (Unesp-SP) Por ocasião das comemorações oficiais dos quinhentos anos do descobrimento do Brasil, o Banco Central lançou uma série de moedas comemorativas em ouro e prata. Uma delas, cujo valor facial é de R$ 20,00, foi cunhada com 8,00 g de "ouro 900", uma liga metálica que contém 90% em massa de ouro. Conhecendo o número de Avogadro – $N_A = 6,0 \cdot 10^{23}$ – e sabendo que a massa molar do ouro é 198 g · mol⁻¹, pode-se afirmar que numa dessas moedas existem:

a) 22,4 átomos de ouro.
b) $7,2 \cdot 10^3$ átomos de ouro.
c) $6,0 \cdot 10^{23}$ átomos de ouro.
d) $2,2 \cdot 10^{22}$ átomos de ouro.
e) 7,2 átomos de ouro.

11. (Ueba) Supondo-se que, em um recipiente de volume igual a 10 L, existem seis bilhões de moléculas do gás oxigênio, O₂ numa certa pressão e a uma determinada temperatura, e que, noutro, de volume igual a 20 L, haja moléculas de gás nitrogênio, N₂, nas mesmas condições de temperatura e pressão, pode-se afirmar que o número de moléculas de N₂, no recipiente, é:

a) 3 bilhões.
b) 6 bilhões.
c) 10 bilhões.
d) 12 bilhões.
e) 20 bilhões.

12. (IME-RJ) Uma fonte de vanádio é o mineral vanadinita, cuja fórmula é $Pb_5(VO_4)_3Cl$. Determine:

a) a porcentagem em massa de vanádio nesse material;

b) a massa em gramas de vanádio numa amostra que contém $2,4 \times 10^{24}$ átomos de cloro.

13. (PUC-MG) O ácido tereftálico ($C_8H_6O_4$) é utilizado na fabricação de fibras sintéticas, do tipo poliéster. A massa de oxigênio existente em 0,5 mol de moléculas desse ácido é, em gramas, igual a:

Massas molares (g/mol): C = 12; H = 1; O = 16

a) 8,0
b) 16,0
c) 32,0
d) 48,0
e) 64,0

14. (PUC-MG) Os motores a diesel lançam na atmosfera diversos gases, entre eles o dióxido de enxofre e o monóxido de carbono. Uma amostra dos gases emitidos por um motor a diesel foi recolhida. Observou-se que ela continha 0,2 mol de dióxido de enxofre e $3,0 \times 10^{23}$ moléculas de monóxido de carbono. A massa total, em gramas, referente à amostra dos gases emitidos, é igual a:

a) 12,8
b) 14,4
c) 26,8
d) 40,4

Dados: S = 32; C = 12; O = 16

15. (UFMG) Em um creme dental, encontra-se um teor de flúor de 1,9 mg desse elemento por grama de dentifrício. O flúor adicionado está contido no composto "monofluorfosfato de sódio" Na_2PO_3F (massa molar: 144 g/mol).

A quantidade Na_2PO_3F utilizada na preparação de 100 g de creme dental é:

Dado: massa molar: F = 19 g/mol

a) 0,144 g
b) 0,190 g
c) 1,44 g
d) 1,90 g

16. (FGV-SP) A quantidade de álcool existente em um determinado tipo de vinho representa 9,7% da massa total do vinho. Quantas moléculas deste álcool, de fórmula C_2H_5OH, são encontradas em 200 mL desse vinho?

Dados:

Massas molares de C = 12 g · 10^{-1};

H = 1 g · mol^{-1} e O = 16 g · mol^{-1}

Densidade do vinho aproximadamente = 980 kg/m³

Constante de Avogadro = 6,022 x 10^{23}

a) 4,413
b) 6,022 × 10^{23}
c) 2,48 × 10^{23}
d) 2,54 × 10^{23}
e) 1,20 × 10^{23}

17. (PUC-MG) Considerando que a taxa de glicose ($C_6H_{12}O_6$) no sangue de um indivíduo é de 90 mg em 100 mL de sangue e que o volume sanguíneo desse indivíduo é 4 litros, o número de moléculas de glicose existente nos 4 litros de sangue é, aproximadamente, igual a:

a) 6,0 x 10^{23}
b) 2,0 x 10^{21}
c) 2,0 x 10^{23}
d) 1,2 x 10^{22}
e) 1,2 x 10^{24}

18. (UEL-PR) Certa liga metálica em pó, à qual os dentistas acrescentam mercúrio ao preparar amálgamas para obturações, tem a seguinte composição (em massa):

Ag 70%; Cu 12%; Sn 18%

Para preparar a amálgama, deve-se misturar bem mercúrio líquido com a liga em pó na proporção em massa de 1,2 para 1,0, respectivamente. A porcentagem em massa de mercúrio na amálgama é, aproximadamente,

a) 10%
b) 12%
c) 22%
d) 33%
e) 55%

19. (UFF-RJ) Um processo antigo, porém, ainda hoje utilizado no tratamento da turbidez da água, consiste na adição de sulfato de alumínio, $(Aℓ_2SO_4)_3$, e posterior ajuste do pH com barrilha (carbonato de sódio hidratado). Isto provoca a precipitação do alumínio como um gel volumoso de $Aℓ(OH)_3$ que arrasta, consigo, partículas em suspensão na água. A composição centesimal do sal de alumínio mencionado é:

*Consulte a tabela periódica para obter as massas atômicas dos elementos.

a) 15,79% de alumínio, 28,07% de enxofre e 56,14% de oxigênio.
b) 21,95% de alumínio, 26,02% de enxofre e 52,03% de oxigênio.
c) 12,44% de alumínio, 29,22% de enxofre e 58,45% de oxigênio.
d) 36,00% de alumínio, 21,33% de enxofre e 42,67% de oxigênio.

e) 45,76% de alumínio, 18,08% de enxofre e 36,16% de oxigênio.

20. (Unesp-SP) As hemácias apresentam grande quantidade de hemoglobina, pigmento vermelho que transporta oxigênio dos pulmões para os tecidos. A hemoglobina é constituída por uma parte não proteica, conhecida como grupo heme. Num laboratório de análises foi feita a separação de 22,0 mg de grupo heme de uma certa amostra de sangue, onde constatou-se a presença de 2,0 mg de ferro. Se a molécula do grupo heme contiver apenas um átomo de ferro [Fe = 56g/mol], qual a sua massa molar em gramas por mol?).

a) 154.
b) 205.
c) 308.
d) 616.
e) 1232.

21. (UFV-MG) Considere 1,0 litro de álcool etílico (CH_3CH_2OH), cuja densidade é 0,80 g · cm³. A quantidade de moléculas contidas em um litro desta substância é:

Dado: Constante de Avogadro = $6,0 \cdot 10^{23}$ mol⁻¹

*Consulte a tabela periódica para obter as massas atômicas dos elementos.

a) $6,0 \times 10^{23}$
b) $1,0 \times 10^{25}$
c) $2,8 \times 10^{25}$
d) $3,5 \times 10^{22}$
e) $2,8 \times 10^{22}$

22. (Unesp-SP) Considere amostras de 1 g de cada uma das seguintes substâncias: eteno (C_2H_4), monóxido de carbono (CO) e nitrogênio (N_2). Essas três amostras

a) apresentam a mesma quantidade, em mol, de moléculas.
b) apresentam a mesma quantidade, em mol, de átomos.

c) apresentam ligações covalentes polares.
d) são de substâncias isômeras.
e) são de substâncias simples.

23. (Uece) São conhecidos alguns milhares de hidrocarbonetos. As diferentes características físicas são uma consequência das diferentes composições moleculares. São de grande importância econômica, porque constituem a maioria dos combustíveis minerais e biocombustíveis. A análise de uma amostra cuidadosamente purificada de determinado hidrocarboneto mostra que ele contém 88,9% em peso de carbono e 11,1% em peso de hidrogênio. Sua fórmula mínima é

a) C_3H_4
b) C_2H_5
c) C_2H_3
d) C_3H_7

24. (IFSul) Em uma restauração dentária, foi usada uma amálgama que continha cerca de 40% (em massa) de mercúrio. Ao usar 1,0 g dessa amálgama no tratamento, quantos átomos de mercúrio serão colocados na cavidade dentária?

a) $2 \cdot 10^{-3}$
b) $5 \cdot 10^{-3}$
c) $1,2 \cdot 10^{21}$
d) $3,0 \cdot 10^{21}$

25. (UEM-PAS) Em física e química é essencial que aqueles que realizam medições adotem padrões aceitos por todos para representar os resultados dessas medições, de modo que tais resultados possam ser transmitidos de um laboratório para outro e verificados em qualquer lugar do mundo. Sobre o padrão de massa, é correto afirmar que:

01) O padrão de massa do Sistema Internacional de Unidades (SI) é um cilindro de platina-irídio, cuja massa, atribuída em acordo internacional, é de 1 kg (um quilograma).

02) Na escala atômica existe um segundo padrão de massa, baseado no átomo ^1H.

04) A unidade de massa atômica (u), definida por um acordo internacional, corresponde a um décimo da massa do ^{12}C.

08) O mol é uma unidade do SI que mede a quantidade de uma substância, e um mol de uma dada substância contém aproximadamente $6,02 \cdot 10^{23}$ entidades elementares.

16) Um segundo padrão de massa é necessário, visto que é possível comparar massas atômicas entre si com uma precisão superior à que atualmente se consegue comparando-as com o quilograma-padrão.

CAPÍTULO 5 – MODELOS ATÔMICOS, A TABELA DOS ELEMENTOS E MODELOS DE LIGAÇÕES

- **Modelos atômicos**: são simplificações úteis para representar o que não temos acesso direto. Medimos propriedades dos materiais e tentamos imaginar como poderia ser a estrutura íntima destes materiais.
  – Os modelos evoluem à medida que os cientistas podem observar manifestações da matéria que não haviam sido detectadas no passado. O modelo de Dalton, átomo maciço, foi superado com as observações sobre fenômenos radiativos, graças a Rutherford o núcleo foi reconhecido como uma região atômica.
- **Modelo de Bohr**: trouxe a contribuição de podermos pensar em órbitas e camadas de valência, aquelas conhecidas K, L, M, N, O, P e Q.
- **Noção de classificação dos elementos**: vem desde o início do século XIX, e a classificação atual está baseada na sequência de números atômicos e suas respectivas configurações eletrônicas dos átomos.
- Praticamente todos os elementos naturais não são encontrados isolados na natureza, isto é, de alguma maneira interagem entre si para formar **ligações químicas**. Substâncias quebradiças, com elevadas temperaturas de fusão e ebulição, quando fundidas se tornam condutoras de eletricidade e quando sólidas, não condutoras. Essas substâncias são explicadas pelo modelo de **ligação iônica**.
  – Os íons com cargas opostas se atraem reciprocamente e formam estruturas sólidas e organizadas. A ligação iônica é exatamente a interação eletrostática entre estes íons. Podemos generalizar dizendo que as substâncias iônicas, cujo comportamento é muito próximo do modelo, são aquelas em que os elementos pertencem aos extremos da classificação, isto é, cátions dos grupos 1 e 2 ligados com ânions do grupo 17 e alguns dos grupos 16 e 15. Exemplos de substâncias iônicas: NaCℓ LiF, CaO, NaI, KBr.
- **Modelo de ligações metálicas**: foi concebido para explicar características dos metais. Uma questão é a condutividade elétrica presente em metais. Em um modelo simples podemos ver que os cátions dos metais permanecem entre os elétrons de valência, desprendidos como se fosse uma nuvem eletrônica.

---

1. (Fatec-SP) Em 1808, John Dalton propôs um modelo atômico no qual os átomos seriam minúsculas esferas indivisíveis e indestrutíveis. Átomos de diferentes elementos químicos teriam massas relativas diferentes, e átomos de um mesmo elemento químico teriam todos a mesma massa. Transformações químicas envolveriam rearranjos no modo como os átomos estão combinados.

Esse modelo, entretanto, teve de ser modificado para que fosse possível explicar:

a) o fato de que, em certos sistemas, um dos reagentes se esgota ("reagente limitante"), e o outro fica em excesso.

b) a conservação da massa total de um sistema fechado no qual ocorre transformação química.

c) o fato de que as substâncias reagem entre si obedecendo a proporções definidas ("lei de Proust").

d) fenômenos elétricos, como a condução de corrente elétrica por uma solução aquosa salina, por exemplo.

e) o fato de que, numa transformação química a massa de um dado elemento químico é sempre a mesma.

2. (PUC-MG) Leia com atenção as seguintes afirmativas sobre os átomos e suas partículas:

I. O átomo é uma esfera indivisível, e cada elemento tem um tipo de átomo com massa diferente do tipo de outro elemento.

II. Um elétron absorve energia quando salta de uma órbita mais interna para outra mais externa.

III. O átomo possui duas regiões básicas, o núcleo e a eletrosfera.

As afirmativas dadas estão corretamente ajustadas aos cientistas em:

a) I – Dalton; II – Rutherford; III – Bohr
b) I – Lavoisier; II – Bohr; III - Rutherford

c) I – Proust; II – Lavoisier; III – Dalton
d) I – Lavoisier; II – Rutherford; III – Dalton
e) I – Dalton; II – Bohr; III – Rutherford

3. (UPF-RS) Considerando-se as espécies químicas $_{17}C\ell^{1-}$, $_{20}Ca$, $_{20}Ca^{2+}$, $_{27}Co^{2+}$, $_{28}Ni^{2+}$, $_{30}Zn$, podemos afirmar que as espécies que apresentam o mesmo número de elétrons são:
a) Ca e Ca^{2+}
b) Ni^{2+} e Zn
c) Cℓ^{1-} e Ca^{2+}
d) Ni^{2+} e Co^{2+}
e) Co^{2+} e Zn

4. (UFPA) A água do mar é uma solução formada pela dissolução dos seguintes componentes: NaCℓ, MgCℓ_2, KCℓ, KBr, MgSO$_4$, CaSO$_4$, CaCO$_3$, dentre outros. Em relação a esses compostos, é correto afirmar:
a) todos são covalentes e não conduzem eletricidade.
b) todos são iônicos, conduzem eletricidade e seus cátions tem carga +1.
c) todos são sais, bons condutores de eletricidade e seus cátions tem carga +2.
d) os cátions Na$^+$, K$^+$, Mg^{2+} e Ca^{2+} possuem raios iônicos iguais.
e) todos são sais, conduzem eletricidade, mas apenas os cátions de magnésio e cálcio tem carga 2+.

5. (ITA-SP) Em relação ao tamanho de átomos e íons, são feitas as afirmações seguintes:
I. O Cℓ^- (g) é menor do que o Cℓ (g).
II. O Na$^+$ (g) é menor do que o Na (g).
III. O $_{20}Ca^{2+}$ (g) é maior do que o $_{12}Mg^{2+}$ (g).
IV. O $_{17}C\ell$ (g) é maior do que o $_{35}Br$ (g).
Das afirmações anteriores, estão corretas apenas:
a) II
b) I e II
c) II e III
d) I, III e IV
e) II, III e IV

6. (UEPB) Analise as proposições abaixo e marque a alternativa correta.
I. Quando um metal se combina com um não metal, ou com o hidrogênio, resulta numa substância iônica.
II. O hidrogênio é o único elemento do grupo 1 A cujo átomo tem a tendência a receber um elétron na camada de valência.
III. O íon Na$^+$ é menor que o átomo Na, e o íon Cℓ^- é maior que o átomo Cℓ.
a) Somente I e III estão corretas.
b) Somente I e II estão corretas.
c) Somente II e III estão corretas.
d) Todas estão corretas.
e) Somente I está correta.

7. (UnB-DF) Uma das perguntas que estudantes de Química do ensino médio fazem com frequência é: "Qual o modelo de átomo que devo estudar?". Uma boa resposta poderia ser: "Depende para que os átomos modelados vão ser usados depois." Construímos modelos na busca de facilitar nossas interações com os entes modelados. É por meio de modelos, nas mais diferentes situações, que podemos fazer inferências e previsões de propriedades.

Julgue os itens a seguir, a respeito de modelos atômicos.

(1) O modelo atômico que explica a dilatação de uma barra metálica revela que ela ocorre porque há um aumento do volume dos átomos.

(2) Segundo o modelo atômico atualmente aceito, o número atômico de um elemento químico representa o número de prótons que seus átomos possuem.

(3) O fato de os átomos dos elementos químicos de uma mesma família da tabela periódica apresentarem propriedades químicas semelhantes associa-se à similaridade de suas configurações eletrônicas.

(4) O modelo atômico de Rutherford descreve o átomo de forma exata.

(5) A formação das substâncias simples e compostas pode ser explicada pelo modelo atômico de Dalton.

8. (Uerj) Em 1911, o cientista Ernest Rutherford realizou um experimento que consistiu em bombardear uma finíssima lâmina de ouro com partículas α emitidas por um elemento radioativo e observou que:

• a grande maioria das partículas α atravessava a lâmina de ouro sem sofrer desvios ou sofrendo desvios muito pequenos;

• uma em cada dez mil partículas α era desviada para um ângulo maior do que 90°.

Com base nas observações acima, Rutherford pôde chegar à seguinte conclusão quanto à estrutura do átomo:

a) o átomo é maciço e eletricamente neutro.
b) a carga elétrica do elétron é negativa e puntiforme.
c) o ouro é radioativo e um bom condutor de corrente elétrica.
d) o núcleo do átomo é pequeno e contém a maior parte da massa.

9. (UFRGS-RS) O cloreto de cálcio, composto iônico, apresenta fórmula $CaC\ell_2$. O número total de elétrons do cátion e o número total de elétrons do ânion são, respectivamente,

a) 20 e 12.
b) 17 e 20.
c) 19 e 18.
d) 18 e 18.
e) 18 e 19.

10. (ITA-SP) Em 1803, John Dalton propôs um modelo de teoria atômica. Considere que sobre a base conceitual desse modelo sejam feitas as seguintes afirmações:

I. O átomo apresenta a configuração de uma esfera rígida.

II. Os átomos caracterizam os elementos químicos e somente os átomos de um mesmo elemento são idênticos em todos os aspectos.

III. As transformações químicas consistem de combinações, separações e/ou rearranjos de átomos.

IV. Compostos químicos são formados de átomos de dois ou mais elementos unidos em uma razão fixa.

Qual das opções a seguir se refere a todas as afirmações **corretas**?

a) I e IV.
b) II e III.
c) II e IV.
d) II, III e IV.
e) I, II, III e IV.

11. (UFMG) Ao resumir as características de cada um dos sucessivos modelos do átomo de hidrogênio, um estudante elaborou o seguinte:

Modelo atômico: Dalton

Características: átomos maciços e indivisíveis.

Modelo atômico: Thomson

Características: elétron, de carga negativa, incrustado em uma esfera de carga positiva.

A carga positiva está distribuída, homogeneamente, por toda a esfera.

Modelo atômico: Rutherford

Características: elétron, de carga negativa, em órbita em torno de um núcleo central, de carga positiva. Não há restrição quanto aos valores dos raios das órbitas e das energias do elétron.

Modelo atômico: Bohr

Características: elétron, de carga negativa, em órbita em torno de um núcleo central, de carga positiva. Apenas certos valores dos raios das órbitas e das energias do elétron são possíveis.

O número de erros cometidos pelo estudante é:

a) 0   b) 1   c) 2   d) 3

12. (Uerj) A figura abaixo representa o átomo de um elemento químico, de acordo com o modelo de Bohr.

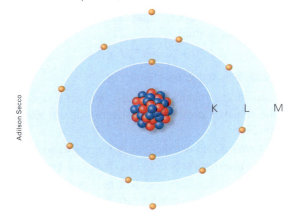

Para adquirir estabilidade, um átomo do elemento representado pela figura deverá efetuar ligação química com um único átomo de outro elemento, cujo símbolo é:

a) C   c) P   e) N
b) F   d) S

13. (UFSM-RS) Analise a tabela:

Espécie genérica	Número de nêutrons	Número de prótons	Número de elétrons
X	20	17	17
Y	17	17	18
Z	78	79	78
W	18	18	18

a) Apenas X   c) Apenas Z   e) Apenas X e W
b) Apenas Y   d) Apenas W

14. (UEL-PR) Da combinação química entre átomos de magnésio e nitrogênio pode resultar a substância de fórmula:

Números atômicos: Mg (Z = 12); N (Z = 7)

a) Mg_3N_2 c) MgN_3 e) MgN
b) Mg_2N_3 d) MgN_2

15. (Mack-SP) Se o caráter iônico da ligação entre dois ou mais átomos de elementos químicos diferentes é tanto maior quanto maior for a diferença de eletronegatividade entre eles, a alternativa que apresenta a substância que possui caráter iônico mais acentuado é:

(Números atômicos: H = 1; F = 9; Na = 11; K = 19; I = 53)

a) NaI   b) F₂   c) HI   d) KI   e) KF

16. (UFV-MG) Os compostos formados pelos pares Mg e Cℓ; Ca e O; Li e O; K e Br possuem fórmulas cujas proporções entre os cátions e os ânions são, respectivamente:

Dados:

Li (Z = 3); O (Z = 8); Mg (Z = 12); Cℓ (Z = 17);
K (Z =19); Ca (Z = 20); Br (Z = 35)

a) 1 : 1 2 : 2 1 : 1 1 : 2
b) 1 : 2 1 : 2 1 : 1 1 : 1
c) 1 : 1 1 : 2 2 : 1 2 : 1
d) 1 : 2 1 : 1 2 : 1 1 : 1
e) 2 : 2 1 : 1 2 : 1 1 : 1

17. (Fuvest-SP) Cinco amigos resolveram usar a tabela periódica como tabuleiro para um jogo. Regras do jogo:

Para todos os jogadores, sorteia-se o nome de um objeto, cujo constituinte principal é determinado elemento químico. Cada um joga quatro vezes um dado e, a cada jogada, move sua peça somente ao longo de um grupo ou de um período, de acordo com o número de pontos obtidos no dado. O início da contagem é pelo elemento de número atômico 1. Numa partida, o objeto sorteado foi "latinha de refrigerante" e os pontos obtidos com os dados foram: Ana (3, 2, 6, 5), Bruno (5, 4, 3, 5), Célia (2, 3, 5, 5), Décio (3, 1, 5, 1) e Elza (4, 6, 6, 1). Assim, quem conseguiu alcançar o elemento procurado foi:

a) Ana   c) Célia   e) Elza
b) Bruno d) Décio

18. (Fuvest-SP) O fleróvio (Fℓ) é um elemento químico artificial, de número atômico 114. Na tabela periódica, está situado imediatamente abaixo do elemento de número atômico 82, que é o chumbo (Pb), como é mostrado na figura a seguir:

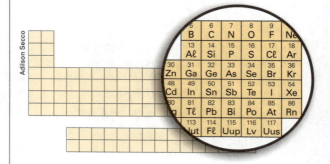

Até o momento, só foi possível sintetizar poucos átomos de fleróvio na forma dos isótopos 288 e 289, pela fusão dos elementos plutônio e cálcio em um acelerador de partículas. Para o fleróvio –289, o processo de síntese pode ser representado pela equação nuclear a seguir:

$$^{244}_{94}Pu + ^{48}_{20}Ca \rightarrow ^{289}_{114}Fℓ + 3\ n$$

Considere as seguintes afirmações:

I. A aparência macroscópica do fleróvio é desconhecida, mas, provavelmente, será a de um sólido metálico.

II. Na formação do fleróvio-288, por processo análogo ao da síntese do fleróvio-289, são liberados 3 prótons.

III. No grupo da tabela periódica ao qual pertence o fleróvio, há elementos que formam óxidos covalentes.

É correto o que se afirma apenas em

a) I.
b) II.
c) III.
d) I e III.
e) II e III.

Texto para a próxima questão.

Leia o texto e examine a tabela para responder às questões a seguir.

O ano de 2015 foi eleito como o Ano Internacional da Luz, devido à importância da luz para o Universo e para a humanidade. A iluminação artificial, que garantiu a iluminação noturna, impactou diretamente a qualidade de vida do homem e o desenvolvimento da civilização. A geração de luz em uma lâmpada incandescente se deve ao aquecimento de seu filamento de tungstênio provocado pela passagem de corrente elétrica, envolvendo temperaturas ao redor de 3.000 °C.

Algumas informações e propriedades do isótopo estável do tungstênio estão apresentadas na tabela.

Símbolo	W
Número Atômico	74
Número de massa	184
Ponto de fusão	3.422 °C
Eletronegatividade (Pauling)	2,36
Densidade	19,3 g · cm^{-3}

19. (Unesp-SP) A partir das informações contidas na tabela, é correto afirmar que o átomo neutro de tungstênio possui
a) 73 elétrons.
b) 2 elétrons na camada de valência.
c) 111 nêutrons.
d) 184 prótons.
e) 74 nêutrons.

20. (Unesp-SP) O estrôncio, por apresentar comportamento químico semelhante ao do cálcio, pode substituir este nos dentes e nos ossos dos seres humanos. No caso do isótopo Sr-90, radioativo, essa substituição pode ser prejudicial à saúde. Considere os números atômicos do Sr = 38 e do Ca = 20. É correto afirmar que a semelhança de comportamento químico entre o cálcio e o estrôncio ocorre porque
a) apresentam aproximadamente o mesmo raio atômico e, por isso, podem ser facilmente intercambiáveis na formação de compostos.
b) apresentam o mesmo número de elétrons e, por isso, podem ser facilmente intercambiáveis na formação de compostos.
c) ocupam o mesmo grupo da Classificação Periódica, logo têm o mesmo número de elétrons na camada de valência e formam cátions com a mesma carga.
d) estão localizados no mesmo período da Classificação Periódica.
e) são dois metais representativos e, por isso, apresentam as mesmas propriedades químicas.

21. (UFRGS-RS) Os elementos X, Y e Z apresentam as seguintes configurações eletrônicas:

X 1s^2 2s^2 2p^6 3s^1

Y 1s^2 2s^2 2p^6 3s^2 3p^5

Z 1s^2 2s^2 2p^6

A respeito desses elementos, pode-se afirmar que
a) X e Y tendem a formar ligação iônica.
b) Y e Z tendem a formar ligação covalente.
c) X não tende a fazer ligações nem com Y nem com Z
d) dois átomos de X tendem a fazer ligação covalente entre si.

e) dois átomos de Z tendem a fazer ligação iônica entre si.

22. (Uece) O quadro a seguir contém as cores das soluções aquosas de alguns sais.

Nome	Fórmula	Cor
Sulfato de cobre (II)	$CuSO_4$	Azul
Sulfato de sódio	Na_2SO_4	Incolor
Cromato de potássio	K_2CrO_4	Amarela
Nitrato de potássio	KNO_3	Incolor

Os íons responsáveis pelas cores amarela e azul são respectivamente

a) CrO_4^{2-} e SO_4^{2-}
b) K^+ e Cu^{2+}
c) CrO_4^{2-} e Cu^{2+}
d) K^+ e SO_4^{2-}

23. (UEM-PR) Sobre sais minerais, assinale o que for correto.
- 01) Os sais minerais encontram-se dissolvidos na água do corpo humano, na forma de íons, pois a água atua como solvente, dispersando as atrações eletrostáticas que existem entre esses íons.
- 02) O sal mineral composto pelo íon X^{2+}, e configuração eletrônica $1s^2\ 2s^2\ 2p^6\ 3s^2\ 3p^6$, auxilia no processo de coagulação do sangue.
- 04) O átomo de potássio, pertencente à classe dos microminerais, é mais estável que o seu respectivo cátion.
- 08) O elemento ferro, componente dos ossos e dos dentes, possui oito elétrons na camada de valência.
- 16) Os macrominerais Na^+ e Mg^{2+} são espécies isoeletrônicas.

24. (UFSC) Jogos Olímpicos Rio 2016: o que é o pó que os ginastas passam nas mãos antes da competição?

O pó branco utilizado pelos atletas nas mãos e pés em competições de ginástica artística é comumente conhecido como "pó de magnésio". Esse pó é, na realidade, o carbonato de magnésio, que possui ação antiumectante, utilizado para diminuir a sensação escorregadia durante as acrobacias. O pó atua absorvendo o suor e diminuindo os riscos de o ginasta cair e se machucar. Sem a utilização do "pó de magnésio", o risco de lesões seria maior, mas apenas os atletas utilizam, já que o pó desidrata a pele e pode causar manchas.

Disponível em: <http://www.vavel.com/br/mais-esportes/647755-ginastica-artistica-tudo-o-que-voc-precisa-saber-para-o-rio-2016.html>. [Adaptado].

Dados: Mg = 24,3; C = 12; O = 16.

Sobre o assunto, é correto afirmar que:

- 01) o contato do carbonato de magnésio com o suor produzido nas mãos de um ginasta resulta na produção de íons Mg^{2-} e CO_3^{2+}.
- 02) na forma de íons Mg^{2+}, o magnésio possui dez elétrons distribuídos em dois níveis eletrônicos.
- 04) ao espalhar 8,43 g de carbonato de magnésio nas mãos, o ginasta estará utilizando 0,100 mol de magnésio e 0,100 mol de carbonato.
- 08) o magnésio na forma reduzida (Mg^0) não conduz eletricidade.
- 16) a ligação entre íons magnésio e íons carbonato possui elevado caráter covalente e, portanto, o carbonato de magnésio não se dissolve no suor do ginasta.
- 32) o magnésio é classificado como um metal de transição.

64) existem 243 g de magnésio em 10,0 mol de carbonato de magnésio.

25. (Fac. Albert Einstein - Medicina) A temperatura de fusão de compostos iônicos está relacionada à energia reticular, ou seja, à intensidade da atração entre cátions e ânions na estrutura do retículo cristalino iônico.

A força de atração entre cargas elétricas opostas depende do produto das cargas e da distância entre elas. De modo geral, quanto maior o produto entre os módulos das cargas elétricas dos íons e menores as distâncias entre os seus núcleos, maior a energia reticular.

Considere os seguintes pares de substâncias iônicas:

I. MgF$_2$ e MgO   **II.** KF e CaO   **III.** LiF e KBr

As substâncias que apresentam a maior temperatura de fusão nos grupos I, II e III são, respectivamente,

a) MgO, CaO e LiF
b) MgF$_2$, KF e KBr
c) MgO, KF e LiF
d) MgF$_2$, CaO e KBr

Texto para a próxima questão.

Leia o texto para responder à(s) questão(ões) a seguir.

Cinco amigos estavam estudando para a prova de Química e decidiram fazer um jogo com os elementos da Tabela Periódica:

– cada participante selecionou um isótopo dos elementos da Tabela Periódica e anotou sua escolha em um cartão de papel;

– os jogadores Fernanda, Gabriela, Júlia, Paulo e Pedro decidiram que o vencedor seria aquele que apresentasse o cartão contendo o isótopo com o maior número de nêutrons.

Os cartões foram, então, mostrados pelos jogadores.

$^{56}_{26}$Fe	$^{16}_{8}$O	$^{40}_{20}$Ca	$^{7}_{3}$Li	$^{35}_{17}$Cℓ
Fernanda	Gabriela	Júlia	Paulo	Pedro

26. (Fatec-SP) A ligação química que ocorre na combinação entre os isótopos apresentados por Júlia e Pedro é

a) iônica, e a fórmula do composto formado é CaCℓ.
b) iônica, e a fórmula do composto formado é CaCℓ$_2$.
c) covalente, e a fórmula do composto formado é CℓCa.
d) covalente, e a fórmula do composto formado é Ca$_2$Cℓ.
e) covalente, e a fórmula do composto formado é CaCℓ$_2$.

27. (UFRF) O primeiro modelo atômico que sugeriu a existência do núcleo foi o:

a) de Dalton.
b) de Thomson.
c) de Rutherford.
d) de Bohr.
e) da mecânica quântica.

28. (UFRGS-RS) Um cátion de carga 3+ possui 10 elétrons e 14 nêutrons. O átomo que o originou apresenta número atômico e de massa, respectivamente,

a) 3 e 14
b) 7 e 24
c) 10 e 14
d) 13 e 27
e) 14 e 28

29. (Fuvest-SP) Os íons Cu^+ e Cu^{2+}, provenientes de um mesmo isótopo de cobre, diferem quanto ao:

a) número atômico.
b) número de massa.
c) número de prótons.
d) número de nêutrons.
e) número de elétrons.

CAPÍTULO 6 – LIGAÇÕES COVALENTES

- O modelo de **ligação covalente**, elaborado em 1916, utiliza o princípio de compartilhamento de pares eletrônicos, que se formam com um elétron de cada átomo ou com dois elétrons de um único átomo. Os elementos que formam as ligações covalentes presentes em moléculas são C, N, O, F, Cℓ, Br, I, S, P e H. Não se restringem a estes somente, entretanto, são os mais comuns para nossos estudos.

- A **regra do octeto** é utilizada para explicar a notável estabilidade adquirida pelos átomos que efetuam estas ligações. Ligações simples, duplas e triplas são explicadas com o apoio do octeto.

- A diferença de eletronegatividade entre os átomos envolvidos em qualquer ligação covalente explica a polaridade da ligação covalente. Aos mais eletronegativos, atribui-se o polo negativo; aos menos eletronegativos, o polo positivo, independentemente de ser uma ligação simples, dupla ou tripla. Entre átomos do mesmo elemento químico não se observa a polarização.

- É necessário associar a polaridade das ligações com a geometria das moléculas. Moléculas são consideradas simétricas quando o número de regiões ou nuvens eletrônicas ao redor do átomo central é igual ao número de ligantes iguais ao redor do átomo central. Nesses casos, mesmo que haja ligações polares, a molécula será apolar. Exemplo: CO_2. Se qualquer uma das condições acima não for cumprida, ou seja, número de regiões diferente do número de átomos ainda que iguais, trata-se de uma molécula polar.

- As **interações entre moléculas** são responsáveis pelos estados da matéria de substâncias covalentes em temperaturas diferentes. Água quando sólida tem praticamente 100% das moléculas ligadas umas às outras devido às atrações entre suas moléculas. Ao aquecermos esse pedaço de gelo, 10% aproximadamente das moléculas se desprendem umas das outras tornando a amostra um sistema no estado líquido. Restam 90% de moléculas ainda interagindo com outras. Será desfeita a interação quando estes 90% de moléculas se libertarem umas das outras e aí a água existirá no estado de vapor.

- As forças das ligações intermoleculares dependem da natureza das moléculas (simetria, assimetria, polaridade e apolaridade) que estão interagindo. Se houver simetria, haverá uma molécula apolar. Se a molécula for assimétrica, haverá uma molécula polar ou um dipolo ou um dipolo permanente, como é frequentemente denominado.

- As **ligações de hidrogênio** explicam propriedades aparentemente irregulares para certas substâncias, como a temperatura de ebulição da água sob pressão normal. Características:

– as ligações ocorrem quando um átomo de hidrogênio se encontra ligado por uma ligação covalente polar com oxigênio (caso do H₂O, água) ou flúor (caso do HF, fluoreto de hidrogênio) ou nitrogênio (caso do NH₃, amônia). Este hidrogênio, por sua vez, interage por meio de ligação intermolecular com outro oxigênio, flúor ou nitrogênio de outra ligação polar, portanto, de outra molécula.

- a ligação de hidrogênio é previsível quando há um átomo de hidrogênio ligado por uma ligação covalente a qualquer um dos três (F, O ou N) e, simultaneamente, ligado por uma ligação intermolecular com qualquer um dos três átomos (F, O ou N) de outra molécula. Outro aspecto notável das ligações de hidrogênio é a linearidade, isto é, o átomo de hidrogênio permanece alinhado entre os outros dois átomos eletronegativos, num ângulo de 180°.

1. (UEM-PR) Assinale o que for correto.
   01) Considerando que a distância entre dois átomos de hidrogênio é diferente da distância entre um átomo de nitrogênio e um átomo de hidrogênio, pode-se afirmar que a geometria molecular da molécula de amônia é representada por uma forma geométrica classificada como poliedro convexo regular.
   02) A geometria molecular do PCℓ₅ é representada por uma forma geométrica classificada como poliedro convexo não regular.
   04) A geometria molecular do BrF₅ é representada por uma forma geométrica classificada como poliedro convexo regular.
   08) A relação de Euler V − A + F = 2 (onde V = número de vértices, A = número de arestas, F = número de faces) é válida para a figura geométrica formada pela molécula de SF₆.
   16) Na figura geométrica formada pela molécula de metano, não existe paralelismo entre duas arestas quaisquer no espaço, enquanto que para a figura geométrica formada pela molécula SF₆ existe.

2. (UFJF-Pism-MG) O selênio quando combinado com enxofre forma o sulfeto de selênio, substância que apresenta propriedades antifúngicas e está presente na composição de xampus anticaspa. Qual o tipo de ligação química existente entre os átomos de enxofre e selênio?
   a) Covalente.
   b) Dipolo-dipolo.
   c) Força de London.
   d) Iônica.
   e) Metálica.

3. (PUC-MG) Dentre as alternativas abaixo, assinale a que corresponde a uma substância covalente polar, covalente apolar e iônica, respectivamente.
   a) N₂, CH₄ e MgCℓ₂
   b) CCℓ₄, NaCℓ e HCℓ
   c) H₂SO₄, N₂ e MgCℓ₂
   d) O₂, CH₄ e NaCℓ

4. (UPF-RS) Na coluna da esquerda, estão relacionadas as moléculas, e, na coluna da direita, a geometria molecular. Relacione cada molécula com a adequada geometria molecular.

1. NOCℓ	( ) linear
2. NCℓ₃	( ) tetraédrica
3. CS₂	( ) trigonal plana
4. CCℓ₄	( ) angular
5. BF₃	( ) piramidal

A sequência correta de preenchimento dos parênteses, de cima para baixo, é:

a) 3 – 2 – 5 – 1 – 4.
b) 3 – 4 – 5 – 1 – 2.
c) 1 – 4 – 5 – 3 – 2.
d) 3 – 4 – 2 – 1 – 5.
e) 1 – 2 – 3 – 4 – 5.

5. (PUC-MG) A geometria das moléculas pode ser determinada fazendo-se o uso do modelo de repulsão dos pares eletrônicos. Dentre as alternativas abaixo, assinale a que corresponde à combinação **CORRETA** entre estrutura e geometria.

a) H_2O – Geometria Linear
b) NH_4^+ – Geometria Tetraédrica
c) CO_2 – Geometria Angular
d) BF_3 – Geometria Piramidal

6. (Uece) O tetracloreto de silício é usado na fabricação de silício de qualidade, fibras óticas, semicondutores e células voltaicas. Analisando sua fórmula, pode-se afirmar corretamente que seu momento dipolar

a) é nulo porque a soma vetorial dos momentos de suas ligações é zero.
b) é significativo porque o átomo central apresenta baixa eletronegatividade.
c) é nulo porque se trata de uma estrutura plana.
d) é significativo porque todas as suas ligações são polares.

7. (Unicamp-SP) O trecho seguinte foi extraído de uma revista de divulgação do conhecimento químico, e trata de alguns aspectos da lavagem a seco de tecidos. *"Tratando-se do desempenho para lavar, o tetracloroetileno é um solvente efetivo para limpeza das roupas, pois evita o encolhimento dos tecidos, já que evapora facilmente, dada sua baixa pressão de vapor (0,017 atm., 20 °C), e dissolve manchas lipofílicas, como óleos, ceras e gorduras em geral..."* A leitura desse trecho sugere **que o tetracloroetileno é um líquido apolar e sua alta volatilidade se deve ao seu baixo valor de pressão de vapor**. Levando em conta o conhecimento químico, pode-se:

a) concordar parcialmente com a sugestão, pois há argumentos que justificam a polaridade, mas não há argumentos que justifiquem a volatilidade.
b) concordar totalmente com a sugestão, pois os argumentos referentes à polaridade e à volatilidade apresentados no trecho justificam ambas.
c) concordar parcialmente, pois não há argumentos que justifiquem a polaridade, mas há argumentos que justificam a volatilidade.
d) discordar totalmente, pois não há argumentos que justifiquem a polaridade nem a volatilidade.

8. (PUC-MG) As ligações covalentes podem ser classificadas em dois tipos: ligações covalentes polares e ligações covalentes apolares. Observando a polaridade das ligações e a geometria da molécula, somos capazes de verificar se uma molécula será polar ou apolar. Com base nisso, assinale a opção que apresenta moléculas exclusivamente apolares.

a) $HC\ell$, NO_2 e O_2
b) $C\ell_2$, NH_3 e CO_2
c) $C\ell_2$, $CC\ell_4$ e CO_2
d) $CC\ell_4$, $BF3$ e H_2SO_4

9. (Uerj) Diversos mecanismos importantes para a manutenção da vida na Terra estão relacionados com interações químicas.

A interação química envolvida tanto no pareamento correto de bases nitrogenadas no DNA quanto no controle de variações extremas de temperatura na água é uma ligação do seguinte tipo:

a) iônica
b) covalente
c) de hidrogênio
d) de van der Waals

10. (UPF-RS) A seguir, na tabela 1, são fornecidas as temperaturas de ebulição (à pressão atmosférica de 1 atm) dos compostos orgânicos indicados na tabela 2.

Tabela 1 – Temperaturas de ebulição			
A : 78 °C	B : 101 °C	C : –42 °C	D : –0,5 °C

Tabela 2 – Compostos orgânicos (massa molar g · mol⁻¹)			
CH_3CH_2OH (46)	$CH_3CH_2CH_3$ (44)	$HCOOH$ (46)	$CH_3(CH_2)_2CH_3$ (58)
I	II	III	IV

Correlacione cada composto com a temperatura de ebulição adequada, considerando a influência relativa dos fatores que atuam sobre as propriedades físicas dos compostos orgânicos.

A correspondência correta é:
a) I – A; II – C; III – B; IV – D.
b) I – C; II – A; III – D; IV – B.
c) I – B; II – A; III – C; IV – D.
d) I – C; II – D; III – A; IV – B.
e) I – A; II – B; III – D; IV – C.

11. (Uece) O ponto de ebulição do álcool etílico é 78,15 °C e o do éter metílico é –24,8 °C. Isso ocorre quando as forças intermoleculares do álcool etílico são maiores porque

a) ele apresenta ligações de hidrogênio.
b) é um composto covalente polar.
c) sua massa molecular é maior do que a do éter metílico.
d) ele apresenta moléculas de maior simetria.

12. (UPE)

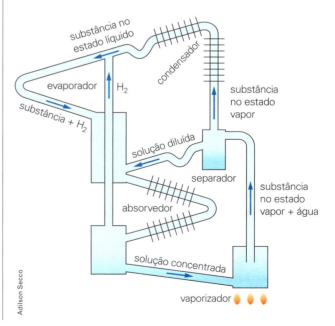

Geladeiras que funcionam com a queima de gás de cozinha ou querosene são muito úteis, quando não se pode contar com a energia elétrica, como em certas zonas rurais, nos *campings*. A figura acima mostra o esquema de funcionamento de um produto desse tipo. O ciclo por absorção usa determinada substância como gás refrigerante, além de hidrogênio/água que atuam como substâncias auxiliares. A pressão total é teoricamente a mesma em todos os pontos do circuito. O que muda são as pressões parciais. As diferenças de pressões parciais são provocadas pela água, que tem grande afinidade pela substância refrigerante e quase nenhuma pelo hidrogênio.

Adaptado de: http://www.mspc.eng.br/tecdiv/topDiv130.shtml

Considerando as informações, a substância refrigerante desse tipo de geladeira é a(o)

a) Br_2
b) $NaC\ell O$
c) $HC\ell$
d) O_2
e) NH_3

_____
_____
_____
_____

13. (UFRGS-RS) Em 2015, pesquisadores comprimiram o gás sulfeto de hidrogênio (H_2S), em uma bigorna de diamantes até 1,6 milhão de vezes à pressão atmosférica, o suficiente para que sua resistência à passagem da corrente elétrica desaparecesse a –69,5 °C. A experiência bateu o recorde de "supercondutor de alta temperatura" que era 110 °C obtido com materiais cerâmicos complexos.

Assinale a afirmação abaixo que justifica corretamente o fato de o sulfeto de hidrogênio ser um gás na temperatura ambiente e pressão atmosférica, e a água ser líquida nas mesmas condições.

a) O sulfeto de hidrogênio tem uma massa molar maior que a da água.
b) O sulfeto de hidrogênio tem uma geometria molecular linear, enquanto a água tem uma geometria molecular angular.
c) O sulfeto de hidrogênio é mais ácido que a água.
d) A ligação S–H é mais forte que a ligação O–H.
e) As ligações de hidrogênio intermoleculares são mais fortes com o oxigênio do que com o enxofre.

_____
_____
_____

14. (EBMSP-BA)

O ácido desoxirribonucleico, DNA, é uma macromolécula que carrega informações genéticas necessárias para a reprodução e desenvolvimento das células. Essa substância química é constituída por duas cadeias polinucleotídicas formadas por grupos fosfato e açúcar desoxirribose alternados, com bases orgânicas ligadas às moléculas de açúcar e interligadas duas a duas, de maneira específica, como a interação entre a guanina e a citosina, representada de maneira simplificada na figura.

Considerando essas informações e a figura, identifique o tipo da interação intermolecular entre a guanina e a citosina e o tipo da interação que une os átomos de nitrogênio e hidrogênio, nas bases orgânicas, destacando qual dessas interações é a mais fácil de ser "rompida", justificando a sua resposta.

_____
_____
_____
_____
_____
_____
_____
_____

Texto para a próxima questão.

Dados que podem ser usados para responder à(s) questão(ões) a seguir.

Elemento químico	Número atômico	Massa atômica
H	1	1,0
C	6	12,0
N	7	14,0
O	8	16,0
Na	11	23,0
Mg	12	24,3
Aℓ	13	27,0
S	16	32,0
Cℓ	17	35,5
Ca	20	40,0
Ti	22	48,0
Cr	24	52,0
Fe	26	56,0
Co	27	59,0
Cd	48	112,5
Hg	80	200,6

15. (Uece) Para eliminar manchas em telas de *notebooks*, *smartphones* e *tablets*, alguns cuidados devem ser tomados. Deve-se evitar usar papel-toalha, guardanapos ou papel higiênico. O correto é usar uma solução caseira, composta de mistura de álcool com água destilada, em proporção idêntica. A água de torneira não é indicada, pois contém minerais dissolvidos, que podem deixar manchas. O tecido mais indicado para a limpeza é o usado em flanelas de microfibra, também usadas para limpar óculos. No que diz respeito a esses materiais, é correto afirmar que

a) o papel higiênico tem como matéria-prima a celulose que é misturada em água.
b) o álcool usado na mistura é o metanol.
c) um dos minerais solúveis contidos na água da torneira é o óxido de cálcio.
d) as flanelas de microfibra são formadas por fenóis e éster.

16. (UFPE) As ligações químicas nas substâncias K (s), HCℓ (g), KCℓ (g), Cℓ$_2$ (g) são, respectivamente:

a) metálica, covalente polar, iônica, covalente apolar.
b) iônica, covalente polar, metálica, covalente apolar.
c) covalente apolar, covalente polar, metálica, covalente apolar.
d) metálica, covalente apolar, iônica, covalente polar.
e) covalente apolar, covalente polar, iônica, metálica.

17. (Uespi) O fosgênio (COCℓ$_2$), um gás incolor, tóxico, de cheiro penetrante, utilizado na 1ª Guerra Mundial como gás asfixiante, é produzido a partir da reação:

CO (g) + Cℓ$_2$ (g) → COCℓ$_2$ (g).

Sobre a molécula do fosgênio, podemos afirmar que ela apresenta:

a) duas ligações duplas e duas ligações simples.
b) uma ligação dupla e duas ligações simples.
c) duas ligações duplas e uma ligação simples.
d) uma ligação tripla e uma ligação dupla.
e) uma ligação tripla e uma ligação simples.

18. (Ufac) Os organismos vivos são constituídos de compostos de carbono. Isto acontece devido às propriedades deste elemento. Assim, um escritor de ficção científica pediu auxílio a um estudante do ensino médio para a escolha de um elemento químico capaz de substituir o carbono na formação de compostos. O estudante escolheu, com base em seus conhecimentos de tabela periódica, um elemento que tem quase o mesmo tamanho do carbono, eletronegatividade muito semelhante e mesma valência. O elemento escolhido foi:

a) nitrogênio.
b) boro.
c) alumínio.
d) silício.
e) fósforo.

Caderno de revisão 45

19. (UFBA)

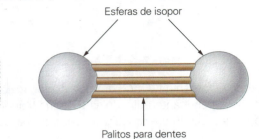

O modelo acima serve para representar as ligações covalentes na molécula de:

a) HF
b) N_2
c) O_2
d) F_2
e) H_2

Dados: $_1H$; $_9F$; $_7N$; $_8O$

_____
_____

20. (Unicamp-SP) Considerando as moléculas NH_3, CH_4, CO_2 e H_2O, indique a configuração espacial de cada uma, utilizando a terminologia: linear, angular, piramidal, quadrangular, tetraédrica.

·Ṅ·   H·   ·Ċ·   ·Ö:

_____
_____
_____
_____
_____
_____
_____
_____
_____
_____
_____
_____

21. (Vunesp-SP) Utilizando fórmulas de Lewis, é possível fazer previsões sobre geometria de moléculas e íons.

a) Represente as fórmulas de Lewis das espécies NH_4^+ e PH_3^+.
b) A partir das fórmulas de Lewis, estabeleça a geometria de cada uma dessas espécies.

Dados: $_7N$; $_1H$; $_{15}P$

_____
_____
_____
_____
_____
_____
_____
_____
_____
_____
_____
_____

22. (Uesc-BA) Nas moléculas, pares de elétrons distribuem-se em torno de um átomo central, originando formas geométricas definidas em decorrência das posições relativas dos átomos nelas presentes.

Com base nessa informação,

a) represente a fórmula de Lewis das espécies PH_3 e H_3O^+.
b) Identifique a forma geométrica de PH_3 e H_3O^+.

·P̈· , H· , :Ö·

_____
_____
_____
_____
_____
_____
_____
_____
_____

23. (Unifenas-MG) A geometria das moléculas de água, amônia e metano é, respectivamente,

a) linear, angular e tetraédrica.
b) angular, tetraédrica e piramidal.
c) angular, piramidal e tetraédrica.
d) triangular, piramidal e tetraédrica.
e) angular, triangular e tetraédrica.

_____
_____
_____
_____

24. (UFRGS-RS) Segundo a teoria da repulsão dos pares de elétrons da camada de valência, a estrutura mais provável de uma molécula de fórmula AX$_4$ com dois pares eletrônicos isolados é:

a) quadrado-planar com pares eletrônicos isolados acima e abaixo do plano.
b) tetraédrica.
c) octaédrica com pares isolados em posição equatorial.
d) trigonal plana com pares eletrônicos isolados acima e abaixo do plano.
e) bipiramidal pentagonal com pares eletrônicos isolados em posição equatorial.

25. (UFRJ) A "água pesada" é uma espécie de fórmula D$_2$O, formada pela combinação entre deutério e oxigênio. O deutério é um isótopo do hidrogênio que apresenta um próton e um nêutron no núcleo. A partir dessas informações, considere as afirmações abaixo.

I. A massa molecular da água pesada é aproximadamente igual a 20 unidades de massa atômica.
II. Volumes iguais de água pesada e água comum apresentam massas diferentes.
III. A água pesada não apresenta interações moleculares do tipo dipolo-dipolo.

Quais estão corretas?

a) Apenas I
b) Apenas II
c) Apenas III
d) Apenas I e II
e) I, II e III

26. (ITA-SP) Qualitativamente (sem fazer contas), como você explica o fato de a quantidade de calor trocado na vaporização de um mol de água no estado líquido ser muito maior do que o calor trocado na fusão da mesma quantidade de água no estado sólido?

27. (Vunesp-SP) O gráfico a seguir foi construído com dados dos hidretos dos elementos do grupo 16.

Com base nesse gráfico, são feitas as afirmações seguintes:

I. Os pontos P, Q, R e S no gráfico correspondem aos compostos H_2Te, H_2S, H_2Se e H_2O, respectivamente.

II. Todos estes hidretos são gases à temperatura ambiente, exceto a água, que é líquida.

III. Quando a água ferve, as ligações covalentes se rompem antes das intermoleculares.

Das três afirmações apresentadas,

a) apenas I é verdadeira.
b) apenas I e II são verdadeiras.
c) apenas II é verdadeira.
d) apenas I e III são verdadeiras.
e) apenas III é verdadeira.

_____
_____
_____
_____
_____

28. (Vunesp-SP) A partir das configurações eletrônicas dos átomos constituintes e das estruturas de Lewis,

a) determine as fórmulas dos compostos mais simples que se formam entre os elementos:
  I. hidrogênio e carbono;
  II. hidrogênio e fósforo.

b) Qual é a geometria de cada uma das moléculas formadas, considerando-se o número de pares de elétrons?

Números atômicos: $H = 1$; $C = 6$; $P = 15$.

_____
_____
_____
_____
_____
_____
_____

29. (Unicamp-SP) A ureia (CH_4N_2O) é o produto mais importante de excreção do nitrogênio pelo organismo humano. Na molécula da ureia, formada por oito átomos, o carbono apresenta duas ligações simples e uma dupla, o oxigênio, uma ligação dupla, cada átomo de nitrogênio, três ligações simples, e cada átomo de hidrogênio, uma ligação simples. Átomos iguais não se ligam entre si. Baseando-se nestas informações, escreva a fórmula estrutural da ureia, representando ligações simples por um traço (—) e ligações duplas por dois traços (=).

_____
_____
_____
_____
_____
_____
_____
_____
_____
_____
_____
_____
_____
_____

30. (Unicamp-SP) Considere três substâncias CH_4, NH_3 e H_2O e três temperaturas de ebulição: 373 K, 112 K e 240 K. Levando-se em conta a estrutura e a polaridade das moléculas destas substâncias, pede-se:

a) Correlacionar as temperaturas de ebulição às substâncias.
b) Justificar a correlação que você estabeleceu.

_____
_____
_____
_____
_____
_____
_____
_____
_____

31. (PUC-MG) Os compostos BF_3, SO_2, PH_3, CO_2 são moléculas de configuração espacial, respectivamente:
a) trigonal, angular, trigonal, linear.
b) piramidal, angular, piramidal, angular.
c) trigonal, angular, piramidal, linear.
d) trigonal, linear, piramidal, linear.
e) piramidal, angular, piramidal, linear.

32. (Uerj) Água e etanol são dois líquidos miscíveis em quaisquer proporções devido a ligações intermoleculares, denominadas:
a) iônicas.
b) pontes de hidrogênio.
c) covalentes coordenadas.
d) dipolo induzido – dipolo induzido.

33. (PUC-SP) Considere as afirmações a seguir relativas aos tipos de ligações químicas.
I. Num fio de cobre, os elétrons dos níveis de valência dos átomos formam a nuvem eletrônica responsável pela união destes átomos e pela boa condutividade elétrica do metal.
II. Substâncias moleculares como os açúcares têm pontos de fusão mais elevados do que os de substâncias iônicas como os sais.
III. Amostras de vinagre conduzem a corrente elétrica porque têm íons em movimento.
É possível afirmar que apenas:
a) I é correta.
b) II é correta.
c) III é correta.
d) I e III são corretas.
e) II e III são corretas.

34. (UFPR) A estrutura molecular que compõe as fibras dos tecidos define o comportamento deles, como maciez, absorção de umidade do corpo e tendência ao encolhimento. As fibras de algodão contêm, em maior proporção, celulose, um polímero carboidrato natural. Já os tecidos sintéticos de poliéster têm propriedades diferentes do algodão. O poliéster é uma classe de homopolímeros e copolímeros que contém o grupo funcional éster na sua estrutura, como o politereftalato de etileno.

celulose

politereftalato de etileno

a) Tecidos de algodão absorvem muito bem a umidade, diferentemente do poliéster. Com base nas estruturas químicas mostradas, escreva um texto explicando a razão pela qual a fibra do algodão apresenta essa propriedade.

b) Roupas de tecidos de algodão tendem a encolher após as primeiras lavagens, principalmente se secas em secadoras, diferentemente dos tecidos de poliéster. Isso ocorre porque as fibras de algodão são esticadas a altas tensões no processo de tecelagem. Porém esse estado tensionado não é o mais estável da fibra. Com o movimento proporcionado pela lavagem e o aquecimento na secadora, as fibras tendem a relaxar para conformação mais estável, causando o encolhimento. Escreva um texto explicando qual é o tipo de interação responsável por atrair as fibras e resultar no encolhimento do tecido.

35. (Cesgranrio-RJ) Observe a tabela de pontos de ebulição:

Substância	H_2O	H_2S	H_2Se	H_2Te
P.E. (°C)	+100,0	−60,3	−41,3	−2,2

O ponto de ebulição da água é anômalo em relação aos demais compostos da família do oxigênio porque

a) as moléculas da água são mais leves.

b) existem pontes de hidrogênio entre as moléculas da água.

c) existem Forças de Van der Waals entre as moléculas da água.

d) somente a molécula da água é apolar.

e) as demais substâncias decompõem-se termicamente.

CAPÍTULO 7 – COMPOSTOS INORGÂNICOS

Este capítulo apresenta os quatro principais tipos de compostos inorgânicos, suas definições, a nomenclatura, algumas características e os principais componentes – ácidos, bases, óxidos e sais.

- **Ácidos**:
    – segundo Arrhenius – em água ioniza-se gerando H^{1+}

    $HCl\ (g) \xrightarrow{H_2O} H^{1+}\ (aq) + Cl^{1-}\ (aq)$

    – segundo Bronsted-Lowry – doador do próton H^{1+}

    $\underset{\text{ácido}}{HNO_3} + H_2O \rightleftarrows H_3O^+ + NO_3^-$

Nomenclatura

Hidrácidos – terminação ÍDRICO

HCl em água (ácido clorídrico); H_2S em água (ácido sulfídrico)

Oxiácidos – terminação ICO, OSO

HNO_3 (ácido nítrico); H_2SO_4 (ácido sulfúrico)

HNO_2 (ácido nitroso); H_2SO_3 (ácido sulfuroso)

Força

Quanto maior o grau de ionização (α) mais forte (para uma mesma concentração)

- **Bases**:
    – Segundo Arrhenius – em água gera o ânion OH^{1-}

    $NaOH\ (s) \xrightarrow{H_2O} Na^{1+}\ (aq) + OH^{1-}\ (aq)$

    – Segundo Bronsted-Lowry – aceptor do próton H^{1+}

    $HBr + \underset{\text{base}}{H_2O} \rightleftarrows H_3O + Br^-$

Nomenclatura

– Quando o cátion possui uma única valência: hidróxido de **nome do cátion**.

$NaOH$ – hidróxido de sódio; $Ca(OH)_2$ – hidróxido de cálcio; $Al(OH)_3$ – hidróxido de alumínio.

– Quando o cátion possui mais que uma valência: hidróxido de **nome do metal** (e sua valência em algarismo romano).

$Fe(OH)_2$ – hidróxido de ferro(II); $Fe(OH)_3$ – hidróxido de ferro(III)

Força

Por ser um composto iônico, quanto mais solúvel mais forte.

- **Óxidos**

Substâncias binárias que apresentam o oxigênio como elemento mais eletronegativo.

$$E_xO_y$$

Nomenclatura

Prefixo que indica quantidade de **oxigênios + de + prefixo** que indica quantidade do outro elemento ligado ao oxigênio

CO_2 – dióxido de carbono; NO – monóxido de nitrogênio; SO_3 – trióxido de enxofre; P_2O_5 – pentóxido de difósforo

Tipos

Podem apresentar comportamento ácido (em água gera o ácido correspondente); comportamento básico (em água gera a base correspondente); ser neutro ou anfótero.

- **Sais**

Compostos iônicos formados por um cátion (que não seja H^{1+}) e um ânion (que não seja o OH^{1-}).

Geralmente formados pela reação de neutralização entre um ácido (de onde vem o ânion) e uma base (de onde vem o cátion).

$$HC\ell\ (aq) + NaOH\ (aq) \rightleftarrows NaC\ell\ (aq) + H_2O$$
ácido base sal água

Nomenclatura do ânion

Terminação ÍDRICO do ácido: muda para ETO no ânion

Terminação ICO do ácido: muda para ATO no ânion

Terminação OSO no ácido: muda para ITO no ânion

Nomenclatura do cátion

Normalmente é o nome do cátion metálico; coloca-se o algarismo romano quando tem mais de uma valência.

$NaC\ell$ – cloreto de sódio; $CaBr_2$ – brometo de cálcio; KNO_3 – nitrato de potássio; FeI_2 – iodeto de ferro(II); FeI_3 – iodeto de ferro(III)

---

1. (UFMG) Realizou-se um experimento com um ovo cru e um copo contendo vinagre, como descrito nestas quatro figuras:

O ovo afunda no vinagre. | observa-se formação imediata de bolhas. | Após alguns minutos, o ovo afunda. | Dias depois, as bolhas desaparecem; resta uma fina película em volta da clara e da gema; o ovo afunda.

Sabe-se que a casca do ovo é constituída por carbonato de cálcio e que o vinagre é uma solução aquosa de ácido acético.

Considerando-se essas informações é correto afirmar que:

a) o ovo afunda, ao final do experimento, porque, sem a casca, ele se torna menos denso que a solução.

b) a quantidade de ácido acético diminui durante o experimento.

c) as bolhas são formadas pela liberação de gás hidrogênio.

d) o pH da solução utilizada diminui ao longo do experimento.

2. (UEPB) Observe o esquema abaixo:

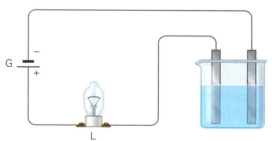

A força de um ácido é medida pelo seu grau de ionização (α), ou seja, pela relação entre o número de moléculas ionizadas e o número total de moléculas dissolvidas. Em qual das soluções – de mesma concentração e na mesma temperatura – a lâmpada (L) do esquema apresenta maior brilho?

a) HF
b) HNO_3
c) H_3PO_4
d) H_2S
e) H_4SiO_4

3. (Unama-PA) Um adubo químico muito utilizado nas lavouras de café tem como base **nitrogênio**, **fósforo** e **potássio**. Uma vez no solo, os íons potássio são absorvidos pelo cafeeiro. Depois que o café é colhido, suas cascas são queimadas em fornalhas (servindo como combustível), onde boa parte do potássio reaparece como **óxido de potássio**. A sequência que representa, respectivamente, os símbolos das palavras em negrito no texto é:

a) N, F, P, K_2O_2
b) Ni, P, K, K_2O
c) N, P, K, K_2O
d) Ni, P, P, K_2O_2

4. (UEL-PR) Em uma bancada de laboratório encontram-se 4 frascos, numerados de 1 a 4. Cada um deles contém apenas uma das quatro soluções aquosas das seguintes substâncias: nitrato de prata ($AgNO_3$), cloreto férrico ($FeCl_3$), carbonato de sódio (Na_2CO_3) e ácido clorídrico (HCl), não necessariamente na ordem apresentada. Um estudante, com o objetivo de descobrir o conteúdo de cada frasco, realizou alguns experimentos no laboratório de química, à temperatura ambiente, e verificou que:

I. A substância contida no frasco 1 não reagiu com a substância contida no frasco 4, produzindo efervescência.

II. A substância contida no frasco 1 não reagiu com a substância contida no frasco 3.

Com base nos dois experimentos realizados, é correto afirmar que os frascos 1, 2, 3 e 4 contêm, respectivamente, soluções aquosas de:

a) ácido clorídrico, nitrato de prata, cloreto férrico e carbonato de sódio.
b) cloreto férrico, ácido clorídrico, nitrato de prata e carbonato de sódio.
c) ácido clorídrico, cloreto férrico, nitrato de prata e carbonato de sódio.
d) ácido clorídrico, nitrato de prata, carbonato de sódio e cloreto férrico.
e) carbonato de sódio, cloreto férrico, nitrato de prata e ácido clorídrico.

5. (UFS-SE) Analise as afirmações abaixo, relacionadas a ácidos, bases e sais.

0.0 – O dióxido de carbono, em água, forma uma solução fracamente ácida.
1.1 – A amônia, em água, forma uma solução fortemente ácida.
2.2 – Dióxido de carbono e amônia, em água, podem fornecer, dependendo das quantidades relativas, carbonato de amônio ou, então, hidrogeno carbonato de amônio.
3.3 – Cloreto de hidrogênio, em água, é um ácido, pois, de acordo com Arrhenius, libera hidrogênio gasoso.
4.4 – Soda cáustica, em água, é uma base forte, pois está totalmente ionizado em Na^+ (aq) e OH^- (aq).

6. (Cesupa-PA) Considere as afirmativas:

I. Os materiais são formados por espécies químicas distintas: os elementos químicos.
II. Os anúncios luminosos, conhecidos como "lâmpadas de neônio", apresentam colorações diferentes, pois os tubos contêm sempre o mesmo material, sendo pintados com cores diferentes.
III. Tanto o ácido clorídrico puro, HCl, quanto a água pura, H_2O, são maus condutores de eletricidade,

porém a solução resultante da dissolução do ácido na água é boa condutora de eletricidade devido à ionização do ácido.

IV. O gás carbônico, CO_2, formado na combustão completa de materiais orgânicos, é utilizado, entre outras aplicações, em extintores de incêndio.

O CO_2 é constituído por moléculas polares sendo muito solúvel em água.

Estão corretas apenas dois:

a) I e II   **b)** II, III e IV   **c)** II e IV   **d)** I e III

7. (ITA-SP) Explique em que consiste o fenômeno denominado chuva ácida. Da sua explicação devem constar as equações químicas que representam as reações envolvidas.

8. (UFRN) Ao queimar na atmosfera, o metal (x), pertencente à família dos metais alcalinos, forma uma substância (y), que reage com água, formando uma substância (Z), que, por sua vez, reage com ácido, formando uma substância (w). As substâncias y, z e w são classificadas, respectivamente, como:

a) sal, hidróxido e óxido.
b) hidróxido, óxido e sal.
c) óxido, sal e hidróxido.
d) óxido, hidróxido e sal.

9. (Mack-SP) Para gravação em vidro, usa-se ácido fluorídrico, que reage com o dióxido de silício da superfície do vidro, formando tetrafluoreto de silício gasoso e água.

A reação corretamente equacionada e balanceada para o processo é:

Dados: $_1^1H$; F (7 A ou 17); Si (4 A ou 14); O (6 A ou 16)

a) $HF + 2\ SiO \rightarrow 2\ SiF_4 + 2\ H_2O$
b) $HF + Si_2O \rightarrow 2\ SiF_4 + H_2O$
c) $4\ HF + SiO_2 \rightarrow SiF_4 + 2\ H_2O$
d) $4\ HF + SiO \rightarrow SiF_4 + 2\ H_2O$
e) $2\ HF + SiO_2 \rightarrow SiF_4 + H_2O$

10. (Mack-SP) Na combustão de uma fita de magnésio, é produzido um sólido branco A. Este reage com água, formando uma substância B, que provoca mudança de cor do tornassol de vermelho para azul. As substâncias A e B:

Dados: Mg (2 A ou 2 B); A e B: O (6 A ou 16); H (Z = 1)

a) tem fórmula MgO_2 e MgOH, respectivamente.
b) são dois óxidos.
c) são um hidróxido e um ácido, respectivamente.
d) tem fórmula MgO_2 e $Mg(OH)$, respectivamente.
e) são um hidróxido e um sal, respectivamente.

11. (UFRR) Antiácido é um produto farmacêutico utilizado para reduzir a acidez estomacal provocada por excesso de ácido clorídrico. Esse produto pode ser preparado à base de bicarbonato de sódio. A reação do bicarbonato com o ácido é:

a) $NaHCO_3 + HC\ell \rightarrow NaC\ell + CO_2 + H_2O$.
b) $NaHCO_3 + 2 HC\ell \rightarrow Na_2CO_3 + C\ell 2 + H_2$.
c) $Na_2CO_3 + 2 HC\ell \rightarrow 2 NaC\ell + CO_2 + H_2O$.
d) $NaHCO_3 + HC\ell O \rightarrow NaC\ell O + H_2CO_3$.
e) $Na_2CO_3 + 2 HC\ell O \rightarrow 2 NaC\ell O + CO_2 + H_2O$.

12. (UFRN) Nas estações de tratamento de água potável das companhias de águas e esgotos, para facilitar a ação das partículas de impurezas em suspensão, realiza-se uma reação de um precipitado gelatinoso de hidróxido de alumínio |$A\ell(OH)_3$|, que absorve essas partículas suspensas.

Sabendo-se que um dos reagentes utilizados é a cal hidratada | $Ca(OH)_2$ | pode-se concluir que as outras substâncias são, respectivamente,

a) sulfato de alumínio e sulfato de cálcio.
b) sulfito de alumínio e sulfeto de cálcio.
c) sulfato de alumínio e sulfito de cálcio.
d) sulfeto de alumínio e sulfato de cálcio.

13. (Ufac) Um rapaz, querendo impressionar a namorada, prometeu-lhe fazer um arco-íris. Ele sabia que o suco de repolho roxo contém um composto que muda de cor conforme a acidez do meio. Quando a solução é muito ácida, o suco tem coloração vermelha. À medida que a solução fica menos ácida, a cor muda para rosa. Em meio ligeiramente básico, torna-se verde e chega a amarelo em soluções muito básicas. A cor original do suco é lilás. O rapaz colocou suco em cinco copos e acrescentou gotas das substâncias seguintes:

copo 1 = nenhuma substância adicionada
copo 2 = leite de vaca (pH= 6,5)
copo 3 = amoníaco (pH= 11,0)
copo 4 = bicarbonato de sódio (pH= 8,2)
copo 5 = vinagre (pH= 2,5)

As cores obtidas nos copos 1, 2, 3, 4 e 5 são, respectivamente:

a) lilás, vermelho, rosa, verde, amarelo.
b) lilás, amarelo, rosa, verde, vermelho.
c) lilás, rosa, verde, vermelho, amarelo.
d) lilás, amarelo, vermelho, rosa, verde.
e) lilás, rosa, amarelo, verde, vermelho.

14. (Vunesp-SP) Na Idade Média, era usual o emprego de óxido de chumbo(IV) como pigmento branco em telas. Em nossos dias, com o aumento do teor de H_2S na atmosfera, proveniente da queima de combustíveis fósseis, pinturas dessa época passaram a ter suas áreas brancas transformadas em castanho escuro, devido à formação de sulfeto de chumbo(II).

No trabalho de restauração dessas pinturas são empregadas soluções de peróxido de hidrogênio que transformam o sulfeto de chumbo(II) em sulfato de chumbo(II), um sólido branco. As fórmulas do óxido de chumbo(IV), sulfeto de chumbo(II), peróxido de hidrogênio e sulfato de chumbo(I) são, respectivamente:

a) PbO, PbS, H_2O_2, $PbSO_4$
b) PbO_2, PbS, H_2O_2, $PbSO_4$

c) Pb₂O, PbS₂, H₂O, Pb(SO₄)₂
d) PbO₂, PbS, H₂O₂, PbSO
e) PbO, PbSO₃, H₂O₂, PbS₂O₃

15. (Uema) O NO₂ e o SO₂ são gases causadores de poluição atmosférica que, dentre os danos provocados, resulta na formação da chuva ácida quando esses gases reagem com as partículas de água presentes nas nuvens, produzindo HNO₃ e H₂SO₄. Esses compostos, ao serem carregados pela precipitação atmosférica, geram transtornos, tais como contaminação da água potável, corrosão de veículos, de monumentos históricos etc.

Os compostos inorgânicos citados no texto correspondem, respectivamente, às funções

a) sais e óxidos.
b) bases e sais.
c) ácidos e bases.
d) bases e óxidos.
e) óxidos e ácidos.

16. (Unicamp-SP) Considerando as reações representadas pelas equações a seguir:

a) H₂O + HCℓ → H₃O⁺ + Cℓ⁻
b) H₂O + NH₃ → N⁺₄ + OH⁻

Classifique o comportamento da água, em cada uma das reações, segundo o conceito ácido-base de Brönsted. Justifique.

17. (UFSM-RS) X, Y e Z representam genericamente três ácidos que, quando dissolvidos em um mesmo volume de água, à temperatura constante, comportam-se de acordo com a tabela:

	Número de mols dissolvidos	Número de mols ionizados
X	20	2
Y	10	7
Z	5	1

Assinale as afirmações, considerando os três ácidos:

I. X representa o mais forte.
II. Z representa o mais fraco.
III. Y apresenta o maior grau de ionização.

Está(ão) correta(s)

a) apenas I.
b) apenas II.
c) apenas III.
d) apenas I e II.
e) I, II e III.

18. (Unicamp-SP) Indique, na afirmação a seguir, o que é correto ou incorreto, justificando sua resposta em poucas palavras:

"Uma solução aquosa de cloreto de hidrogênio apresenta o número de cátions H¹⁺ igual ao de ânions Cℓ¹⁻. Portanto, é eletricamente neutra e não conduz eletricidade".

19. (UFMG) Na embalagem de um produto usado para desentupir pias e ralos, à base de soda cáustica (hidróxido de sódio – NaOH), são encontradas, entre outras, as instruções:

"CUIDADO: Em caso de contato, lavar imediatamente os olhos ou a pele com água em abundância durante quinze minutos. Se ingerido, não provocar vômito. Dar grande quantidade de água e também vinagre diluído em um copo de água. A seguir, dar uma colher de óleo comestível".

"Não reaproveitar a embalagem vazia. Lavar a colher utilizada como medida com bastante água corrente antes de reutilizá-la. Não adicionar água à embalagem com o produto".

O quadro a seguir relaciona algumas dessas instruções com as justificativas para o uso desses procedimentos, com base nas propriedades da soda cáustica e das outras espécies envolvidas. Assinale a alternativa que contém uma justificativa **incorreta** para a instrução relacionada.

a) INSTRUÇÃO: Dar vinagre diluído em um copo de água;
JUSTIFICATIVA: O vinagre diluído neutraliza a soda cáustica através da reação ácido-base.

b) INSTRUÇÃO: Lavar a colher utilizada como medida com bastante água corrente antes de reutilizá-la;
JUSTIFICATIVA: A utilização de grande quantidade de água deve-se ao fato de a soda cáustica ser insolúvel na água.

c) INSTRUÇÃO: Não adicionar água à embalagem com o produto;
JUSTIFICATIVA: A adição de água à embalagem com o produto provoca forte aquecimento.

d) INSTRUÇÃO: Não reaproveitar a embalagem vazia;
JUSTIFICATIVA: A embalagem pode estar contaminada com resíduos de soda cáustica.

20. (Uerj) Para o tratamento da acidez estomacal, recomenda-se a ingestão de antiácidos que contenham hidróxido de alumínio em sua formulação. A função dessa substância é neutralizar o excesso do ácido produzido pelo estômago.

Os produtos da reação de neutralização total entre o hidróxido de alumínio e o ácido do estômago são água e um sal, cuja fórmula está contida na seguinte alternativa:

a) $A\ell C\ell$
b) $A\ell C\ell_3$
c) $A\ell SO_4$
d) $A\ell_2(SO_4)_3$

21. (UFMG) Um grupo de estudantes encontrou um frasco sem rótulo, contendo uma solução incolor, que suspeitaram conter íons Pb^{2+} (aq). Para testar essa possibilidade, eles construíram esta tabela, em que está indicada a solubilidade, em água, de quatro sais:

Sal	Solubidade
$Na\ell$	solúvel
$Pb\ell_2$	insolúvel
$NaNO_3$	solúvel
$Pb(NO_3)_2$	solúvel

Com base nessa tabela, é correto afirmar que a presença dos íons Pb^{2+} (aq) pode ser evidenciada adicionando-se a uma amostra do conteúdo do frasco sem rótulo uma pequena porção de:

a) $Na\ell$ (aq)
b) $NaNO_3$ (aq)
c) $Pb(NO_3)_2$ (aq)
d) $Pb\ell_2$ (s)

22. (ITA-SP) Num tubo de ensaio dissolve-se açúcar em água e acrescenta-se uma porção de fermento biológico do tipo utilizado na fabricação de pães. Após certo tempo, observa-se a liberação de gás nesta mistura. O borbulhamento deste gás em uma solução aquosa não saturada em Ba(OH)$_2$ provoca, inicialmente, sua turvação. Esta desaparece com o borbulhamento prolongado do gás. A respeito das descrições feitas nestes experimentos são feitas as seguintes afirmações:

I. O produto gasoso formado, e responsável pela turvação inicial da solução de Ba(OH)$_2$, é o monóxido de carbono (CO).

II. O produto gasoso formado, e responsável pela turvação inicial da solução de Ba(OH)$_2$, é o etanol.

III. A turvação inicial da solução de Ba(OH)$_2$ é justificada pela precipitação do Ba(HCO$_3$)$_2$(c).

IV. A turvação inicial da solução de Ba(OH)$_2$ é justificada pela precipitação do Ba(OH)$_2$(c).

V. O desaparecimento da turvação inicial da solução de Ba(OH)$_2$ é justificado pela reação química representada pela seguinte equação:

Ba(OH)$_2$(c)=HCO$_3^-$(aq) → BaCO$_3$(aq) + H$_2$O(ℓ) + OH$_2$(aq)

Das informações acima estão erradas:

a) Apenas I e III
b) Apenas I e V
c) Apenas II e IV
d) Apenas II, IV
e) Todas

23. (ITA-SP) Assinale a opção que apresenta o sal solúvel em água a 25 °C.

a) CaSO$_4$
b) PBCℓ_2
c) Ag$_2$CO$_3$
d) Hg$_2$Br$_2$
e) FeBr$_3$

24. (PUC-PR) A emissão de óxidos ácidos para a atmosfera vem crescendo cada vez mais nas últimas décadas. Eles podem ser emitidos através de fontes naturais, tais como a respiração vegetal e animal, erupções vulcânicas e decomposição de restos vegetais e animais. No entanto, o fator agravante é que alguns óxidos ácidos são liberados também na combustão de combustíveis fósseis, como os derivados do petróleo (gasolina, óleo diesel etc.).

FOGAÇA. J. "Óxidos e chuva ácida". *Brasil Escola*. Disponível em <http://www.brasilescola.com/quimica/Oxidos-chuva-Acida.htm>.

Sobre óxidos ácidos e suas implicações ambientais, é **CORRETO** afirmar que:

a) óxidos ácidos são substâncias moleculares, formadas, principalmente, pelo enxofre e pelo nitrogênio e que, ao entrarem em contato com a água, reagem formando ácidos, por exemplo, sulfuroso, sulfúrico, nítrico e nitroso.

b) o gás carbônico (CO$_2$) e o monóxido de carbono (CO) são exemplos de óxidos que reagem com a água, formando ácidos.

c) óxidos ácidos são substâncias iônicas, formadas pela ligação de metais (principalmente alcalinos e alcalinos terrosos) com o oxigênio.

d) o trióxido de enxofre neutraliza o hidróxido de sódio na proporção molar de 1:1.

e) a chuva ácida é a responsável direta pelo fenômeno conhecido como efeito estufa, cujo agravamento eleva as temperaturas médias de nosso planeta.

25. (ITA-SP) Assinale a alternativa **CORRETA** para a substância química que dissolvida em água pura produz uma solução colorida.
a) $CaCl_2$
b) $CrCl_3$
c) NaOH
d) KBr
e) $Pb(NO_3)_2$

26. (Unesp-SP) Bicarbonato de sódio e carbonato de sódio são duas substâncias químicas muito presentes no cotidiano. Entre várias aplicações, o bicarbonato de sódio é utilizado como antiácido estomacal e fermento de pães e bolos, e o carbonato de sódio, conhecido como barrilha ou soda, tem sua principal aplicação na fabricação de vidro comum.

As fórmulas químicas do bicarbonato de sódio e do carbonato de sódio estão corretas e respectivamente representadas em

a) $NaHCO_3$ e NaOH.
b) $Na(CO_3)_2$ e $NaHCO_3$.
c) $NaHCO_3$ e Na_2CO_3.
d) $Na(HCO_3)_2$ e NaOH.
e) Na_2HCO_3 e Na_2CO_3.

27. (Unesp-SP) O magma que sai dos vulcões durante as erupções é constituído por rochas fundidas e vários tipos de gases e vapores, tais como CO, CO_2, SO_2, SO_3, HCl e H_2O. A respeito dessas substâncias, são feitas as seguintes afirmações:

I. Quando dissolvidos em água, os gases CO_2, SO_2, SO_3 e HCl geram soluções eletrolíticas cujo pH é menor que 7.

II. As moléculas de CO_2, SO_2 e H_2O apresentam geometria linear.

III. No estado sólido, as moléculas de CO_2 encontram-se atraídas entre si por ligações de hidrogênio muito intensas.

É correto o que se afirma em:
a) I, apenas.
b) II, apenas.
c) I e II, apenas.
d) II e III, apenas.
e) I, II e III.

28. (Fuvest-SP) Observa-se que uma solução aquosa saturada de HCl libera uma substância gasosa. Uma estudante de química procurou representar, por meio de uma figura, os tipos de partículas que predominam nas fases aquosa e gasosa desse sistema – sem representar as partículas de água. A figura com a representação mais adequada seria

58 Caderno de revisão

a)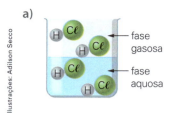

b)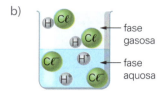

c)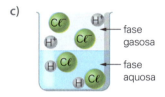

d)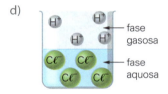

e)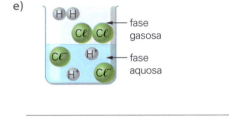

_____
_____
_____
_____
_____
_____

29. (Uerj) Para realização de movimentos de ginástica olímpica, os atletas passam um pó branco nas mãos, constituído principalmente por carbonato de magnésio.

Em relação a esse composto, apresente sua fórmula química, sua função química inorgânica e o número de oxidação do magnésio. Nomeie, também, a ligação interatômica que ocorre entre o carbono e o oxigênio.

_____
_____
_____
_____
_____
_____
_____
_____
_____

30. (UFJF-Pism-MG) Sais inorgânicos constituídos por cátions e ânions de carga unitária dissociam-se quase completamente, já sais contendo cátions e ânions com uma carga +2 estão muito menos dissociados. Com base nessa informação, marque a alternativa na qual está o sal cuja solução deve apresentar a maior quantidade de íon metálico livre.

a) Fluoreto de magnésio.
b) Sulfato de sódio.
c) Nitrato de alumínio.
d) Cloreto de potássio.
e) Fosfato de lítio.

_____
_____
_____
_____
_____
_____
_____
_____
_____
_____
_____

31. (UPE) A semeadura de nuvens atualmente é usada em todo o mundo para otimizar a precipitação, tanto de chuva quanto de neve e, ao mesmo tempo, inibir o granizo e a neblina. E ela funciona. Esse tipo de semeadura tem efeito ao espalhar partículas microscópicas, a fim de afetar o desenvolvimento da condensação, agindo como núcleos de gelo artificiais. Insolúveis na água, tais partículas funcionam como suporte para o crescimento dos cristais de gelo. Para tal propósito, utiliza-se frequentemente determinado sal. Ele possui uma estrutura cristalina similar à do gelo e forma um recife artificial onde os cristais podem crescer.

Adaptado de: http://gizmodo.uol.com.br/semeadura-de-nuvens/

Que sal é utilizado para semear as nuvens?
a) Agℓ
b) Kℓ
c) NaCℓ
d) AgNO₃
e) KNO₃

32. (UFRGS-RS) Os compostos inorgânicos encontram amplo emprego nas mais diversas aplicações. Na Coluna 1, abaixo, estão listados cinco compostos inorgânicos; na Coluna 2, diferentes possibilidades de aplicação.

Coluna 1
1. Mg(OH)₂
2. HCℓO
3. H₂SO₄
4. NaOH
5. H₃PO₄

Coluna 2
( ) Usado em baterias
( ) Antiácido
( ) Usado em refrigerantes
( ) Usado em produtos de limpeza

A sequência correta de preenchimento dos parênteses, de cima para baixo, é
a) 5 – 1 – 3 – 4.
b) 1 – 2 – 3 – 5.
c) 3 – 4 – 1 – 2.
d) 4 – 1 – 5 – 4.
e) 3 – 1 – 5 – 2.

33. (UFSM-RS) Observe as equações:

I. H₃O⁺ + CN⁻ ⇌ **HCN** + H₂O
II. NH₃ + **CO₃²⁻** ⇌ NH₂⁻ + HCO₃⁻
III. C₂H₆O⁻ + **NH₃** ⇌ C₂H₅OH + NH₂⁻

De acordo com Brönsted-Lowry, os compostos destacados são, respectivamente,

a) base – ácido – ácido.
b) base – base – ácido.
c) ácido – ácido – base.
d) ácido – base – ácido.
e) base – ácido – base.

34. (Unesp-SP) Quando se coloca ácido clorídrico sobre uma concha do mar, ela é totalmente dissolvida e há desprendimento de um gás. Este gás é o mesmo que é exalado na respiração animal. Portanto, o sal insolúvel que constitui a carapaça da concha do mar é:
a) CaCO₃
b) CaSO₄
c) CaF₂
d) Ca(NO₃)₂
e) Ca(OH)₂

35. (Unicamp-SP) Dois frascos contêm pós brancos e sem cheiro. Sabe-se, entretanto, que o conteúdo de um deles é cloreto de sódio e o do outro, açúcar comum (sacarose). Recebendo a recomendação de não testar o sabor das substâncias, descreva um procedimento para identificar o conteúdo de cada frasco.

CAPÍTULO 8 – GASES

Para o estudo dos gases devemos ter em mente as unidades das variáveis de estado de um gás:

- **Temperatura**

As equações de estado dos gases só aceitam a temperatura em Kelvin. Portanto, sempre que um exercício apresentar uma temperatura em Celsius, deve-se fazer a seguinte conversão:

$$T(K) = t(°C + 273)$$

- **Volume**

Na maioria das vezes, os exercícios trazem os volumes em litros (L) ou dm³. No entanto, se apresentarem outras unidades, deveremos transformá-las em litros (L) ou dm³ para aplicar as fórmulas. Mas, antes, devemos verificar se, eventualmente, o exercício aceita simplificações.

- **Pressão**

Podemos medir a pressão em diferentes unidades:
760 mmHg = 760 torr = 1 atm = 1,013 · 10⁵ Pa ≈ 1 bar

- **Estudando os gases**

Os gases ideais obedecem às leis e às equações dos gases. Gases em altas temperaturas e baixas pressões têm comportamento de gases ideais, ou seja:

– movimentam-se aleatoriamente;

– chocam-se sem perder energia (choques elásticos);

– não interagem com outras moléculas;

– apresentam volume desprezível em relação ao volume no qual estão contidas.

- **Lei de Boyle**

À temperatura constante, pressão e volume são inversamente proporcionais.

$$P_1 \cdot V_1 = P_2 \cdot V_2 = P_3 \cdot V_3 \ldots$$

- **Lei de Charles**

À pressão constante, volume e temperatura são diretamente proporcionais.

$$\frac{V_1}{T_1} = \frac{V_2}{T_2} = \frac{V_3}{T_3} \ldots$$

Note que a temperatura Kelvin não vai até zero, pois teoricamente a 0 K todas as substâncias devem estar no estado sólido.

- **Lei de Gay-Lussac**

"Em uma reação química envolvendo gases na mesma temperatura e pressão, o volume dos reagentes e produtos guardam entre si uma relação de números inteiros e pequenos."

Se o volume permanecer constante, pressão e temperatura são diretamente proporcionais.

- **Princípio de Avogadro**

"Volumes iguais de gases quaisquer nas mesmas condições de temperatura e pressão possuem iguais números de moléculas."

Avogadro propõe que as substâncias gasosas nessas condições seriam formadas por moléculas.

- **Volume nas condições normais de temperatura e pressão: CNTP**

"Observa-se experimentalmente que 1 mol de qualquer gás a 1,0 atm de pressão e 0 K de temperatura ocupa um volume de 22,4 litros."

- **Equação geral dos gases**

$$p \cdot V = n \cdot R \cdot T$$

$$n = \frac{m}{M}$$

- **Densidade de um gás**

$$D = \frac{P \cdot M}{R \cdot T}$$

- **Densidade de um gás A em relação a um gás B**

$$\frac{D_A}{D_B} = \frac{M_A}{M_B}$$

- **Lei de Dalton das pressões parciais**

A pressão total exercida por uma mistura de gases é igual à soma das pressões parciais dos gases individuais. A pressão parcial é exercida pelo gás como se ele estivesse sozinho dentro do recipiente.

$$P_t = P_A + P_B + \ldots$$

- **Lei de Grahan**

Difusão: é a propriedade que todos os gases têm de se misturar espontaneamente com outros gases, resultando em misturas ou soluções homogêneas.

Efusão: é a propriedade que os gases têm de passar através de pequenos orifícios.

$$\frac{V_1}{V_2} = \sqrt{\frac{d_2}{d_1}} \qquad \frac{V_1}{V_2} = \sqrt{\frac{M_2}{M_1}}$$

V_1 = velocidade do gás 1 d_1 = densidade do gás 1 M_1 = massa molar do gás 1
V_2 = velocidade do gás 2 d_2 = densidade do gás 2 M_2 = massa molar do gás 2

1. (UnB-DF) O estudo das propriedades macroscópicas dos gases permitiu o desenvolvimento da teoria cinético-molecular, a qual explica, ao nível microscópico, o comportamento dos gases. A respeito dessa teoria, julgue os itens que seguem.

(1) O comportamento dos gases está relacionado ao movimento uniforme e ordenado de suas moléculas.

(2) A temperatura de um gás é uma medida da energia cinética de suas moléculas.

(3) Os gases ideais não existem, pois são apenas modelos teóricos em que o volume das moléculas e suas alterações são consideradas desprezíveis.

(4) A pressão de um gás dentro de um recipiente está associada às colisões das moléculas do gás com as paredes do recipiente.

2. (ITA-SP) Um cilindro provido de um pistão móvel, sem atrito, contém um gás ideal. Qual dos gráficos a seguir representa, qualitativamente, o comportamento incorreto do sistema quando a pressão P e/ou o volume (V) são modificados, sendo mantida constante a temperatura (T)?

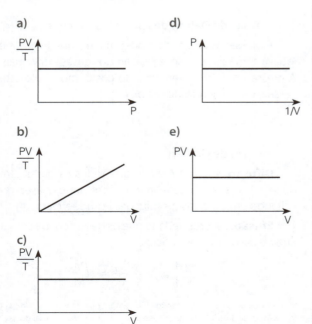

3. (Ufop-MG) Se a pressão atmosférica for de 728 mmHg, qual será a pressão do gás dentro do recipiente abaixo, sabendo que o manômetro contém mercúrio?

a) 728 mmHg
b) 726 mmHg
c) 730 mmHg
d) 575 mmHg
e) 881 mmHg

4. (PUC-RJ) Um pneu de bicicleta é calibrado a uma pressão de 4 atm em um dia frio, à temperatura de 7 °C. Supondo que o volume e a quantidade de gás injetada são os mesmos, qual será a pressão de calibração nos dias em que a temperatura atinge 37 °C?

a) 21,1 atm
b) 4,4 atm
c) 0,9 atm
d) 760 mmHg
e) 2,2 atm

5. (Ecmal/Uncisal-AL) Um balão meteorológico com capacidade de 80 L é preenchido com 50 L de gás hélio, He, a 20 °C e 1 atm e, em seguida, é lançado no espaço. Ao alcançar a eletrosfera, é submetido à pressão de 0,4 atm e à temperatura de −50 °C.

Analisando-se essa informação à luz dos conhecimentos sobre gases, pode-se afirmar:

1. O volume de gás hélio no balão, antes do lançamento, é maior do que o ocupado por 5,0 g desse gás, nas CNTP.
2. O volume de gás hélio utilizado para preencher o balão é inadequado, considerando-se as condições da estratosfera.
3. O número de moléculas contidas em 30 L de gás hélio e em 30 L de gás metano é diferente, nas mesmas condições.
4. A pressão exercida pelo gás hélio no interior do balão é a metade da que exerceria igual volume de gás hidrogênio, H_2.
5. O balão meteorológico começa a descer rapidamente ao alcançar a eletrosfera.

6. (UFPR) Temos volumes iguais de dois gases diferentes, A e B, na mesma temperatura e pressão. A amostra do gás A tem massa igual a 1,60 g, e a amostra do gás B tem uma massa igual a 3,35 g. Supondo que o gás A seja o oxigênio, qual é a massa molar do gás B? (Considere: massa atômica do oxigênio = 16 u.m.a)

a) 67,00 g/mol
b) 71,00 g/mol
c) 33,50 g/mol
d) 70,05 g/mol
e) 16,00 g/mol

7. (UFPI) Compressores são máquinas que, na pressão atmosférica local, captam o ar, comprimindo-o até atingir a pressão de trabalho desejada. Ao nível do mar, a pressão atmosférica normal é 1,0 bar. Em equipamentos pneumáticos, a 25 °C, a pressão mais utilizada é a de 6,0 bar.

Nessas condições, e considerando o oxigênio (O_2) como um gás ideal, calcule a massa aproximada de O_2, em gramas, contida em um compressor de volume igual a 5,0 litros. (A constante R vale 0,082 bar L · mol^{-1} · K^{-1})

a) 8,0
b) 16
c) 39
d) 47
e) 55

Dados: $MO_2 = 32$ g . mol^{-1}

Composição do ar:

78% N_2

21% O_2

1% outros gases

8. (UFMG) Um balão de borracha, como os usados em festas de aniversário, foi conectado a um tubo de ensaio. Quando submetido a aquecimento, observou-se, então, que o balão aumentou de volume.

Considerando-se essas afirmações, é correto afirmar que o aquecimento:

a) diminui a densidade do gás presente no tubo.
b) transfere todo o gás do tubo para o balão.
c) aumenta o tamanho das moléculas de gás.
d) aumenta a massa das moléculas de gás.

9. (Enem) As áreas numeradas no gráfico mostram a composição em volume, aproximada, dos gases na atmosfera terrestre, desde a sua formação até os dias atuais.

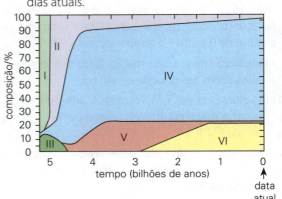

(Adaptado de *The Random House Encyclopedias*, 3. ed., 1990)

I. Metano e hidrogênio
II. Vapor-d'agua
III. Amônia
IV. Nitrogênio
V. Gás carbônico
VI. Oxigênio

No que se refere à composição em volume da atmosfera terrestre há 2,5 bilhões de anos, pode-se afirmar que o volume de oxigênio, em valores percentuais, era de, aproximadamente,

a) 95%
b) 77%
c) 45%
d) 21%
e) 5%

64 Caderno de revisão

10. (Ufscar-SP) Cianogênio, um gás tóxico, é composto de 46,2% de C e 53,8% de N, em massa. A 27 °C e 750 torr, a massa de 1,04 g de cianogênio ocupa um volume de 0,496 L.
(Massas molares em g/mol: C = 12,0 e N = 14,0; PV = n · R · T; R ≅ a 62 L · torr · mol^{-1} · K^{-1}; 0,0 °C = 273 K.)
A fórmula molecular do cianogênio é:

a) CN
b) CN$_2$
c) C$_2$N
d) C$_2$N$_2$

11. (UFMA) A vaporização de 1,2 gramas de uma amostra A, com fórmula mínima CH$_2$O, ocupa o volume de 776 ml. Sob as mesmas condições de temperatura e pressão, a vaporização de 0,6 g de etano ocupa também 776 ml. Qual é a fórmula molecular de A?
Dados: C – 12 u; etano: C$_2$H$_6$; H – 1 u; O – 16 u

12. (Fuvest-SP) Deseja-se preparar e recolher os gases metano, amônia e cloro. As figuras I, II e III mostram dispositivos de recolhimento de gases em tubos de ensaio.

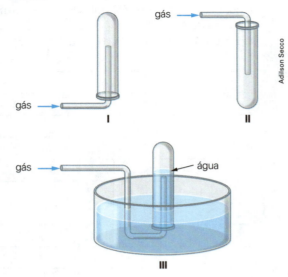

Considerando os dados da tabela abaixo,

	Massa molar (g/mol)	solubilidade em água
Metano	16	desprezível
Amônia	17	alta
Cloro	71	alta
Ar	29 (valor médio)	baixa

escolha, dentre os dispositivos apresentados, os mais adequados para recolher, nas condições ambientes, metano, amônia e cloro. Esses dispositivos são, respectivamente,

a) I, II e III
b) III, I e II
c) II, III e I
d) II, I e III
e) III, II e I

13. (UnB-DF) Os gambás, quando ameaçados, exalam um líquido que se vaporiza imediatamente a 27 °C, extremamente malcheiroso para os humanos. No entanto, para os gambás, ele pode ser considerado um perfume. Na tentativa de identificar a substância responsável pelo perfume dos gambás, um estudante de Química vaporizou em um frasco 0,45 g dessa substância a 27 °C e 1,0 atm (101 325 Pa). Pelas medidas feitas, o gás ocupou o volume de 123 mL.

Sabendo que a constante universal dos gases é $R = 0,082$ atm × L × mol^{-1} × K^{-1} = 8,13 J × K^{-1} × mol^{-1} e considerando que a substância se comporta como um gás ideal, escolha apenas uma das opções a seguir e faça o que se pede, desprezando a parte fracionária do resultado final obtido, após efetuar todos os cálculos necessários.

a) Calcule, **em milimols**, a quantidade de matéria da substância vaporizada.
b) Calcule, **em g/mol**, a massa molar da substância vaporizada.

14. (FEI-SP) Um gás que está inicialmente a uma pressão de 1 atm e temperatura de 273 K sofre uma transformação de estado, adquirindo uma pressão de 3 atm e temperatura de 546 K. Com relação à densidade inicial, a densidade final é:

a) 1,5 vez maior.
b) 3 vezes menor.
c) 2 vezes maior.
d) 1,5 vez menor.
e) 3 vezes maior.

15. (UEPB) 64 g de oxigênio (g) e 6 g de hidrogênio (g) são encerrados num recipiente de 22,4 L de capacidade, mantidos a uma temperatura 0 °C.
Quais são a fração molar de cada gás e a pressão da mistura, respectivamente?

Dados: $R = 0,082$ atm · L · mol^{-1} · K^{-1}

Massas molares em g/mol: O_2: 32; H_2: 2

a) 0,4; 0,6; 3 atm
b) 0,1; 0,9; 3 atm
c) 0,1; 0,9; 2 atm
d) 0,4; 0,6; 5 atm
e) 0,6; 0,4; 5 atm

16. (ITA-SP) Dois compartimentos, 1 e 2, têm volumes iguais e estão separados por uma membrana de paládio, permeável apenas à passagem de hidrogênio. Inicialmente, o compartimento 1 contém hidrogênio puro (gasoso) na pressão = 1 atm, enquanto o compartimento 2 contém uma mistura de hidrogênio e nitrogênio, ambos no estado gasoso, com pressão total $P_{mist} = P_{(P_{H_2} = P_{N_2})} = 1$ atm.

Após o equilíbrio termodinâmico entre os dois compartimentos ter sido atingido, é correto afirmar que:

a) $P_{H_2puro} = 0$
b) $P_{H_2puro} = P_{N_2mist.}$
c) $P_{H_2puro} = P_{mist.}$
d) $P_{H_2puro} = P_{H_2mist.}$
e) $P_{compartimento2} = 2$ atm

17. (UFPI) Bolas de tênis são preenchidas com ar (MM média = 29 g/mol) a uma pressão de 2 atm e seladas em latas também com ar a 2 atm para evitar vazamento do ar. Indique a alternativa para reduzir o efeito de queda de pressão da bola, mantendo a sua *performance* após a abertura da lata.

a) Preencher a bola de tênis com gás SF_6 (MM = 146 g/mol)
b) Revestir a parte interna da bola com material flexível, mas de maior porosidade.
c) Encher as bolas para atingir pressão de 1 atm.
d) Encher a bola com gás CH_4 (MM = a 16 g/mol).
e) Utilizar gás N_2 (MM = 28 g/mol) para encher as bolas.

18. (UFC-CE) O monóxido de carbono é um dos poluentes do ar presente, especialmente, em zona urbana. A pressão do monóxido de carbono de 0,004 atm no ar resulta em morte, em pouco tempo.

Um carro ligado, porém parado, pode produzir, entre outros gases, 0,60 mol de monóxido de carbono por minuto. Se uma garagem a 27 °C tem volume de $4,1 \times 10^4$ L, em quanto tempo, na garagem fechada, atinge-se a concentração letal de CO?

Obs: Considere que a pressão, na garagem, permanece constante e que não há monóxido de carbono presente inicialmente.
(Constante dos gases = 0,082 L $\times$ atm /mol $\cdot$ K)

19. (UFC-CE) Considere um recipiente de 10 L contendo uma mistura gasosa de 0,20 mol de metano, 0,30 mol de hidrogênio e 0,40 mol de nitrogênio, a 25 °C. Admitindo-se o comportamento do gás ideal, pede-se:

a) a pressão, em atmosferas, no interior do recipiente.
b) as pressões parciais dos componentes.
Dado: $R = 0,082$ atm $\cdot$ L $\cdot$ mol^{-1} $\cdot$ K^{-1}

20. (ITA-SP) Quando submersos em "águas profundas", os mergulhadores necessitam voltar lentamente à superfície para evitar a formação de bolhas de gás no sangue.

I. Explique o motivo da não formação de bolhas de gás no sangue quando o mergulhador se desloca de regiões próximas à superfície para as regiões de "águas profundas".

II. Explique o motivo da não formação de bolhas de gás no sangue quando o mergulhador se desloca lentamente de regiões de "águas profundas" para as regiões próximas da superfície.

III. Explique o motivo da formação de bolhas de gás no sangue quando o mergulhador se desloca muito rapidamente de regiões de "águas profundas" para as regiões próximas da superfície.

21. (Uern) Um sistema de balões contendo gás hélio (He), nas quantidades e nos volumes apresentados, está ligado por uma torneira (T) que, inicialmente, está fechada. Observe.

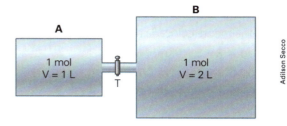

Considerando que os gases apresentam comportamento ideal e que a temperatura permanece constante, é correto afirmar que

a) a pressão em A será a mesma em B.
b) ao abrir a torneira, se observará variação na pressão do sistema.
c) ao dobrar a pressão nos sistemas A e B, o volume ocupado pelos gases será 1/2 L e 1 L, respectivamente.
d) as moléculas do sistema B colidem com mais frequência com a parede do recipiente do que as moléculas do sistema A.

22. (UFG-GO) Em um recipiente com paredes perfeitamente condutoras de calor encontra-se uma solução altamente concentrada de ácido clorídrico à temperatura de 27 °C e à pressão atmosférica. Certa quantidade de pó de magnésio é colocada na solução e, imediatamente depois, o recipiente é tampado com um pistão de massa desprezível, que fica em contato com a superfície do líquido e que pode deslizar sem atrito ao longo do recipiente. Quando a situação de equilíbrio é alcançada, observa-se que o magnésio reagiu completamente com o ácido e que o pistão levantou-se em relação à superfície da solução devido à produção de gás. Sabendo que no processo todo o sistema realizou um trabalho de 240 J, e considerando o gás produzido como ideal, conclui-se que a massa, em gramas, de magnésio inicialmente colocada na solução foi:

Dados: R ≈ 8,0 J/Kmol; Mg = 24,30.

a) 0,243 c) 0,729 e) 2,430
b) 0,486 d) 1,215

23. (Acafe-SC) Baseado nos conceitos sobre os gases, analise as afirmações a seguir.

I. A densidade de um gás diminui à medida que ele é aquecido sob pressão constante.
II. A densidade de um gás não varia à medida que este é aquecido sob volume constante.
III. Quando uma amostra de gás é aquecida sob pressão constante, verifica-se o aumento do seu volume e a energia cinética média de suas moléculas mantém-se constante.

Todas as afirmações corretas estão em:

a) I – II – III
b) II – III
c) apenas I
d) I – II

24. (Uece) No laboratório de química, onde é comum recolher-se um gás pelo deslocamento de água, foram coletados 400 mL de gás oxigênio a 25 °C e 1 atm de pressão. Sabendo-se que a pressão de vapor da água na mesma temperatura é 0,03 atm, é correto afirmar que o volume de oxigênio seco obtido nas mesmas condições de temperatura e pressão é

a) 388 mL.   c) 368 mL.
b) 328 mL.   d) 354 mL.

25. (Fuvest-SP) São propriedades de qualquer substância no estado gasoso:

I. Ocupar toda a capacidade do recipiente que a contém.
II. Apresentar densidade bastante inferior à do líquido obtido pela sua condensação.

Para ilustrar essas propriedades, utilizou-se um liquidificador em cujo copo foram colocadas algumas esferas leves, pequenas e inquebráveis. Explique como esse modelo pode ilustrar as propriedades I e II.

26. (UEL-PR) De acordo com a Lei da Efusão dos Gases de Graham:

"A velocidade com que um gás atravessa um pequeno orifício é proporcional à velocidade molecular média, que, por sua vez, é inversamente proporcional à $\sqrt{M}$, sendo M a massa molar do gás."

Considere um recipiente contendo igual quantidade, em mols, das seguintes substâncias no estado gasoso e nas mesmas condições de pressão e temperatura:

H_2S (cheiro de ovo podre)

$(CH_3)_2O$ (cheiro de éter)

SO_2 (cheiro do gás produzido ao riscar um palito de fósforo)

Ao abrir um pequeno orifício no recipiente, os gases devem ser sentidos na seguinte sequência:

a) H_2S, SO_2 e $(CH_3)_2O$.
b) H_2S, $(CH_3)_2O$ e SO_2.
c) SO_2, H_2S e $(CH_3)_2O$.
d) SO_2, $(CH_3)_2O$ e H_2S.
e) $(CH_3)_2O$, SO_2 e H_2S.

Dadas as massas atômicas:

H = 1 u, C = 12 u, O = 16 u e S = 32 u.

_____
_____
_____
_____
_____
_____
_____

27. (FCM-MG) Uma certa massa gasosa sofre as transformações I, II e III representadas no diagrama abaixo:

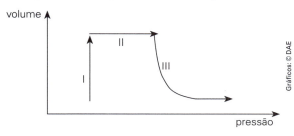

Com relação às variações de pressão sofridas pelo gás nas transformações descritas, é correto afirmar:

a) A pressão do gás aumenta ao longo da transformação III.
b) A pressão do gás diminui no decorrer das três transformações descritas.
c) Se o volume do gás permanece constante ao longo da transformação II, a sua pressão também permanece constante.
d) Se a temperatura permanece constante ao longo da transformação I, a pressão aumenta.

_____
_____
_____
_____
_____

28. (UnB-DF) Uma certa quantidade de gás ideal foi submetida às transformações 1 → 2, 2 → 3, 3 → 1 indicadas no diagrama PV (P = pressão e V = volume).

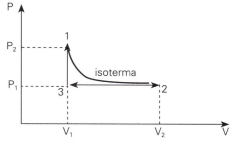

A soma dos itens corretos será:

(01) Na transformação de 1 para 2 a temperatura diminui.
(02) Na transformação de 2 para 3 o gás sofre contração de volume.
(03) Na transformação de 3 para 1 a temperatura permanece constante.
(04) Nos pontos 1, 2 e 3 as temperaturas são iguais.
(05) Na transformação 3 para 1 a pressão aumenta e o volume permanece constante.
(06) Na transformação de 1 para 2 o gás sofre expansão.

_____
_____
_____
_____
_____
_____
_____
_____
_____
_____

29. (UFV-MG) Considere uma amostra de gás contida num cilindro com pistão nas condições normais de temperatura e pressão (0 °C ou 273 K e 1 atm), conforme figura a seguir.

Suponha que a pressão sobre o gás seja dobrada (2 atm) e que a temperatura seja aumentada para 273 °C. Se o gás se comporta de forma ideal, nessas novas condições, a figura que melhor representa a amostra gasosa no cilindro com pistão é:

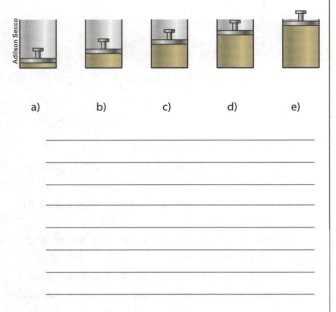

a)   b)   c)   d)   e)

_____
_____
_____
_____
_____
_____
_____

30. (UnB-DF) As grandezas volume, temperatura, pressão e quantidade de matéria associam-se a uma substância no estado gasoso. Em 1662, o químico e físico irlandês Robert Boyle descreveu a constatação experimental de que, à temperatura constante, o volume de uma quantidade fixa de gás diminui quando a pressão sobre o gás é aumentada. Em 1787,

o químico francês J. A. Charles constatou a expansão de gás, à pressão constante, quando aquecido. Joseph Gay-Lussac, um contemporâneo de Charles, constatou que a pressão de uma quantidade fixa de gás é diretamente proporcional à sua temperatura, se o volume for mantido constante.

Julgue os itens a seguir:

(01) Segundo Charles, PV = constante.

(02) Associando as equações correspondentes às leis de Boyle, Charles e Gay-Lussac, obtém-se a seguinte equação: $P_i \cdot \dfrac{V_i}{T_i} = P_f \cdot \dfrac{V_f}{T_f}$

(03) A recomendação, presente em rótulos de aerossóis, de não jogar a embalagem no fogo ou incinerador está de acordo com a lei de Gay-Lussac.

(04) O volume da amostra gasosa, para pressão e temperatura constantes, é inversamente proporcional à quantidade de matéria do gás da amostra.

_____
_____
_____
_____

CAPÍTULO 9 – RESERVAS DA CROSTA TERRESTRE E TECNOLOGIA

- **Cálculo estequiométrico (ou estequiometria)**: é o cálculo das quantidades de reagentes ou produtos das reações químicas, feito com base nas Leis das Reações e executado, em geral, com o auxílio das equações químicas correspondentes.

Esse cálculo segue, em geral, as seguintes regras:

1. Escrever a equação mencionada. Exemplo:

$N_2\,(g) \;+\; H_2\,(g) \rightarrow NH_3\,(g)$

2. Balancear ou determinar os coeficientes estequiométricos da equação:

$1\,N_2\,(g) \;+\; 3\,H_2\,(g) \rightarrow 2\,NH_3\,(g)$

3. Os coeficientes estequiométricos são proporcionais à quantidade de matéria (mol).

$1\,N_2\,(g) \;+\; 3\,H_2\,(g) \rightarrow 2\,NH_3\,(g)$
1 mol   3 mol   2 mol

4. Determinar as massas de cada participante segundo a equação ajustada.

$N_2 = 28$ g/mol $H_2 = 2$ g/mol $NH_3 = 17$ g/mol

$1\,N_2\,(g) \;+\; 3\,H_2\,(g) \rightarrow 2\,NH_3\,(g)$
1 mol   3 mol   2 mol
28 g   6 g   34 g

5. Se quisermos calcular o número de moléculas (ou átomos) envolvidos, podemos substituir mol pela constante de Avogadro ($6,0 \cdot 10^{23}$).

$1\,N_2\,(g) \;+\; 3\,H_2\,(g) \rightarrow 2\,NH_3\,(g)$
1 mol   3 mol   2 mol
$1 \cdot 6,0 \cdot 10^{23}$ moléculas $3 \cdot 6,0 \cdot 10^{23}$ moléculas $2 \cdot 6,0 \cdot 10^{23}$ moléculas

6. Para gases nas CNTP (0 K e 1atm), podemos substituir mol por 22,7L.

$1\,N_2\,(g) \;+\; 3\,H_2\,(g) \rightarrow 2\,NH_3\,(g)$
1 mol   3 mol   2 mol
$1 \cdot 22,7$ L $3 \cdot 22,7$ L $2 \cdot 22,7$ L

7. Para gases nas mesmas condições de temperatura e pressão, a quantidade de matéria (mol) é proporcional ao volume de cada gás.

$$1\,N_2\,(g) + 3\,H_2\,(g) \rightarrow 2\,NH_3\,(g)$$

1 mol	3 mol	2 mol
1 volume	3 volumes	2 volumes

Devemos ler o enunciado do problema, observar quais são as variáveis envolvidas e montar a regra de três.

- **Cálculo estequiométrico com rendimento**: por vezes, os cálculos estequiométricos envolvem a determinação do rendimento de uma reação. Teoricamente, deveríamos obter uma certa quantidade de produto, mas, na prática, ela não é obtida. Isso é bastante comum, já que na teoria não são previstas perdas durante o processo. Se o problema não indicar nada, estará considerando a reação com rendimento de 100%; porém, se os valores obtidos forem diferentes dos teóricos, a regra de três deverá ser montada e determinar o rendimento da reação.

- **Cálculo estequiométrico com percentual de pureza**: em qualquer processo químico, a impureza deve ser desprezada, pois pode contaminá-lo ou formar produtos secundários que não interessam para o procedimento. Dessa maneira, quando surgirem impurezas em qualquer reagente, elas devem ser retiradas dos cálculos. A estequiometria deve ser efetuada somente com reagentes puros.

---

1. (Enem) Na fabricação de qualquer objeto metálico, ou seja, um parafuso, uma panela, uma joia, um carro ou um foguete, a metalurgia está presente na extração de metais a partir dos minérios correspondentes, na sua transformação e sua moldagem. Muitos dos processos metalúrgicos atuais têm em sua base conhecimentos desenvolvidos há milhares de anos, como mostra o quadro:

Milênio antes de Cristo	Métodos de extração e operação
Quinto milênio a.C.	- Conhecimento do ouro e do cobre nativos
Quarto milênio a.C.	- Conhecimento da prata e das ligas de ouro e prata - Obtenção do cobre e do chumbo a partir de seus minérios - Técnicas de fundição
Terceiro milênio a.C.	- Obtenção do estanho a partir do minério - Uso do bronze
Segundo milênio a.C.	- Introdução do fole e aumento da temperatura de queima - Início do uso do ferro
Primeiro milênio a.C.	- Obtenção do mercúrio e dos amálgamas - Cunhagem de moedas

Podemos observar que a extração e o uso de diferentes metais ocorrem a partir de diferentes épocas.

Uma das razões para que a extração e o uso do ferro tenham ocorrido após o do cobre ou estanho é:

a) inexistência do uso de fogo que permitisse sua moldagem.
b) necessidade de temperaturas mais elevadas para sua extração e moldagem.
c) o desconhecimento de técnicas para a extração de metais a partir de minérios.
d) a necessidade do uso do cobre na fabricação do ferro.
e) seu emprego na cunhagem de moedas, em substituição ao ouro.

2. (Fuvest-SP) O alumínio é produzido a partir do minério bauxita, do qual é separado o óxido de alumínio que, em seguida, junto a um fundente, é submetido a eletrólise. A bauxita contém cerca de 50%, em massa de óxido de alumínio. De modo geral, desde que o custo da energia elétrica seja o mesmo, as indústrias de alumínio procuram estabelecer-se próximas a:

a) zonas litorâneas, pela necessidade de grandes quantidades de salmoura para a eletrólise.
b) centros consumidores de alumínio, para evitar o transporte de material muito dúctil e maleável e, portanto facilmente deformável.
c) grandes reservatórios de água, necessária para separar o óxido de alumínio da bauxita.
d) zonas rurais, onde a chuva ácida, que corrói o alumínio, é menos frequente.
e) jazidas de bauxita, para não se ter de transportar a parte do minério (mais de 50%) que não resulta em alumínio.

3. (PUC-SP) Os metais são conhecidos pela sua maleabilidade e ductilidade, por serem bons condutores térmicos e elétricos e apresentarem brilho característico. Propriedades mais específicas de alguns metais são descritas a seguir.

O metal I é líquido à temperatura ambiente e dissolve diversos outros metais, formando amálgamas que apresentam larga aplicação.

O metal II apresenta temperatura de fusão de 98 °C, é mole e reage violentamente com a água, liberando grande quantidade de energia.

O metal III é certamente o metal mais utilizado no mundo, sendo o principal constituinte das ligas metálicas conhecidas genericamente como aço.

O metal IV tem bastante aplicação na indústria civil e de embalagens. Além de pouco denso, tem a vantagem de ser coberto por uma fina camada de óxido que dificulta a sua corrosão pelo oxigênio.

Os metais III, I e IV são, respectivamente,

a) mercúrio, ouro, cobre e titânio.
b) césio, potássio, prata e alumínio.
c) mercúrio, sódio, ferro e alumínio.
d) mercúrio, sódio, cobre e estanho.
e) gálio, ouro, ferro e alumínio.

4. (Enem) A água do mar pode ser fonte de materiais utilizados pelo ser humano, como os exemplificados no esquema abaixo:

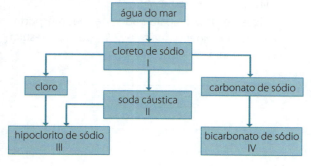

Os materiais I, II, III e IV existem como principal constituinte ativo de produtos de uso rotineiro. A alternativa que associa corretamente água sanitária, fermento em pó e solução fisiológica com os materiais obtidos da água do mar.

	Água sanitária	Fermento em pó	Solução fisiológica
a)	II	III	IV
b)	III	I	IV
c)	III	IV	I
d)	II	III	I
e)	I	IV	III

5. (UnB-DF) Não há uma origem bem definida para o surgimento da Metalurgia, ciência de extrair os metais dos minerais e transformá-los em utensílios e ferramentas. Um dos primeiros registros refere-se aos sumérios, que, em 4 mil a.C., já conheciam e trabalhavam o ouro.

Considerando essas informações, julgue os itens a seguir, acerca dos processos físicos e químicos envolvidos na metalurgia.

1) O metal mencionado acima, utilizado pelos sumérios, é encontrado na forma de substância simples na natureza.
2) A extração de metais a partir de minérios envolve processos físicos e químicos.
3) Na metalurgia, a fusão de metais de transição exige temperaturas elevadas.
4) Ligas metálicas diferentes que apresentam em sua composição um mesmo metal possuem propriedades físicas idênticas.
5) A modelagem de moedas de ouro a partir de barras desse metal é um processo físico.

6. (Enem) O esquema representa o ciclo do enxofre na natureza, sem considerar a intervenção humana.

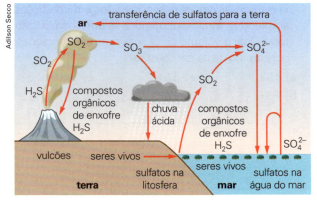

Adaptado de BRIMBLECOMBE, P. *Air Composition and Chemistry*. Cambridge University Press, 1996.

Algumas atividades humanas interferiram significativamente no ciclo natural do enxofre, alterando as quantidades das substâncias indicadas no esquema. Ainda hoje isso ocorre, apesar do grande controle por legislação.

Pode-se afirmar que duas dessas interferências são resultantes da:

a) queima de combustível em veículos pesados e da produção de metais a partir de sulfetos metálicos.

b) produção de metais a partir de óxidos metálicos e da vulcanização da borracha.

c) queima de combustíveis em veículos leves e da produção de metais a partir de óxidos metálicos.

d) queima de combustíveis em indústria e da obtenção de matérias-primas a partir da água do mar.

e) vulcanização da borracha e da obtenção de matérias-primas a partir da água do mar.

7. (UFV-MG) A energia liberada pela queima do etanol pode ser usada tanto em motores de combustão interna como no cozimento de alimentos. Esta reação de combustão está representada pela equação não balanceada abaixo:

$$CH_3CH_2OH\ (\ell) + O_2\ (g) \rightarrow CO_2\ (g) + H_2O\ (g)$$

A soma dos coeficientes mínimos inteiros que balanceiam corretamente a equação acima é:

a) 8   c) 4   e) 16
b) 18   d) 9

8. (Unir-RO) Após o balanceamento da equação química $CH_3\ (CH_2)_2CH_3 + O_2 \rightarrow CO_2 + H_2O$ seus coeficientes estequiométricos indicarão que a combustão de 1 mol do alcano produzirá, respectivamente, as seguintes quantidades de matéria dos produtos:

a) 5 e 12 mols.   c) 1 e 6,5 mols.   e) 4 e 5 mols.
b) 3 e 12 mols.   d) 5 e 3 mols.

9. (Uespi) O sódio metálico reage violentamente com a água de acordo com equação não balanceada:

$$Na\ (s) + H_2O \rightarrow NaOH\ (aq) + H_2\ (g)$$

Considerando que a massa de sódio metálico consumido é igual a 4,6 g, calcule a massa de hidróxido de sódio que foi produzido.

(Dados: Massa molar (g/mol): Na = 23; NaOH = 40)

a) 0,4 g   c) 8 g   e) 32 g
b) 4 g   d) 16 g

10. (ITA-SP) Uma mistura de 300 mL de metano e 700 mL de cloro foi aquecida no interior de um cilindro provido de um pistão móvel sem atrito, resultado da formação de tetracloreto de hidrogênio. Considere todas as substâncias no estado gasoso e temperatura constante durante a reação. Assinale a opção que apresenta os volumes corretos, medidos nas mesmas condições de temperatura e pressão, das substâncias presentes no cilindro após reação completa.

	Volume metano (mL)	Volume cloro (mL)	Volume tetracloreto de carbono (mL)	Volume cloreto de hidrogênio (mL)
a)	0	0	300	700
b)	0	100	300	600
c)	0	400	300	300
d)	125	0	175	700
e)	175	0	125	700

11. (Unifesp-SP) SiH_4 e Si_2H_6, gases em condições ambientais, se comportam da mesma forma que os hidrocarbonetos de fórmula análoga, em suas reações de combustão total. Dois litros de uma mistura equimolar desses gases, medidos em condições ambientais, foram submetidos a uma combustão total. Qual o volume de O_2, nas mesmas condições, consumido nesta combustão?

a) 4,5 L c) 6,5 L e) 11,0 L
b) 5,5 L d) 7,0 L

12. (Ufes) Uma amostra de calcário dolomítico, contendo 60% de carbonato de cálcio e 21% de carbonato de magnésio, sofre decomposição quando submetida a aquecimento, segundo a equação abaixo:

$CaCO_3(s) + MgCO_3(s) \xrightarrow{\Delta} CaO(s) + MgO(s) + 2\,CO_2(g)$

A massa de óxido de cálcio e a massa de óxido de magnésio, em gramas, obtidas com a queima de 1 quilo de calcário são, respectivamente:

Dados: Ca – 40 u; C – 12 u; O – 16 u; Mg – 24 u

a) 60; 21 c) 184; 96 e) 600; 210
b) 100; 84 d) 336; 100

13. (PUC-SP) O elemento enxofre é um dos contaminantes comuns encontrados no carvão mineral. A queima de compostos contendo enxofre produz o dióxido de enxofre (SO_2), um poluente atmosférico que causa irritação na mucosa e é precursor da chuva ácida. Para se evitar a dispersão desse poluente na atmosfera, muitas fábricas utilizam em suas chaminés filtros contendo carbonato de cálcio ($CaCO_3$). Esse componente absorve o SO_2, formando o sulfato de cálcio ($CaSO_4$), segundo a reação:

$$2\ SO_2(g) + 2\ CaCO_3(s) + O_2(g) \rightarrow 2\ CaSO_4(s) + 2\ CO_2(g)$$

Para absorver o SO_2, liberado na queima de 320 kg de carvão contendo 2% em massa de enxofre, são necessários, de $CaCO_3$:

Dados:

S – 32 u   O – 16 u   Ca – 40 u   C – 12 u

a) 6,4 kg
b) 10,0 kg
c) 12,8 kg
d) 20,0 kg
e) 100,0 kg

14. (ITA-SP) Uma massa de 180 g de zinco metálico é adicionada a um erlenmeyer contendo solução aquosa de ácido clorídrico. Ocorre reação com liberação de gás que é totalmente coletado em um Balão A, de volume igual a 2 L. Terminada a reação, restam 49 g de zinco metálico no erlenmeyer. A seguir, por meio de um tubo provido de torneira, de volumes desprezíveis, o Balão A é conectado a um Balão B, de volume igual a 4 L, que contém gás nitrogênio sob pressão de 3 atm. Considere que a temperatura é igual em ambos os balões e que esta é mantida constante durante todo ou experimento.

Abrindo-se a torneira do tubo de conexão entre os dois balões, ocorre a mistura dos dois gases. Após estabelecido o equilíbrio, a pressão nos dois balões pode ser expressa em função da constante dos gases (R) e da temperatura absoluta (T) por:

a) $\frac{1}{2}RT$
c) $\frac{3}{2}RT$
e) $RT + 3$

b) $\frac{1}{2}RT + 1$
d) $\frac{1}{3}RT + 2$

15. (UFV-MG) O iodeto de potássio reage com nitrato de chumbo segundo a equação abaixo:

$Pb(NO_3)_2$ (aq) + 2 KI (q) → PbI_2 (s) + 2 KNO_3 (aq)

Sabendo que em um recipiente foram colocados para reagir, em solução aquosa, 5 mols de nitrato de chumbo e 2,0 kg de iodeto de potássio, assinale a afirmativa **incorreta**.

a) Cada 5,0 mols de $Pb(NO_3)_2$ reagem com 1 660 g de KI.

b) Cada 5,0 mols de $Pb(NO_3)_2$ produzem 2 305 g de PbI_2.

c) Serão formados 1 mol de PbI_2 e 2 mols de KNO_3.

d) Completada a reação, sobrarão 340 g de KI.

e) Cada 5,0 mols de $Pb(NO_3)_2$ formarão 5,0 mols de PbI_2 e 10 mols de KNO_3.

Dados:

Pb: 207 u   I: 127 u   K: 39 u

16. (Vunesp-SP) O metano (CH_4), também conhecido por gás dos pântanos, é produzido pela decomposição de compostos orgânicos, na ausência de oxigênio, por determinadas bactérias e consumido na própria atmosfera. Quando 5 mols de metano reagem com 3 mols de oxigênio, o número de mols de gás carbônico (CO_2) liberado será igual a:

CH_4 (g) + 2 O_2 (g) → CO_2 (g) + 2 H_2O (vapor)

a) 1,0   c) 3,0   e) 5,0
b) 1,5   d) 3,5

17. (Enem) Para compreender o processo de exploração e o consumo dos recursos petrolíferos, é fundamental conhecer a gênese e o processo de formação do petróleo, descritos no texto abaixo.

"O petróleo é um combustível fóssil, originado provavelmente de restos de vida aquática acumulados no fundo dos oceanos primitivos e cobertos por sedimentos. O tempo e a pressão do sedimento sobre o material depositado no fundo do mar transformaram esses restos em massas viscosas de coloração negra denominadas jazidas de petróleo."

(Adaptado de TUNDISI. *Usos de energia*. São Paulo: Atual Editora, 1991.)

As informações do texto permitem afirmar que:

a) O petróleo é um recurso energético renovável a curto prazo, em razão de sua constante formação geológica.

b) A exploração de petróleo é realizada apenas em áreas marinhas.

c) A extração e o aproveitamento do petróleo são atividades não poluentes, dada sua origem natural.

d) O petróleo é um recurso energético distribuído homogeneamente, em todas as regiões, independentemente da sua origem.

e) O petróleo é um recurso não renovável a curto prazo, explorado em áreas continentais de origem marinha ou em áreas submarinas.

18. (UEPB) Os combustíveis são propulsores energéticos usados nos mais diversos setores, sobretudo no setor automotivo. Faça a associação correta.

( ) Gasolina   ( ) Hulha
( ) Hidrogênio   ( ) Metanol
( ) Petróleo

(1) Combustível que, durante a queima, não libera substâncias nocivas à saúde do homem.

(2) Variedade de carvão natural ou mineral, resultante da fossilização da madeira em ausência de ar.

(3) Líquido viscoso e escuro, constituído por uma mistura extremamente complexa de milhares de compostos orgânicos.

(4) Combustível de alta toxicidade, cuja combustão produz chama incolor, tornando-se muito perigoso.

(5) Fração mais importante do petróleo; não é possível representar sua fórmula molecular.

a) 5, 4, 1, 2, 4
b) 1, 5, 4, 2, 3
c) 4, 3, 1, 5, 2
d) 1, 2, 3, 4, 5
e) 5, 1, 3, 2, 4

19. (Ufam) A gasolina, como combustível automotivo, é uma mistura de vários hidrocarbonetos parafínicos. Quando queimada completamente, produz CO_2 e H_2O. Se considerarmos que a gasolina tem fórmula C_8H_{18}, qual o volume de CO_2 produzido, a 300 K e 1,0 atm de pressão, quando 1,25 mol de gasolina é completamente queimado? Considere o CO_2 um gás perfeito.

Dado: $R = 0,082$ atm $\cdot$ L $\cdot$ mol^{-1} $\cdot$ K^{-1}

a) 125 L   **c)** 179,2 L   **e)** 8,0 L
b) 224 L   **d)** 246 L

20. (UFPR) O ácido sulfúrico pode ser obtido em laboratório, a partir de sulfito de sódio (Na_2SO_3) e ácido clorídrico (HCℓ). No tubo 1, que contém solução de Na_2SO_3, adiciona-se, com o auxílio de uma seringa, a solução 6 mol $\cdot$ L^{-1} de HCℓ. Essa reação produz dióxido de enxofre (SO_2), que é transferido para o tubo 2 através do tubo de vidro 3. A reação do SO_2 com peróxido de hidrogênio (H_2O_2), em excesso, contido no tubo 2, produz o ácido sulfúrico (H_2SO_4).

Dados: S = 32,0 g/mol; O = 16,0 g/mol;
Cℓ = 35,5 g/mol; H = 1,00 g/mol.

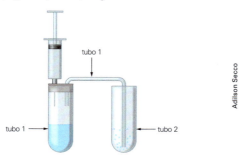

a) Escreva a equação química balanceada que representa a reação ocorrida no tubo 1.
b) Baseado nas informações dadas, responda que volume (em mL) de ácido clorídrico foi consumido para a produção de 19,21 g de SO_2, no tubo 1.
Considera o sistema nas CNTP.

21. (Unicamp-SP) Os sistemas de comunicação e transporte criados pelo homem foram evoluindo ao longo do tempo. Assim, em fins do século XVIII, apareceram os balões, cujo desenvolvimento ocorreu durante todo o século XIX, chegando ao século XX com os dirigíveis cheios de hidrogênio e, mais recentemente, de hélio. Nesse processo, o brasileiro Santos Dumont contribuiu de modo significativo.

Os "Zeppelins", dirigíveis cheios de hidrogênio, estão, ainda, entre as maiores naves aéreas já construídas pelo homem. O mais famoso deles, o Hindemburg, começou a sua história em 1936, terminando em maio de 1937, num dos maiores acidentes aéreos já vistos e filmados. O seu tamanho era incrível, tendo cerca de 250 metros de comprimento, com um volume de 200 x 10^6 litros, correspondendo a 8,1 x 10^6 moles de gás.

a) No dia 6 de maio de 1937, ao chegar a Nova Iorque, o Hindemburg queimou em chamas. Escreva a equação química que representa a reação principal da queima nesse evento.
b) Se o hidrogênio necessário para encher totalmente o Hindemburg fosse obtido a partir da reação de ferro com ácido (dando Fe^{2+}), quantos quilogramas de ferro seriam necessários?

Dado: Fe: 56u

Texto para a próxima questão.

Leia o fragmento abaixo e responda à(s) questão(ões).

No capítulo Raios Penetrantes, Oliver Sacks relembra de um exame de úlcera do estômago que presenciou quando criança.

"Mexendo a pesada pasta branca, meu tio continuou: 'Usamos sulfato de bário porque os íons de bário são pesados e quase opacos para os raios X'. Esse comentário me intrigou, e eu me perguntei por que não se podiam usar íons mais pesados. Talvez fosse possível fazer um 'mingau' de chumbo, mercúrio ou tálio – todos esses elementos tinham íons excepcionalmente pesados, embora, evidentemente, ingeri-los fosse letal. Um mingau de ouro e platina seria divertido, mas caro demais. 'E que tal mingau de tungstênio?', sugeri. 'Os átomos de tungstênio são mais pesados que os do bário, e o tungstênio não é tóxico nem caro.'"

(SACKS, O. *Tio Tungstênio*: memórias de uma infância química. São Paulo: Cia. das Letras, 2002).

22. (Ulbra-RS) O material usado no exame citado no texto, o sulfato de bário, quando puro, apresenta, aproximadamente, qual % (em massa) de bário?

a) 85%
b) 74%
c) 59%
d) 40%
e) 10%

23. (Uece) O tetróxido de triferro, conhecido como magnetita, material que forma o ímã natural, presente na areia de algumas praias, em bactérias, abelhas, cupins, pombos e até em seres humanos, pode ser obtido, pelo menos teoricamente, pela seguinte reação:

Ferro sólido + água → tetróxido de triferro + hidrogênio

Considerando essa reação, assinale a opção que completa corretamente as lacunas do seguinte enunciado:

"Quando reagirem 32,6 g de Fe com 20 g de água, serão produzidos _____ mol de tetróxido de triferro e o reagente limitante será _____".

Dados: Fe = 56; O = 16; H = 1

a) 0,1; água
b) 0,2; água
c) 0,1; ferro
d) 0,2; ferro

24. (UPE-SSA) As lâmpadas incandescentes tiveram a sua produção descontinuada a partir de 2016. Elas iluminam o ambiente mediante aquecimento, por efeito Joule, de um filamento de tungstênio (W, Z = 74). Esse metal pode ser obtido pela reação do hidrogênio com o trióxido de tungstênio (WO_3), conforme a reação a seguir, descrita na equação química não balanceada:

$$WO_3 (s) + H_2 (g) \rightarrow W (s) + H_2O (\ell)$$

Se uma indústria de produção de filamentos obtém 31,7 kg do metal puro a partir de 50 kg do óxido, qual é o rendimento aproximado do processo utilizado?

(Dados: H = 1 g/mol; O = 16 g/mol; W = 183,8 g/mol)

a) 20%
b) 40%
c) 70%
d) 80%
e) 90%

25. (UFRGS) A hidrazina (N₂H₄) é usada como combustível para foguetes e pode ser obtida a partir da reação entre cloramina e amônia, apresentada abaixo.

NH₂Cℓ + NH₃ → N₂H₄ + HCℓ

Assinale a alternativa que apresenta a massa de hidrazina que pode ser obtida pela reação de 100 g de cloramina com 100 g de amônia.

Dados: N = 14; H = 1; Cℓ = 35,5.

a) 5,0 g.
b) 6,21 g
c) 100 g
d) 20,0 g
e) 32,08 g

26. (Ufscar-SP) Durante uma aula de laboratório, um estudante queimou ao ar diferentes massas iniciais m(i) de esponja de ferro. Ao final de cada experimento, determinou também a massa final resultante m(f). Os resultados obtidos estão reunidos na tabela a seguir.

Experimento Nº	Massa inicial m(i) (g)	Massa final m(f) (g)	Relação m(f)/(mi)
1	0,980	1,18	1,204
2	0,830	1,00	1,205
3	1,05	1,26	1,200
4	1,11	1,34	1,207

Admitindo que em todos os experimentos a queima foi completa, o estudante fez as três afirmações seguintes.

I. A Lei da Conservação da Massa não foi obedecida, pois a massa final encontrada para o sistema em cada experimento é sempre maior que sua massa inicial.

II. O aumento de massa ocorrido em cada experimento se deve à transformação de energia em massa, tendo se verificado a conservação da soma (massa + energia) do sistema.

III. A relação constante obtida entre a massa final e a massa inicial do sistema [m(f)/m(i)], em cada experimento realizado, permite afirmar que, dentro do erro experimental, os dados obtidos estão de acordo com a Lei das Proporções Definidas.

Dentre as afirmações apresentadas, o estudante acertou:

a) I, apenas
b) II, apenas
c) III, apenas
d) I e II, apenas
e) I, II e III

27. (UFV-MG) Na indústria petroquímica um dos poluentes produzidos é o SO₂. Para reter esse poluente são utilizados filtros contendo carbonato de cálcio (CaCO₃), que reage com o SO₂ conforme representado pela equação abaixo:

SO₂ (g) + CaCO₃ (s) → CaSO₃ (s) + CO₂ (g)

Considerando que o volume molar do SO₂ (g) nas condições normais de temperatura e pressão é 22,7 litros, a massa aproximada de CaCO₃, em gramas, necessária para reagir com 2,27 litros de SO₂ nessas mesmas condições é:

(Dadas as massas atômicas: C = 12 u; O = 16 u; S = 32 u; Ca = 40 u)

a) 10,0
b) 5,0
c) 20,0
d) 1,0
e) 100,0

28. (Unipac-MG) Na equação 2 H_2 (g) + O_2 (g) → 2 H_2O (g), entende-se que:

a) uma molécula de hidrogênio reage com uma molécula de oxigênio, formando uma molécula de água.
b) dois átomos de hidrogênio reagem com dois átomos de oxigênio, formando quatro átomos de hidrogênio e um átomo de oxigênio.
c) duas moléculas de hidrogênio reagem com dois átomos de hidrogênio e um átomo de oxigênio, formando duas moléculas de água.
d) duas moléculas de hidrogênio reagem com uma molécula de oxigênio, formando duas moléculas de água.
e) quatro átomos de hidrogênio reagem com dois átomos de oxigênio, formando uma molécula de água.

29. (Ufscar-SP) A cal viva, CaO, é um material utilizado no preparo de argamassas para construção civil, em pinturas de baixo custo para muros (caiação), bem como em jardinagem. Ao preparar o material para pintura de caules de árvores, um jardineiro misturou, sob agitação, 28 kg de cal viva com água em excesso, realizando uma reação química. A reação da cal viva com água resulta na formação da cal extinta, hidróxido de cálcio. A quantidade máxima de cal extinta obtida, em kg, foi de

a) 28
b) 37
c) 57
d) 64
e) 74

30. (Uema) Considerando as Leis das Combinações Químicas (Leis Experimentais), duas amostras de nitrogênio puro, 2,8 g e 14 g, sofreram combustão completa. O único produto formado nos dois casos, o monóxido de nitrogênio, foi totalmente recolhido e as massas obtidas foram 6,0 g e 30,0 g, respectivamente. Usando esses dados,

a) demonstre, nos dois casos, que se obedeceu à Lei de Proust.
b) calcule a composição centesimal do monóxido de nitrogênio, em porcentagem.

CAPÍTULO 10 – SOLUÇÕES

- **Solução**: é toda mistura que tem aspecto uniforme ou homogêneo. É o sistema resultante da dissolução, quando os componentes, soluto e solvente, misturam-se homogeneamente.
  - Quando a água está presente ela é o **solvente**.
- **Solubilidade**: é uma propriedade que mensura o quanto uma substância é solúvel em outra em determinada temperatura. O máximo de soluto que se dissolve numa quantidade de solvente é o coeficiente de solubilidade naquela temperatura. Nesse caso, a solução se encontra saturada. Qualquer quantidade adicional não se dissolverá naquela quantidade de solvente, naquela temperatura: são as soluções saturadas.
  - As quantidades de soluto em relação à quantidade de solução denominam-se **concentrações do soluto** ou **concentrações da solução**. Podem ser expressas:
  - Concentração mol/v: quantidade de mol do soluto dividido pelo volume da solução (geralmente em dm^3 ou litro).
  - Concentração m/m: massa do soluto dividida pela massa da solução com as duas grandezas na mesma unidade.
  - Concentração mol/mol: expressa a quantidade matéria do soluto dividido pela quantidade de matéria da solução.
  - Concentração v/v: expressa a relação entre o volume do soluto e o volume da solução. Nesse caso, é preciso considerar a aditividade dos líquidos diferentes. Quer dizer que 100 mL de álcool misturados a 100 mL de água serão considerados 200 mL, embora não seja correto.
  - Concentrações podem ser em: parte por milhão (ppm); parte por bilhão (ppb) e parte por trilhão (ppt).
- As soluções podem ser diluídas de acordo com as nossas necessidades. A ideia implica em adicionar solvente a um volume de solução cuja concentração é conhecida a fim de torná-la menos concentrada. O fundamento consiste em determinar a quantidade de soluto presente no volume a ser diluído. Uma vez determinado este valor, dividimos o mesmo pelo novo volume da solução já diluída.
- **Efeitos coligativos**: mostram que a presença do soluto modifica os valores das propriedades da água e que estas variações não dependem da natureza do soluto, mas apenas da concentração de partículas do soluto. A temperatura de ebulição da água em solução é superior à temperatura de ebulição da água pura, sob pressão de 1,0 atm. Mantendo a solução diluída, observa-se que o aumento da temperatura de ebulição acontece segundo uma proporção em relação à concentração de soluto. A temperatura de congelamento da água na presença de um soluto é inferior a 0 °C, e pressão de 1,0 atm. A pressão de vapor da água se reduz com a presença do soluto.
- **Coloides**: trata-se de sistemas heterogêneos e são abundantes na natureza.

---

1. (UFPI) Em regiões mais áridas do Nordeste, os pescadores preferem os horários mais frios do dia para pescar. De fato, nesses períodos, a pesca é mais farta, porque os peixes vão à superfície em busca de oxigênio (O_2). A maior concentração de O_2 na superfície, nos períodos mais frios, explica-se pelo fato de a:

a) Redução na temperatura aumentar a solubilidade de gases em líquidos.

b) Redução na temperatura aumentar a constante de dissociação da água.

c) Elevação no número de mols de O_2 ocorrer com a redução da pressão.

d) Solubilidade de gases em líquidos independer da pressão

e) Elevação na temperatura reduzir a energia da ativação da reação de redução do oxigênio.

_____
_____
_____
_____

2. (Uece) De uma solução saturada de um sal retirou-se, na temperatura ambiente, uma alíquota de 40 mL, evaporou-se totalmente o solvente e sobrou um resíduo sólido que apresentava 64 gramas de substância. Observando-se os dados de solubilidade da tabela abaixo, em g de soluto por 100 mL de solução, à temperatura ambiente,

Soluto	Coeficiente de solubilidade
NaCℓ	36
KBr	64
Aℓ$_2$(SO$_4$)$_3$	160
AgNO$_3$	260

Assinale a opção que indica o sal considerado.

a) Cloreto de sódio

b) Brometo de potássio

c) Sulfato de alumínio

d) Nitrato de prata

_____

3. (Unir-RO) Considere o seguinte gráfico referente ao coeficiente de solubilidade de KNO$_3$ em água em função da temperatura.

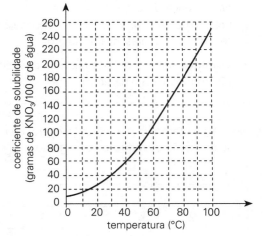

Ao adicionar, num recipiente, 40 g de nitrato de potássio em 50 g de água à temperatura de 40 °C, pode-se afirmar:

a) Apenas parte do sólido se dissolverá, permanecendo aproximadamente 20 g no fundo do recipiente.

b) Apenas parte do sólido se dissolverá, permanecendo aproximadamente 10 g no fundo do recipiente.

c) Tem-se uma solução insaturada.

d) O resfriamento dessa solução não variará a quantidade de sólido dissolvido.

e) O aquecimento dessa solução, num sistema aberto, não modificará a quantidade de nitrato de potássio dissolvido.

_____

4. (Uern)

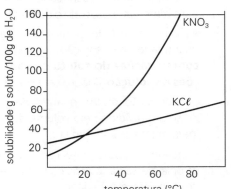

No processo de recristalização, uma amostra contendo KNO³ e KCℓ é dissolvida, após aquecimento, em uma quantidade mínima de água pura, formando uma solução, que, em seguida, é filtrada e submetida à cristalização.

A partir dessa informação, da análise do gráfico e dos conhecimentos sobre soluções, pode-se afirmar:

a) As soluções de KCℓ são sempre diluídas, se a temperatura for de 0 °C.

b) Soluções de KCℓ e KNO$_3$ contêm massas de soluto diferentes, em qualquer temperatura.

c) A filtração realizada, após aquecimento, resulta na obtenção de uma amostra 100% pura.

d) Amostras de KNO$_3$ são mais facilmente solúveis do que as de KCℓ a partir de 20 °C.

e) A solução que contém 80 g de KNO$_3$ em 100 g de água é considerada supersaturada, se a temperatura for de 60 °C.

5. (UnB-DF) Um bom perfume pode ser preparado juntando-se as seguintes substâncias nas proporções indicadas no quadro abaixo. O material assim obtido, cujo volume final é de 100 mL, tem aparência uniforme, sendo totalmente transparente. Por outro lado, fazendo uso de métodos de separação apropriados, é possível recuperar integralmente as substâncias originais.

Água	10 mL
Fixador (ácido fenilacético)	2 mL
Propilenoglicol (1,2-propanodiol)	2 mL
Etanol	76 mL
Essências de rosas (geraniol)	10 mL

A partir dos dados apresentados, julgue os itens que se seguem.

1) Na preparação do perfume, há transformações químicas.
2) O propilenoglicol é solúvel em etanol.
3) O fixador pode ser separado diretamente do material por filtração.
4) Os dados apresentados permitem concluir que a concentração do fixador é de 2% em massa.

6. (UFPA) Na seção de temperos, um produto chamado **sal light** chamou a atenção dos alunos. O professor explicou que esse sal contém uma quantidade maior de potássio que o sal de cozinha comum. Um aluno dirigiu-se ao professor, comentando que, como o soro caseiro, que é uma solução de açúcar e sal de cozinha, apresenta deficiência de potássio, talvez fosse interessante preparar esse soro empregando o **sal light** em vez do sal de cozinha comum. Diante dessa manifestação, o professor apresentou ao grupo de alunos as informações abaixo, obtidas nos rótulos de uma marca de **sal light** e de **envelopes de sais** contra a desidratação (envelopes geralmente fornecidos pelas secretarias de saúde).

Sal light	
Composição	Quantidade em 1 g (mg)
Na	198
K	242

Envelopes de sais	
Composição	Quantidade (g)
NaCl	3,5
Citrato de sódio	2,9
KCl	1,5
Glicose anidra	20

Propôs então ao grupo que efetuasse o cálculo da quantidade aproximada de sal *light* que deve ser utilizada para preparar 1 (um) L de uma solução que tenha a mesma concentração de potássio de uma solução de igual volume preparada com o envelope de sais. Acertou o cálculo quem respondeu:

Massas moleculares (g · mol^{-1}):

K = 39; Cl = 35,5

a) 61,9 mg
b) 6,2 g
c) 3,2 g
d) 11,7 g
e) 363 mg

7. (UFPA) Na seção de produtos de limpeza, o professor comentou que a água sanitária é um agente desinfetante, podendo ser usada, por exemplo, para desinfetar a água de uma piscina doméstica. Um de seus alunos ficou interessado nessa utilização e perguntou quanto de água sanitária deveria adicionar à sua piscina de 3 000 L para mantê-la livre de contaminações.

O professor respondeu que o próprio aluno poderia fazer o cálculo. Para tanto, bastaria observar o teor de hipoclorito de sódio, contido no rótulo de uma garrafa de água sanitária (ver a seguir) e considerar que o teor de hipoclorito de sódio na piscina deve ficar em 4 ppm para garantir uma boa ação de desinfecção. O volume de água sanitária em mL que deve ser adicionado à água da piscina desse aluno é:

Rótulo de Água Sanitária "AQUALUX"

Composição: componete ativo: hipoclorito de sódio 2,4% m/v, estabilizante: hidróxido de sódio e veículo: água potável.

a) 240
b) 500
c) 800
d) 1 200
e) 2 000

8. (UPE-PE) Para que o ar que inspiramos seja considerado bom, admita que o limite máximo de CO não ultrapasse de 5 ppm num dado ambiente com dimensões de 12,5 m x 4 m x 10 m, no qual se constata a existência de 2 L de CO disseminados no ar. Conclui-se com esses dados que:

a) a quantidade de CO encontrada no ambiente é igual ao limite máximo aceito.
b) a quantidade de CO encontrada no ambiente é maior que 5 ppm.
c) a quantidade de CO encontrado no ambiente é menor que o limite máximo aceito.
d) não há risco para a pessoa que se encontra no ambiente, pois a quantidade de CO encontrada é menor que 1 ppm.
e) deve-se retirar a pessoa da ambiente com urgência, pois o limite máximo aceito de CO foi ultrapassado em mais de 90%.

9. (UFMA) A 30 quilômetros de altitude, aproximadamente, está concentrada a camada de ozônio. Nessa parte da estratosfera, existem 5 moléculas de O_3 para cada milhão de moléculas de O_2. Considerando o O_2 como único diluente, calcule a concentração em ppm de O_3 nessa altitude.

10. (UFPA) Substâncias orgânicas, presentes na água, se degradam sob a ação de bactérias, consomem o oxigênio (O_2) dissolvido e provocam a morte de lagos e rios. Considerando-se que a concentração de oxigênio necessária para manutenção da vida aquática é de aproximadamente $1,25 \times 10^{-4}$ mol/L, essa concentração expressa em outra unidade é:

a) 4 g/L
b) 4 mg/L
c) 2 mg/dm^3
d) 8 mg/L
e) 8 mg/cm^3

11. (UFMG) Estas informações foram adaptadas do rótulo de um repositor hidroeletrolítico para praticantes de atividade física:
Ingredientes: água, cloreto de sódio, citrato de sódio e outros.

Quantidade presente em uma porção de 200 mL	
Sódio	4×10^{-3} mol
Cloreto	2×10^{-3} mol

Considerando-se essas informações, é **correto** afirmar que, na porção indicada do repositor hidroeletrolítico,

a) a massa de íons sódio é o dobro da massa de íons cloreto.
b) a concentração de íons sódio é igual a 4×10^{-3} mol/L.
c) a massa de íons cloreto é igual a 71 mg.
d) a quantidade de cloreto de sódio é igual a 4×10^{-3} mol.

12. (Uespi) Na preparação de 200 mL de uma solução aquosa 1 M de ácido clorídrico, um estudante dispõe de uma solução aquosa 5 M desse ácido. Qual o volume da solução Inicial que será utilizado?

a) 4 mL
b) 20 mL
c) 40 mL
d) 100 mL
e) 150 mL

13. (UFC-CE) Durante processo de produção da carne-de-sol ou carne seca, após imersão em salmoura (solução aquosa saturada de cloreto de sódio), a carne permanece em repouso em lugar descoberto e arejado por cerca de três dias. Observa-se que, mesmo sem refrigeração ou adição de qualquer conservante, a decomposição da carne é retardada. Assinale a alternativa que relaciona corretamente o processo responsável pela conservação da carne-de-sol.

a) Formação de ligação hidrogênio entre as moléculas de água e os íons N^+ e $C\ell^-$.
b) Elevação na pressão de vapor de água contida no sangue da carne.
c) Redução na temperatura de evaporação da água.
d) Elevação do ponto de fusão da água.
e) Desidratação da carne por osmose.

14. (UFRGS-RS) Um dos segredos descobertos pelos químicos, no processo de mumificação, é a desidratação dos cadáveres através da utilização de soluções salinas de alta concentração e viscosidade. A desidratação é possível e explicada pelo fenômeno da:

a) salinização.
b) neutralização.
c) osmose.
d) hidrólise.
e) umidificação.

15. (UFRGS-RS) Considere o gráfico de pressão de vapor *versus* temperatura para três substâncias puras, A, B e C, abaixo representado.

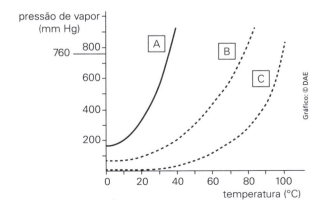

Quanto às propriedades dessas substâncias, é correto afirmar:

a) que as três apresentam a mesma temperatura-padrão de ebulição.
b) que a substância C é a mais volátil.
c) que, a 30 °C e 760 mm de Hg, a substância A se encontra no estado gasoso.
d) que, a 80 °C e 600 mm de Hg, as substâncias A e B estão no estado gasoso e C se encontra no estado líquido.
e) que, a 90 °C e 760 mm de Hg, a substância A se encontra no estado gasoso, e B e C estão no estado líquido.

16. (UEL-PR) A figura a seguir mostra dois conjuntos com dois béqueres (A) e (B) com soluções aquosas de mesmo soluto não volátil, porém de concentrações diferentes. Os béqueres estão colocados em um recipiente fechado. Após algum tempo, o sistema atinge o equilíbrio (sistema final) e observa-se que o nível da solução contida no béquer (A) aumentou e o nível da solução contida no béquer (B) diminuiu.

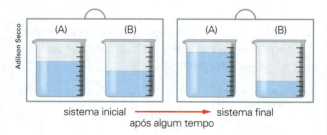

Com base na figura, considere as afirmativas a seguir.

I. No início, a pressão de vapor de água no béquer (B) é maior que a pressão de vapor da água no béquer (A).
II. Inicialmente, a solução no béquer (B) está mais diluída que a solução no béquer (A).
III. A água é transferida, como vapor, da solução mais concentrada para a solução mais diluída.

IV. A pressão de vapor da água nos béqueres (A) e (B) é menor que a pressão de vapor da água pura.

Estão corretas apenas as afirmativas:

a) I e II
b) II e III
c) II e IV
d) I, II e IV
e) II, III e IV

17. (UEL-PR) A cafeína é um estimulante muito consumido na forma do tradicional cafezinho. O infuso de café, preparado pela passagem de água fervente sobre o pó, contém inúmeras espécies químicas, e o teor de cafeína (190 g/mol) é de 1,50% (m/m) no café torrado e moído. Em relação ao café preparado, é correto afirmar:

a) Para requentar este café até a fervura, é necessária uma temperatura superior à da ebulição da água pura.
b) A temperatura de fervura do café preparado é igual à da água pura quando está sob as mesmas condições de altitude e, consequentemente, sob a mesma pressão atmosférica.
c) Como a concentração da cafeína é baixa, a variação na temperatura de ebulição do cafezinho preparado independe desta concentração.
d) Pelo fato de os componentes estarem dissolvidos no infuso, a temperatura para levá-los à fervura será menor que a da água pura.
e) A temperatura requerida até a fervura do infuso adoçado é menor que o isento de açúcar sob a mesma pressão.

18. (UEL-PR) Nas condições usualmente encontradas no ambiente em que vivemos, a matéria assume três estados: sólido, líquido e gasoso. A água, por exemplo, pode ser encontrada em qualquer desses estados de acordo com a pressão e temperatura do ambiente. Nosso domínio sobre o ambiente decorre, entre outras coisas, do fato de que sabemos controlar as mudanças entre esses estados. De maneira geral, fusão é a transformação que leva uma substância do estado sólido para o estado líquido. Vaporização é a transformação que leva uma substância do estado líquido para o estado gasoso. Sublimação é a transformação que leva uma substância diretamente do estado sólido para o estado gasoso. O diagrama de fases reúne, em um diagrama da pressão × temperatura, as curvas de fusão, de vaporização e de sublimação de uma dada substância, conforme a seguir. Com base no diagrama e nos conhecimentos sobre o tema, é correto afirmar:

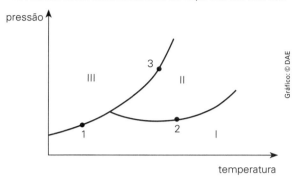

a) Na região I, a substância está no estado gasoso. Na região II, a substância está no estado líquido. Na região III, a substância está no estado sólido. No ponto 1, a substância está em um estado de coexistência de estado sólido e gasoso. No ponto 2, a substância está num estado de coexistência de estados líquido e gasoso. No ponto 3, a substância está em um estado de coexistência de estados líquido e sólido.

b) Na região I, a substância está no estado líquido. Na região II, a substância está no estado gasoso. Na região III, a substância está no estado sólido. No ponto 1, a substância está num estado de coexistência de estados sólido e líquido. No ponto 2, a substância está num estado de coexistência de estados líquido e gasoso. No ponto 3, a substância está num estado de coexistência de estados sólido e gasoso.

c) Na região I, a substância está no estado gasoso. Na região II, a substância está no estado sólido. Na região III, a substância está no estado líquido. No ponto 1, a substância está em um estado de coexistência de estados líquido e gasoso. No ponto 2, a substância está em um estado de coexistência de estados sólido e gasoso. No ponto 3, a substância está em um estado de coexistência de estados líquido e sólido.

d) Na região I, a substância está no estado sólido. Na região II, a substância está no estado líquido. Na região III, a substância está no estado gasoso. No ponto 1, a substância está em um estado de coexistência de estados sólido e gasoso. No ponto 2, a substância está em um estado de coexistência de estados sólido e líquido. No ponto 3, a substância está em um estado de coexistência de estados líquido e gasoso.

e) Na região I, substância está no estado líquido. Na região II, a substância está no estado sólido. Na região III, a substância está no estado gasoso.

No ponto 1, a substância está em um estado de coexistência de estados líquido e gasoso. No ponto 2, a substância está em um estado de coexistência de estados sólido e liquido. No ponto 3, a substância está em um estado de coexistência de estados sólido e gasoso.

_____
_____
_____
_____

19. (Feevale) O soro fisiológico pode ser utilizado em diversos procedimentos caseiros, como limpar feridas e machucados, para higiene nasal ou limpeza de lentes de contato. Normalmente é uma solução a 0,9% de cloreto de sódio em água. Em caso de necessidade, pode ser feito em casa, fervendo-se previamente a água utilizada para fazer soro. Foi necessário preparar 0,5 litro dessa solução.

Marque a alternativa que apresenta respectivamente a quantidade de cloreto de sódio necessária para essa preparação e a concentração molar dessa solução.

a) 4,5 g e 0,308 mol · L^{-1} d) 9,0 g e 0,154 mol · L^{-1}
b) 0,154 g e 4,5 mol · L^{-1} e) 4,5 g e 0,154 mol · L^{-1}
c) 0,154 g e 9,0 mol · L^{-1}

_____
_____
_____
_____
_____
_____
_____

20. (Imed) A concentração comum, cujo símbolo é _____, indica a razão entre a massa do(a) _____ e o volume do(a) _____.

Assinale a alternativa que preenche, correta e respectivamente, as lacunas do trecho acima.

a) T – soluto – solução   d) M – solução – solução
b) T – solução – soluto   e) C – solução – soluto
c) C – soluto – solução

_____
_____
_____

21. (PUC-RS) Quando se compara a água do mar com a destilada, pode-se afirmar que a primeira, em relação à segunda, tem menor ____, mas maior ____.

a) densidade – ponto de ebulição
b) condutividade elétrica – densidade
c) pressão de vapor – condutividade elétrica
d) concentração de íons – ponto de ebulição
e) ponto de congelação – facilidade de vaporização do solvente

22. (Imed) Em um laboratório de química foi encontrado um frasco de 250 mL com a seguinte informação: contém 1,5 g de Sulfato Ferroso. Assinale a alternativa que apresenta a concentração em g/ℓ de Sulfato Ferroso nesse frasco.

a) 0,3 g/ℓ   c) 3 g/ℓ   e) 6 g/ℓ
b) 0,6 g/ℓ   d) 4,75 g/ℓ

23. (PUC-MG) A 25 °C é possível dissolver aproximadamente 6,25 mol de cloreto de sódio em um litro de água. É CORRETO afirmar que a solubilidade do cloreto de sódio em água, em g · mL^{-1} é:

a) 0,3656   b) 36,56   c) 0,4625   d) 46,25

24. (Uerj) A salinidade da água é um fator fundamental para a sobrevivência dos peixes. A maioria deles vive em condições restritas de salinidade, embora existam espécies como o salmão, que consegue viver em ambientes que vão da água doce à água do mar. Há peixes que sobrevivem em concentrações salinas adversas, desde que estas não se afastem muito das originais.

Considere um rio que tenha passado por um processo de salinização. Observe na tabela suas faixas de concentração de cloreto de sódio.

Trecho do rio	Concentração de NaCℓ (mol · L^{-1})
W	< 0,01
X	0,1 – 0,2
Y	0,4 – 0,5
Z	≥ 0,6

*isotônica à água do mar

Um aquário com 100 L de solução aquosa de NaCℓ com concentração igual a 2,1 g · L^{-1} será utilizado para criar peixes que vivem no trecho Z do rio. A fim de atingir a concentração mínima para a sobrevivência dos peixes, deverá ser acrescentado NaCℓ à solução, sem alteração de seu volume.

A massa de cloreto de sódio a ser adicionada, em quilogramas, é igual a:

a) 2,40   c) 3,51
b) 3,30   d) 3,72

Texto para a próxima questão.

O valor da Constante de Avogadro é determinado experimentalmente, sendo que os melhores valores resultam da medição de difração de raios X de distâncias reticulares em metais e em sais. O valor obtido mais recentemente e recomendado é 6,02214 × 10^{23} mol^{-1}.

Um modo alternativo de se determinar a Constante de Avogadro é utilizar experimentos de eletrólise. Essa determinação se baseia no princípio enunciado por Michael Faraday (1791-1867), segundo o qual a quantidade de produto formado (ou reagente consumido) pela eletrólise é diretamente proporcional à carga que flui pela célula eletrolítica.

92 Caderno de revisão

Observe o esquema que representa uma célula eletrolítica composta de dois eletrodos de zinco metálico imersos em uma solução 0,10 mol · L^{-1} de sulfato de zinco (ZnSO$_4$). Os eletrodos de zinco estão conectados a um circuito alimentado por uma fonte de energia (CC), com corrente contínua, em série com um amperímetro (Amp) e com um resistor (R) com resistência ôhmica variável.

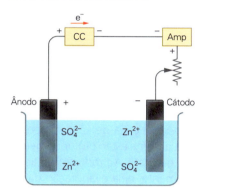

25. (Unesp-SP) Calcule a massa de sulfato de zinco (ZnSO$_4$) necessária para preparar 300 mL da solução utilizada no experimento e escreva a equação que representa a dissociação deste sal em água.

Dados: Massas molares, em
g · mol^{-1}: Zn = 65,4; S = 32,1; O = 16,0

_____
_____
_____
_____
_____
_____
_____

26. (UFG-GO) As instruções da bula de um medicamento usado para reidratação estão resumidas no quadro abaixo.

Modo de usar: dissolva o conteúdo do envelope em 50 mL de água	
Composição: cada envelope contém:	
cloreto de potássio	75 mg
citrato de sódio di-hidratado	145 mg
cloreto de sódio	175 mg
glicose	10 mg

a) Calcule a concentração de potássio, em mg/L, na solução preparada segundo as instruções da bula.

b) Quais são as substâncias do medicamento que explicam a condução elétrica da solução do medicamento? Justifique sua resposta.

_____
_____
_____
_____
_____
_____
_____
_____
_____
_____
_____
_____
_____
_____

27. (UFPE) O gráfico a seguir representa a pressão de vapor (eixo das ordenadas), em atm, em função da temperatura (eixo das abscissas), em °C, de três amostras, I, II e III. Se uma destas amostras for de água pura e as outras duas de água salgada, podemos afirmar que:

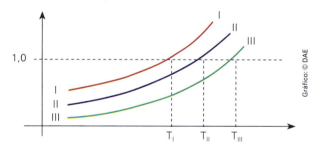

a) a amostra I é a amostra de água salgada.
b) a amostra I é a mais volátil.
c) a amostra II é mais concentrada que a amostra III.
d) a amostra I é a menos volátil.
e) na temperatura T$_{III}$ e 1 atm, a amostra II ainda não entrou em ebulição.

_____
_____
_____
_____
_____
_____

28. (PUC-MG) Sejam dadas as seguintes soluções aquosas:

X – 0,25 mol/L de glicose ($C_6H_{12}O_6$)
Y – 0,25 mol/L de carbonato de sódio (Na_2CO_3)
Z – 0,50 mol/L de ácido nítrico (HNO_3)
W – 0,50 mol/L de sacarose ($C_{12}H_{22}O_{11}$)

Das soluções acima, assinale a opção que representa a maior pressão de vapor:

a) X
b) Y
c) Z
d) W

29. (UnB-DF) Um aluno, interessado em estudar as propriedades de soluções, colocou em uma caixa dois copos contendo volumes iguais de soluções aquosas de um mesmo soluto não volátil, fechando-a hermeticamente, conforme ilustra a figura a seguir.

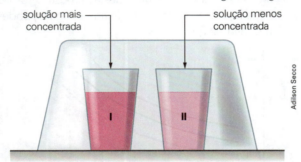

A solução contida no copo I era mais concentrada que a contida no copo II. A temperatura externa à caixa permaneceu constante durante o experimento. Acerca das observações que poderiam ser feitas a respeito desse experimento, julgue os itens seguintes.

(1) Após alguns dias, o volume da solução contida no copo I diminuirá.
(2) As concentrações das soluções nos dois copos não se alterarão com o tempo porque o soluto não é volátil.
(3) O ar dentro da caixa ficará saturado de vapor-d'água.
(4) Após alguns dias, as duas soluções ficarão com a mesma pressão de vapor.

30. (Unicamp-SP) A cana-de-açúcar, o engenho, o açúcar e a aguardente estão profundamente vinculados à história do Brasil. A produção de açúcar era feita, originariamente, pela evaporação da água contida na garapa, submetendo-a a aquecimento. A solubilidade do açúcar em água é de 660 g/litro de solução a 20 °C. A garapa contém, aproximadamente, 165 g de açúcar por litro e sua densidade é 1,08 g/cm³. Considere a garapa uma solução de açúcar em água.

a) Qual é a porcentagem, em massa, de açúcar na garapa?
b) A que fração deve ser reduzido um volume de garapa a fim de que, ao ser esfriado a 20 °C, haja condições para a formação dos primeiros cristais de açúcar?

CAPÍTULO 11 – TERMOQUÍMICA

- Temperatura e calor são dois conceitos diferentes.
  - **Temperatura**: está associada à energia térmica, que é produzida pelo movimento das moléculas em um sistema qualquer.
  - **Calor**: é a manifestação da energia entre dois sistemas que se encontram em temperaturas diferentes.
- As reações químicas podem trocar energia com o ambiente. Quando o sistema reacional libera energia, o processo é **exotérmico**, quando a energia é transferida do ambiente para o sistema reacional é denominada **endotérmica**.
- **Entalpia**: é uma maneira de atribuirmos um conteúdo energético às substâncias, independentemente das reações em que elas participam. A variação de entalpia de uma transformação química é igual ao calor trocado durante a reação, desde que mantida a pressão constante.
- **Equações termoquímicas**: são escritas com as fórmulas químicas já estudadas, adicionadas do estado físico de cada substância envolvida na transformação, e a variação de entalpia com as unidades de energia por mol. O mol aparece para evidenciar que aquela quantidade de energia escrita na equação termoquímica se refere aos coeficientes das substâncias bem como estão escritos.
  - **Lei de Hess**: é o primeiro princípio da Termodinânica estabelecendo que a energia do Universo é constante. Portanto, efetuar uma reação em diversas etapas ou em uma única, se for realizável, apresentará o mesmo valor de variação da entalpia, desde que os estados inicial e final sejam os mesmos.
  - A energia de ligação oferece valores semelhantes aos da variação de entalpia. Isso ocorre porque as reações químicas, de modo geral, envolvem apenas as camadas de valência, alterando muito pouco a estrutura dos átomos presentes na reação.

---

1. (UFF-RJ) Um veículo consumiu 63,0 L de gás natural para percorrer uma distância de 225 km. A queima de 28,0 L de gás natural libera $1,00 \cdot 10^6$ J de energia. A energia consumida, em joules, por quilômetro, foi igual a:

a) $5,10 \cdot 10^6$
b) $4,50 \cdot 10^5$
c) $1,00 \cdot 10^4$
d) $2,25 \cdot 10^3$

_____
_____
_____
_____
_____
_____
_____
_____
_____

2. (PUC-RJ) Considere a seguinte reação:
H_2 (g) $+ \frac{1}{2} O_2$ (g) $\rightleftarrows H_2O$ (ℓ) $+ 68$ kcal e assinale a alternativa **falsa**.

a) A reação de formação da água é exotérmica.
b) A reação de formação da água apresenta ΔH^-.
c) A quantidade de calor libertada depende unicamente dos estados inicial e final da reação.
d) Caso fosse obtida, a partir dessa mesma reação, água no estado gasoso, a quantidade de calor liberado também seria 68 kcal.
e) O fornecimento de calor a esse sistema reacional fará com que o equilíbrio químico se desloque para o sentido de formação dos reagentes.

_____
_____
_____
_____
_____
_____

3. (UFPI) Em dias muito frios (temperatura abaixo de zero) os produtores de frutas cítricas espalham um *spray* de água morna (T > 25 °C) na plantação para proteger do frio as árvores e os frutos. A respeito do tema, assinale com V (verdadeira) ou F (falsa) as opções a seguir.

Caderno de revisão 95

1. ( ) O congelamento das gotas de água sobre as plantas libera calor, que é utilizado para protegê-las.
2. ( ) No processo de congelamento, as gotas de água sobre as plantas absorvem calor dos frutos, protegendo-os.
3. ( ) O processo de congelamento de qualquer substância ocorre com absorção de calor, sendo, portanto, endotérmico.
4. ( ) O calor liberado pelas gotas de água durante o processo de congelamento provém da quebra das ligações O–H.

___

4. (Uespi) Observe o gráfico a seguir.

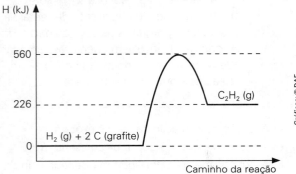

1. O gráfico corresponde a um processo endotérmico.
2. A entalpia da reação é igual a +226 kcal.
3. A energia de ativação da reação é igual a 560 kcal.

Está(ão) correta(s):

a) 1, apenas.
b) 2, apenas.
c) 2 e 3, apenas.
d) 1 e 3, apenas.
e) 1, 2 e 3.

5. (UFPR) Sobre o diagrama abaixo, referente à reação A + B → C + D, considere as afirmativas a seguir:

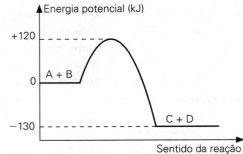

I. O processo é exotérmico.
II. Na reação, $\Delta H = -250$ kJ.
III. A energia de ativação vale +120 kJ.

Assinale a alternativa correta.

a) Somente as afirmativas I e III são verdadeiras.
b) Somente a afirmativa I é verdadeira.
c) Somente as afirmativas I e II são verdadeiras.
d) Somente as afirmativas II e III são verdadeiras.
e) Todas as afirmativas são verdadeiras.

6. (UFSCar-SP) O prêmio Nobel de Química em 1996 foi atribuído à descoberta da molécula C_{60}, com forma de bola de futebol, representada na figura.

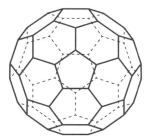

Seguindo a descoberta dos fulerenos, os nanotubos de carbono foram sintetizados. Esses avanços estão relacionados à promissora área de pesquisa que é a nanotecnologia. No C_{60} cada átomo de carbono está ligado a outros 3 átomos. Dadas as entalpias-padrão de formação do C_{60} (s) ($\Delta_f H^0 = 2\,300$ kJ/mol) e do CO_2 (g) ($\Delta_f H^0 = -390$ kJ/mol), a entalpia de combustão completa, em kJ/mol, e a razão entre o número de ligações simples e duplas no C_{60} são, respectivamente, iguais a:

a) – 1 910 e 3
b) – 1 910 e 2
c) – 21 100 e 3
d) – 25 700 e 3
e) – 25 700 e 2

7. (UFMA) Com relação às reações abaixo, pode se afirmar que:

$C (s) + O_2 (g) \rightarrow CO_2 (g) + 94{,}03$ kcal/mol (1)
$H_2 (g) + \frac{1}{2} O_2 (g) \rightarrow H_2O + 68{,}4$ kcal/mol (2)

I. Na combustão do carbono são produzidos 94,03 kcal de calor por grama de carbono.
II. A queima de combustíveis fósseis carbonados pode, simplificadamente, ser representada pela reação (1).
III. Na combustão do hidrogênio, são produzidos 34,2 kcal de calor por grama de hidrogênio.
IV. A energia liberada por grama de hidrogênio é mais que quatro vezes o valor do calor produzido na combustão de 1 g de carbono.

Assinale a opção que contém somente afirmações verdadeiras.
Dados: C – 12; H – 1

a) I e II.
b) I, II e III.
c) Apenas I.
d) Apenas II.
e) III e IV.

8. (UFMG) À temperatura de 25 °C, as reações de combustão do etanol e do hexano podem ser representadas por estas equações:

C_2H_5OH (ℓ) + 3 O_2 (g) →
→ 2 CO_2 (g) + 3 H_2O (ℓ)   ΔH = −1,4 · 10³ kJ/mol

C_6H_{14} (ℓ) + $\frac{19}{2}$ O_2 (g) →
→ 6 CO_2 (g) + 7 H_2O (ℓ)   ΔH = −4,2 · 10³ kJ/mol

Considerando-se essas informações, é correto afirmar que a massa de etanol, C_2H_5OH, necessária para gerar a mesma quantidade de calor liberada na queima de 1 mol de hexano, C_6H_{14}, é de, aproximadamente,

Dados: C −12; H − 1; O − 16

a) 138 g.   c) 86 g.
b) 46 g.   d) 258 g.

9. (Uece) A grande preocupação mundial sobre o efeito dos derivados halogenados de hidrocarbonetos prende-se ao fato de eles serem responsáveis pela destruição da camada de ozônio que nos protege da radiação ultravioleta. A hidrogenação parcial do tetracloreto de carbono produz o clorofórmio, de acordo com a reação:

$CCℓ_4 + H_2 → CHCℓ_3 + HCℓ$

Utilizando a tabela a seguir, que tem valores aproximados de entalpias de ligação, calcule a variação de entalpia da reação e assinale a alternativa verdadeira:

a) − 60 kJ/mol   c) − 70 kJ/mol
b) +60 kJ/mol   d) 70 kJ/mol

Ligação	Entalpia de ligação (em kJ/mol)
C – Cℓ	339,0
H – H	436,0
C – H	413,0
H – Cℓ	432,0

10. (UFRGS-RS) Considere as energias de ligação, em kJ · mol⁻¹, listadas na tabela abaixo.

Ligação	E (kJ · mol⁻¹)
C – C	347
C = C	611
C – H	414
Br – Br	192
H – Br	368
C – Br	284

O valor de ΔH⁰, em kJ · mol⁻¹, para a reação
$CH_3CH = CH_2 + Br_2 → CH_3CHBrCH_2Br$ é igual a:

a) −235   c) zero   e) +235
b) −112   d) 112

11. (UFRN) É possível sintetizar o metano (CH_4) gasoso a partir da reação do carbono (C) sólido com hidrogênio (H_2) gasoso.

Considere os valores de variação de entalpia, nas condições normais de temperatura e pressão, expressos nas seguintes equações:

$C(s) + O_2(g) \to CO_2(g)$ $\Delta H = -393,5$ kJ/mol
$H_2(g) + \frac{1}{2} O_2(g) \to H_2O(\ell)$ $\Delta H = -285,8$ kJ/mol
$CH_4(g) + 2 O_2 \to$
$\to CO_2(g) + 2 H_2O(\ell)$ $\Delta H = -890,3$ kJ/mol

A partir dos dados acima, o tipo de reação e a variação de entalpia para a síntese do metano podem ser representados pelo gráfico:

a)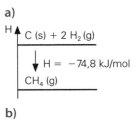

b)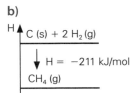

c)

d)

12. (PUC-SP) Para determinar a entalpia de formação de algumas substâncias que não podem ser sintetizadas diretamente a partir dos seus elementos constituintes, utiliza-se, muitas vezes, o calor de combustão.

I. $H_2(g) + \frac{1}{2} O_2(g) \to H_2O(\ell)$ $\Delta H^0 = -290$ kJ/mol
II. $C(s) + O_2(g) \to CO_2(g)$ $\Delta H^0 = -390$ kJ/mol
III. $C_8H_8(\ell) + 10 O_2(g) \to$
$\to 8 CO_2(g) + 4 H_2O(\ell)$ $\Delta H^0 = -4400$ kJ/mol

A partir das reações de combustão do estireno (C_8H_8), do hidrogênio e do carbono nas condições-padrão acima, conclui-se que a entalpia de formação do estireno ($\Delta_f H^0 C_8H_8$) é igual a:

a) 3 720 kJ/mol
b) 120 kJ/mol
c) −200 kJ/mol
d) −5 080 kJ/mol
e) −8 680 kJ/mol

13. (Fuvest-SP) Nas condições ambientes, ao inspirar, puxamos para nossos pulmões, aproximadamente, 0,5 L de ar, então aquecido da temperatura ambiente (25 °C) até a temperatura do corpo (36 °C).

Fazemos isso cerca de $16 \cdot 10^3$ vezes em 24 h. Se, nesse tempo, recebermos, por meio da alimentação, $1,0 \cdot 10^7$ J de energia, a porcentagem aproximada dessa energia, que será gasta para aquecer o ar inspirado, será de:

a) 0,1%   c) 1%   e) 5%
b) 0,5%   d) 2%

Ar atmosférico nas condições ambientais:
densidade = 1,2 g/L
calor específico = 1,0 J g^{-1} °C^{-1}

14. (UFSCar-SP) O cultivo da cana-de-açúcar faz parte da nossa história, desde o Colônia. O açúcar e o álcool são seus principais produtos. Com a crise mundial do petróleo, o incentivo à fabricação de carros a álcool surgiu, na década de 1970, com o Proálcool. Esse Programa Nacional acabou sendo extinto no final da década de 1990. Um dos pontos altos nas discussões em Joanesburgo sobre desenvolvimento sustentável foi o pacto entre Brasil e Alemanha para investimento na produção de carros a álcool.

a) Escreva a equação de combustão do etanol, devidamente balanceada. Calcule o calor de combustão de 1 mol de etanol, a partir das seguintes equações:

$\Delta_f H^0$ kJ/mol

$C\ (s)\ O_2\ (g) \rightarrow CO_2\ (g)$ -394
$H_2\ (g) + \frac{1}{2} O_2\ (g) \rightarrow H_2O\ (\ell)$ -286
$2\ C\ (g) + 3\ H_2\ (g) + \frac{1}{2} O_2\ (g) \rightarrow C_2H_5OH\ (\ell)$ -278

b) A reação de combustão do etanol é endotérmica ou exotérmica? Justifique.

15. (UFRJ) Em 1854, com a inauguração da companhia de iluminação a Gás, o Rio de Janeiro passou a ser uma das primeiras cidades, no mundo, a usufruir de iluminação a gás. O processo era baseado na reação entre carvão incandescente e vapor d'água, produzindo uma mistura gasosa chamada de gás de água ou gás azul, segundo a equação:

$$C\ (s) + H_2O\ (v) \xrightarrow{1\,000°} \underbrace{CO\ (g) + H_2\ (g)}_{\text{gás de água}}$$

O gás de água era estocado em reservatórios e chegava às casas por meio de uma grande rede de tubulações. O gás de água continuou sendo usado como combustível doméstico até 1967, quando foi substituído por gás proveniente do processamento de petróleo.

a) Escreva a equação de combustão completa do gás de água e, com base nos calores de combustão de CO e de H_2, calcule a sua entalpia de combustão.
Dados: ΔH combustão de CO = –280 kJ/mol
ΔH combustão de H_2 = –240 kJ/mol

b) Um reservatório que contém uma certa quantidade de gás de água a uma temperatura de 300 K e a uma pressão de 2 atm recebe uma quantidade adicional de gás. O número final de mols de gás no reservatório é seis vezes o número inicial e a temperatura final do gás é igual a 400 K.
Admitindo que o gás seja ideal, determine a pressão no interior do reservatório ao final do enchimento.

16. (Unicamp-SP) Uma das grandes novidades em comunicação é a fibra óptica. Nesta, a luz é transmitida por grandes distâncias sem sofrer distorção ou grande atenuação. Para fabricar fibra óptica é necessário usar sílica de alta pureza, que é preparada industrialmente usando uma sequência de reações cujas equações (não balanceadas) estão representadas a seguir.

I. $SiO_2\ (s) + C\ (s) \rightarrow Si\ (s) + CO_2\ (g)$
II. $Si\ (s) + 2\ C\ell_2\ (g) \rightarrow SiC\ell_4\ (g)$
III. $SiC\ell_4\ (g) + O_2\ (g) \rightarrow SiO_2\ (s)\ C\ell_2\ (g)$

a) Na obtenção de um tarugo de 300 g de sílica pura, qual a quantidade de energia (em kJ) envolvida?
Considere a condição-padrão.

Dados de entalpia-padrão de formação em kJ · mol^{-1}:
SiO_2 (s) = –910; CO_2 (g) = –394; $SiC\ell_4$ (g) = –657
Massas atômicas: O – 16 u; Si – 28 u

b) Com a sílica produzida (densidade = 2,2 g cm^{-3}), foi feito um tarugo que, esticado, formou uma fibra de 0,06 mm de diâmetro. Calcule o comprimento da fibra esticada, em metros.

17. (Unesp-SP) Diariamente podemos observar que reações químicas e fenômenos físicos implicam em variações de energia. Analise cada um dos seguintes processos, sob pressão atmosférica.

I. A combustão completa do metano (CH_4) produzindo CO_2 e H_2O.

II. O derretimento de um *iceberg*.

III. O impacto de um tijolo no solo ao cair de uma altura h.

Em relação aos processos analisados, pode-se afirmar que:

a) I é exotérmico, II e III são endotérmicos.
b) I e III são exotérmicos e II é endotérmico.
c) I e II são exotérmicos e III é endotérmico.
d) I, II e III são exotérmicos.
e) I, II e III são endotérmicos.

18. (FASM-SP-Med) A cal virgem para uso culinário, óxido de cálcio (CaO) com alto grau de pureza, tem o poder de conferir aos doces de frutas uma fina camada de aspecto vítreo na superfície. São as famosas frutas cristalizadas que causam reações de amor e ódio entre os comedores de panetone.

<super.abril.com.br>. Adaptado.

O processo de formação dessa camada começa com a adição da cal virgem à água, formando uma base, conforme a equação a seguir.

$CaO + H_2O \rightarrow Ca(OH)_2$ $\Delta H = -65$ kJ $\cdot$ mol^{-1} de CaO

Em seguida, essa base reage com dióxido de carbono, liberando vapor d'água e formando um sal que, ao se cristalizar, forma a camada vítrea que recobre as frutas cristalizadas.

a) Escreva a equação que representa a formação da camada vítrea que recobre as frutas cristalizadas e dê o nome do composto que constitui essa camada.

b) Represente, através de um gráfico, a variação da entalpia da reação de hidratação da cal virgem. Calcule o valor do calor de formação do hidróxido de cálcio, em kJ · mol⁻¹, considerando que a entalpia de formação da cal virgem seja –635 kJ · mol⁻¹, e que a da água seja –286 kJ · mol⁻¹.

19. (Unicid-SP-Med) A sublimação é um processo que pode interferir na qualidade de produtos farmacêuticos. Considere um analgésico comercializado em pílulas que tem como princípio ativo o ibuprofeno ($C_{13}H_{18}O_2$) e os seguintes dados:

ΔH_{vap} = 70,12 kJ · mol⁻¹

ΔH_{fus} = 21,7 kJ · mol⁻¹

a) Calcule a entalpia de sublimação do ibuprofeno e classifique-a como endotérmica ou exotérmica.

b) Por que se recomenda que comprimidos à base de ibuprofeno sejam mantidos a temperaturas entre 15 e 25 °C?

20. (Fac. Albert Einstein-Med) A fermentação é um processo anaeróbico de síntese de ATP, fornecendo energia para o metabolismo celular. Dois dos processos de fermentação mais comuns a partir da glicose são a fermentação alcoólica e a fermentação láctica.

$C_6H_{12}O_6 \rightarrow 2\ CO_2 + 2\ C_2H_5OH$ (fermentação alcoólica)

$C_6H_{12}O_6 \rightarrow 2\ C_3H_6O_3$ (fermentação láctica)

Dados: Entalpia de formação ($\Delta_f H^0$):

$\Delta_f H^0$ do CO_2 = –394 kJ · mol⁻¹;

$\Delta_f H^0$ do $C_3H_6O_3$ = –678 kJ · mol⁻¹;

$\Delta_f H^0$ do C_2H_5OH = –278 kJ · mol⁻¹;

$\Delta_f H^0$ do $C_6H_{12}O_6$ = –1 268 kJ · mol⁻¹;

Sobre a energia envolvida nesses processos de fermentação, é possível afirmar que

a) a fermentação láctica absorve energia enquanto a fermentação alcoólica libera energia.

b) os dois processos são endotérmicos, absorvendo a mesma quantidade de energia para uma mesma massa de glicose fermentada.

c) a fermentação alcoólica libera uma quantidade de energia maior do que a fermentação láctica para uma mesma massa de glicose envolvida.

d) a fermentação láctica libera uma quantidade de energia maior do que a fermentação alcoólica para uma mesma massa de glicose envolvida.

21. (Aman-RJ) O propan-2-ol (álcool isopropílico), cuja fórmula é C_3H_8O, é vendido comercialmente como álcool de massagem ou de limpeza de telas e de monitores. Considerando uma reação de combustão completa com rendimento de 100% e os dados de entalpias-padrão de formação ($\Delta_f H^0$) das espécies participantes desse processo e da densidade do álcool, a quantidade de energia liberada na combustão completa de 10,0 L desse álcool será de
Dados:

Entalpia de formação ($\Delta_f H^0$)	(H_2O) (v) = −242 kJ/mol	(CO_2) (g) = −394 kJ/mol	(C_3H_8O) = −163 kJ/mol
Massa atômica (u)	C = 12	H = 1	O = 16
Densidade do álcool (g/mL)		d = 0,78	

a) 974 783 kJ.
b) 747 752 kJ.
c) 578 536 kJ.
d) 469 247 kJ.
e) 258 310 kJ.

22. (FASM-SP-Med) No processo de produção de ferro metálico (Fe) ocorre a redução do óxido ferroso (FeO) com monóxido de carbono (CO), de acordo com a equação representativa da reação:
FeO (s) + CO (g) → Fe (s) + CO_2 (g)

Considere os seguinte dados:

Substância	$\Delta_f H^0$ (kJ/mol)
FeO (s)	−272,0
CO (g)	−110,5
CO_2 (s)	−394,0

a) Indique o tipo de ligação química envolvida em cada substância química reagente deste processo.
b) Calcule o valor, em kJ/mol do calor envolvido na produção do ferro metálico a partir do óxido ferroso.

23. (UPE-SSA) Um fenômeno raro no Nordeste chamou a atenção de moradores de Ouricuri, no Sertão do Estado. No final da tarde da última terça-feira de 2014, caiu granizo na localidade, por cerca de dez minutos. Quando o dia amanheceu, foi possível observar vapores, sendo formados do granizo depositado no chão.

Disponível em: <http://www.jornaldecaruaru.com.br/2014/12/>. Acesso em: junho 2015.

Considerando as informações dessa notícia, o que ocorria com o granizo ao amanhecer?
a) Um processo exotérmico.
b) Um processo endotérmico.
c) Um processo isotérmico.
d) Uma reação de primeira ordem.
e) Uma reação de segunda ordem.

24. (UEPG-PR) Dadas as equações a seguir, que representam a combustão dos compostos metanol e etanol, e considerando iguais as densidades dos dois líquidos, assinale o que for correto.
Dados: C = 12; O = 16; H = 1

I. $CH_4O\ (\ell) + \frac{3}{2} O_2\ (g) \to CO_2\ (g) + 2\ H_2O\ (g)$ $\Delta H = -726$ kJ/mol

II. $C_2H_6O\ (\ell) + 3\ O_2\ (g) \to 2\ CO_2\ (g) + 3\ H_2O\ (g)$ $\Delta H = -1\,368$ kJ/mol

(01) Na combustão de volumes iguais dos dois compostos, o etanol libera maior quantidade de calor.

(02) Volumes iguais dos dois compostos apresentam massas iguais.

(04) Nas CNTP, a queima de 1 mol de etanol consome 22,4 L de O_2.

(08) 32 g de metanol liberam 726 kJ de calor.

25. (UEG-GO) Os hidrocarbonetos são largamente utilizados como combustíveis devido ao seu alto poder calorífico. Dentre eles destacam-se o metano e o butano, os quais apresentam calores de combustão iguais a 208 e 689 kcal · mol^{-1}, respectivamente.
A energia produzida, em kcal · mol^{-1} pela combustão completa de 1 000 g de uma mistura de metano e butano na proporção em massa de 2 partes do primeiro para 3 partes do segundo, será aproximadamente

a) 11 900
b) 13 000
c) 12 300
d) 19 300

26. (Unicamp-SP) As variações de entalpia (ΔH) do oxigênio, do estanho e dos seus óxidos, a 298 K e 1 bar, estão representadas no diagrama a seguir.

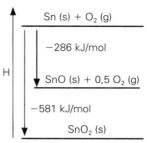

Assim, a formação do SnO (s), a partir dos elementos, corresponde a uma variação de entalpia de -286 kJ/mol.

a) Calcule a variação de entalpia (ΔH_1) correspondente à decomposição do SnO_2 (s) nos respectivos elementos, a 298 K e 1 bar.

b) Escreva a equação química e calcule a respectiva variação de entalpia (ΔH_2) da reação entre o óxido de estanho(II) e o oxigênio, produzindo o óxido de estanho(IV), a 298 K e 1 bar.

27. (Fuvest-SP) Pode-se conceituar energia de ligação química como sendo a variação de entalpia (ΔH) que ocorre na quebra de 1 mol de uma dada ligação.

Assim, na reação representada pela equação:

NH_3 (g) $\to$ N (g) + 3 H (g); $\Delta H = 1\,170$ kJ/mol NH_3
são quebrados 3 mols de ligação N — H, sendo, portanto, a energia de ligação N — H igual a 390 kJ/mol. Sabendo-se que na decomposição:

N_2H_4 (g) $\to$ 2 N (g) + 4 H (g); $\Delta H = 1\,720$ kJ/mol
N_2H_4 são quebradas ligações N — N e N — H, qual o valor em kJ/mol, da energia de ligação N — N?

a) 80
b) 160
c) 344
d) 550
e) 1 330

28. (UEL-PR) As bolsas térmicas consistem, geralmente, de dois invólucros selados e separados, onde são armazenadas diferentes substâncias químicas. Quando a camada que separa os dois invólucros é rompida, as substâncias neles contidas misturam-se e ocorre o aquecimento ou resfriamento. A seguir estão representadas algumas reações químicas que ocorrem após o rompimento da camada que separa os invólucros com seus respectivos ΔH^0. Analise as reações e os valores correspondentes de ΔH^0 e assinale a alternativa que correlaciona, adequadamente, as reações com as bolsas térmicas quentes ou frias.

I. $CaO(s) + SiO_2(s) \rightarrow CaSiO_3(s)$ $\quad \Delta H^0 = -89,5$ kJ/mol

II. $NH_4NO_3(s) + H_2O(\ell) \rightarrow NH_4^+(aq) + NH_3^-(aq)$ $\quad \Delta H^0 = +25,69$ kJ/mol

III. $CaC\ell_2(s) + H_2O(\ell) \rightarrow Ca^{2+}(aq) + 2\,C\ell^-(aq)$ $\quad \Delta H^0 = -82,80$ kJ/mol

a) I. fria, II. quente, III. fria
b) I. quente, II. fria, III. quente
c) I. fria, II. fria, III. fria
d) I. quente, II. quente, III. fria
e) I. quente, II. quente, III. quente

29. (Unifor-CE) Sabendo-se que, no estado-padrão, o
- calor de formação (entalpia) dos elementos na forma mais estável é igual a zero
- calor liberado na transformação de $CO(g)$ em $CO_2(g)$ pela combustão é -284 kJ/mol
- calor de formação (entalpia) do $CO(g)$ é -110 kJ/mol o valor do calor de formação do $CO_2(g)$ no estado-padrão, em kJ/mol, é:

a) +394
b) +174
c) 110
d) −174
e) −394

30. (UFPB) Quando uma reação química se desenvolve, pode haver liberação ou absorção de calor. A quantidade de calor liberada ou absorvida pode ser determinada experimentalmente através de um calorímetro, como, por exemplo, o calorímetro de água, representado na figura a seguir. Este aparelho é formado por um revestimento isolante contendo uma massa de água conhecida, onde se encontra imerso o frasco de reação, em forma de **V** invertido. Em cada uma das extremidades desse frasco, coloca-se um dos reagentes. Ao inverter o frasco, os reagentes se misturam e a reação se processa.

Responda e justifique a sua resposta sobre o que acontecerá com a temperatura da água do calorímetro,

a) caso a reação seja exotérmica.
b) caso a reação seja endotérmica.

CAPÍTULO 12 – CINÉTICA QUÍMICA

- **Velocidade média de uma reação**

$$V = \frac{\Delta Q}{\Delta t}$$

ΔQ – variação da quantidade de alguma espécie (reagente ou produto)

Δt – variação do tempo

- **Velocidade instantânea de uma reação (Lei da velocidade das reações)**

$$v = k \cdot [R]^m$$

Observação: "m" não é necessariamente o coeficiente estequiométrico da equação, sendo este determinado experimentalmente.

- **Teoria das colisões**

  – E_a – **energia de ativação**: determina a velocidade da reação; quanto maior a energia de ativação, menor a velocidade de uma reação química (e vice-versa).

  – **Fatores que alteram a velocidade de uma reação**: temperatura, superfície de contato, concentração de reagentes, pressão, presença de um catalisador.

- **Molecularidade**: corresponde ao número mínimo de moléculas ou íons reagentes necessários para que ocorram colisões e que tomam parte em uma etapa elementar da reação.

  – **Etapa elementar**: determina a velocidade de uma reação.

---

1. (Uespi) A produção do amoníaco ocorre de acordo com a equação: $N_2 (g) + 3 H_2 (g) \rightarrow 2 NH_3 (g)$. Considerando que o consumo de gás nitrogênio ocorre com velocidade média igual a 0,5 mol/min, qual a velocidade média de produção do amoníaco, em mol por hora.

a) 3 mol/h   c) 0,5 mol/h   e) 60 mol/h
b) 6 mol/h   d) 30 mol/h

2. (UFRR) Em relação à influência da temperatura sobre a velocidade de reação, pode-se afirmar que, com o aumento da temperatura; é:

a) maior a velocidade da reação, independentemente de ser a reação exotérmica ou endotérmica;
b) menor a velocidade da reação, independentemente de ser a reação exotérmica ou endotérmica;
c) maior a velocidade da reação se a reação exotérmica;
d) maior a velocidade da reação se a reação é endotérmica;
e) menor a velocidade da reação se a reação é exotérmica.

3. (UFC-CE) As reações químicas metabólicas são fortemente dependentes da temperatura do meio. Como consequência, os animais de sangue frio possuem metabolismo retardado, fazendo com que ele se movimente muito mais lentamente em climas frios. Isso os torna mais expostos aos predadores em regiões temperadas do que em regiões tropicais.

Assinale a alternativa que justifica corretamente esse fenômeno.

a) Um aumento na temperatura aumenta a energia de ativação das reações metabólicas, aumentando suas velocidades.
b) Um aumento na temperatura aumenta a energia cinética média das moléculas reagentes, aumentando as velocidades das reações metabólicas.
c) Em temperaturas elevadas, as moléculas se movem mais lentamente, aumentando a frequência dos choques e a velocidade das reações metabólicas.
d) Em baixas temperaturas, ocorre o aumento da energia de ativação das reações metabólicas, aumentando suas velocidades.
e) A frequência dos choques entre as moléculas reagentes independe da temperatura do meio, e a velocidade da reação independe da energia de ativação.

4. (UFMG) Duas reações químicas foram realizadas em condições diferentes de temperatura de estado de agregação das substâncias, conforme descrito a seguir.

Reação I $CO\,(g) + NO_2\,(g) \rightarrow CO_2\,(g) + NO\,(g)$

Experimento 1 – Temperatura igual a 25 °C.

Experimento 2 – Temperatura igual a 250 °C.

(As demais condições são idênticas nos dois experimentos).

Reação II $Pb\,(NO_3)_2 + 2\,KI \rightarrow PbI_2 + 2\,KNO_3$

Experimento 3 – Os dois agentes foram utilizados na forma de pó.

Experimento 4 – Os dois reagentes foram utilizados em solução aquosa.

(As demais condições são idênticas nos dois experimentos).

Comparando-se as velocidades de reação em cada par de experimentos (V_1 com V_2; V_3 com V_4); é **correto** afirmar que:

a) $V_2 > V_1$ e $V_3 = V_4$
b) $V_1 > V_2$ e $V_3 > V_4$
c) $V_2 > V_1$ e $V_4 > V_3$
d) $V_1 > V_2$ e $V_3 = V_4$

_____
_____
_____
_____
_____
_____
_____

5. (PUC-SP) O pentóxico de dinitrogênio decompõe-se segundo a equação:

$2\,N_2O_5\,(g) \rightarrow 4\,NO_2\,(g) + O_2\,(g)$

A cinética dessa decomposição é acompanhada a partir da variação da concentração de gás oxigênio (O_2) em função do tempo.

Foram feitos dois experimentos, um a 45 °C (linha cheia) e outro a 55 °C (linha tracejada). O gráfico que representa corretamente os dois ensaios é:

a)
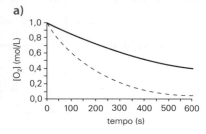

b)
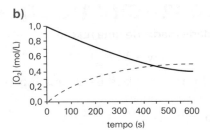

c)
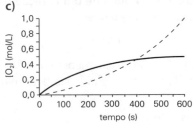

d)
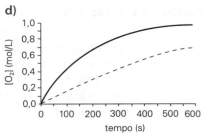

e)
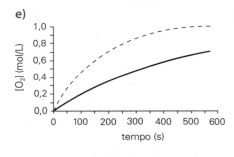

_____
_____
_____
_____
_____
_____
_____
_____

6. (UFMG) Considerando-se o papel do catalisador numa reação reversível, é correto afirmar que:

a) a velocidade da reação é independente da concentração do catalisador.
b) o catalisador acelera apenas a reação direta.
c) o catalisador desloca o equilíbrio no sentido de formar mais produtos, à mesma temperatura.

d) o catalisador é consumido e regenerado durante a reação.

7. (UFPA) Na seção de utilidades para o lar, o professor mostrou a embalagem de uma cola que continha dois tubos: um vermelho, contendo uma substância A, e um azul, contendo uma substância B. Havia também mais um pequeno frasco conta-gotas, contendo uma substância denominada "aditivo". No rótulo da embalagem estava escrito:

"colocar quantidade igual de material dos tubos vermelho e azul, misturar bem, com cuidado, pois ocorre liberação de calor, e acrescentar de 4 a 8 gotas do aditivo para diminuir o tempo da reação entre A e B, que deve se completar entre uma ou duas horas".

Após estas observações, alguns alunos fizeram os seguintes comentários:

I. O aditivo, nesse caso, é um inibidor de reação.
II. O aditivo deve diminuir a entalpia da reação de A com B.
III. O aditivo deve diminuir a energia de ativação da reação entre A e B.
IV. Mesmo sendo a reação entre A e B exotérmica, um aumento de temperatura deve aumentar a velocidade desta reação.
V. Colocando 4 gotas do aditivo, a colagem estará pronta em uma hora; porém, colocando 8 gotas, esse tempo será de duas horas.
VI. O gráfico a seguir pode representar a cinética da reação entre A e B.

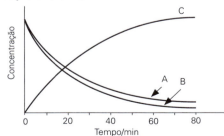

Dentre os comentários, estão corretos, apenas:
a) I, II e IV.   **c)** II, IV e V.
b) III, IV e VI.   **d)** I, III, V e VI.

8. (ITA-SP) Considere que, na figura a seguir, o frasco A contém peróxido de hidrogênio, os frascos B e C contêm água e que se observa borbulhamento de gás no frasco C. O frasco A é aberto para a adição de 1 grama de dióxido de manganês e imediatamente fechado. Observa-se então um aumento do fluxo de gás no frasco C. Após um período de tempo, cessa o borbulhamento de gás no frasco C, observando-se que ainda resta sólido no frasco A. Separando-se este sólido e secando-o, verifica-se que sua massa é igual a 1 g.

a) Escreva a equação química que descreve a reação que ocorre com o peróxido de hidrogênio, na ausência do dióxido de manganês.
b) Explique po rque o fluxo de gás no frasco C aumenta quando da diminuição de dióxido de manganês ao peróxido de hidrogênio.

9. (UFC-CE) O estudo da dependência da velocidade da reação hipotética A + B → C, com relação à variação de concentração de um dos reagentes, é realizado mantendo-se constante a concentração do outro reagente e a temperatura. Respeitando-se essas condições, considere o gráfico de velocidade de reação, V, *versus* a concentração dos reagentes em mol/L ([A], [B]) para os dois experimentos distintos a seguir.

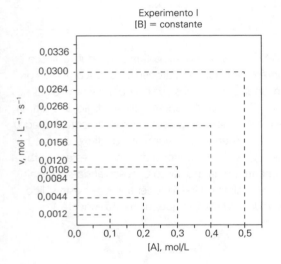

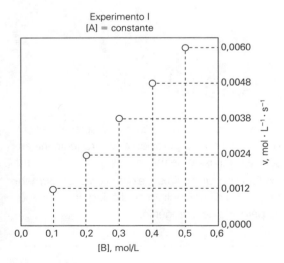

a) Com base apenas nas informações fornecidas no gráfico, qual a ordem total da reação? Justifique.

b) Admitindo que a concentração do reagente B e a temperatura foram mantidas constantes, e que a velocidade da reação aumentou em dezesseis vezes, em quanto aumentou a concentração do reagente A? Justifique.

c) Considerando a temperatura constante, o que deve ser feito para aumentar a velocidade da reação sem alterar a expressão da constante de equilíbrio da reação?

10. (UFMG) A reação de decomposição de água oxigenada, H_2O_2 (aq), foi realizada na presença do cata-

lisador KI (aq). Essa reação ocorre em duas etapas consecutivas, representadas pelas equações:

Etapa I: H_2O_2 (aq) + I^- (aq) → H_2O (ℓ) + IO^- (aq)

Etapa II: H_2O_2 (aq) + IO^- (aq) →

→ H_2O (ℓ) + I^- (aq) + O_2 (g)

1. Escreva a equação da reação global de decomposição de água oxigenada.
2. É comum afirmar que "um catalisador não participa da reação, embora aumente a velocidade dela".
3. Considerando as equações das duas etapas e a equação da reação global solicitada no item 1 desta equação, indique se essa afirmação é verdadeira ou falsa. Justifique sua resposta.
4. Essa reação foi realizada e sua velocidade medida a partir do volume de líquido expedido pelo bico de uma garrafa lavadeira, como representado nesta imagem:

Foram feitos três experimentos com variação das quantidades iniciais de H_2O_2 (aq) 1 mol/L e de KI 0,1 mol/L. Os dois reagentes foram misturados, juntamente com volumes de água escolhidos para que, nas três situações, fosse constante o volume total da solução.

Nesta tabela, estão representadas as condições em que os experimentos foram realizados e, na última coluna, os volumes de líquido expelidos por minuto pelo bico da garrafa lavadeira:

Experimento	Volume/mL			Volume expelido por minuto/mL
	H_2O_2 (aq) 1 mol/L	KI (aq) 0,1 mol/L	H_2O	
I	50	100	150	8,5
II	100	100	100	17
III	100	50	150	8,5

A equação da velocidade da reação tem esta forma:
velocidade = constante x
x (concentração de H_2O_2)^m X (concentração de KI)^n

Nessa expressão, m e n são números inteiros, constantes, determinados experimentalmente. Considerando os resultados desses experimentos, indique os valores das constantes m e n. Explique como você encontrou esses valores.

11. (UFPR) No gráfico a seguir, estão representadas as concentrações, ao longo do tempo, de quatro substâncias – A, B, C e D – que participam de uma reação hipotética.

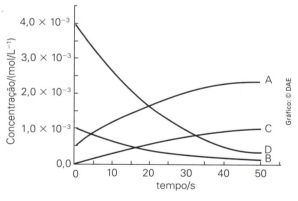

A partir destas informações, é correto afirmar:

I. As substâncias A e B são reagentes da reação.
II. A velocidade de produção de C é menor que a velocidade de produção de A.

Caderno de revisão 111

III. Transcorridos 50 s do início da reação, a concentração de C é maior que a concentração de B.
IV. Nenhum produto se encontra presente no início da reação.
V. A mistura das substâncias A e D resulta na produção de B.
VI. As substâncias A, B e D estão presentes no início da reação.

II. Reduzem a energia de ativação da reação.
III. As reações nas quais atuam não ocorreriam nas suas ausências.
IV. Enzimas são catalisadores biológicos.

Dentre as estas afirmações, estão corretas, apenas:

a) I e II.   c) I, II e III.   e) I, III e IV.
b) II e III.   d) I, II e IV.

12. (Unicamp-SP) Numa reação que ocorre em solução (reação I), há o desprendimento de oxigênio e a sua velocidade pode ser medida pelo volume do O_2 (g) desprendido. Uma outra reação (reação II) ocorre nas mesmas condições, porém consumindo O_2 (g), e este consumo mede a velocidade desta reação. O gráfico representa os resultados referentes às duas reações.

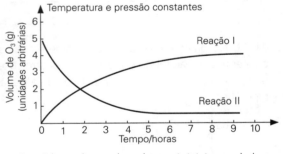

Considerando as duas horas iniciais, qual das reações tem velocidade maior? Justifique sua resposta.

13. (Vunesp-SP) Sobre catalisadores, são feitas as quatro afirmações seguintes.

I. São substâncias que aumentam a velocidade de uma reação.

14. (UFRJ) O aspartame é um adoçante usado em bebidas lácteas dietéticas. A reação de degradação do aspartame nessas bebidas apresenta cinética de primeira ordem em relação a sua concentração. O gráfico a seguir relaciona a velocidade de degradação do aspartame com a concentração, nas temperaturas de 4 °C e 20 °C.

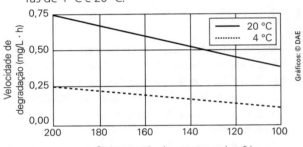

Dois frascos, A e B, têm a mesma concentração inicial de aspartame, 200 mg/L, mas o primeiro está armazenado a 20 °C e o segundo a 4 °C.

Determine a razão entre as constantes de velocidade da reação de degradação do aspartame nos frascos A e B. Justifique a sua resposta.

15. (UFRGS-RS) Abaixo, está representado o perfil de energia ao longo do caminho da reação de isomerização do *cis*-but-2-eno para o *trans*-but-2-eno.

[Gráfico: perfil de energia com barreira de 260 kJ e diferença de 4 kJ entre CIS e TRANS]

Considere as seguintes afirmações a respeito da velocidade dessa reação.

I. A barreira de energia de ativação da reação direta é de 256 kJ.
II. Como a reação é exotérmica, sua velocidade diminuirá com o aumento da temperatura.
III. A presença de catalisador tornará a reação mais exotérmica.

Quais estão corretas?

a) Apenas I.
b) Apenas II.
c) Apenas III.
d) Apenas I e II.
e) I, II e III.

16. (UEM) As tabelas a seguir se referem às velocidades de reações de decomposição de duas substâncias hipotéticas, XZ_2 e A_2D_3, em meio aquoso à temperatura constante.

Concentração inicial XZ_2 em mol/L	Velocidade da reação em mol/(L · h)
0,1	0,05
0,2	0,15

Concentração inicial de A_2D_3 em mol/L	Velocidade da reação em mol/(L · h)
0,1	0,1
0,2	0,4

Sabendo que a velocidade de reação de uma substância J é dada por $v = k[J]^m$, onde os números k e m são determinados experimentalmente, e supondo que somente k dependa da temperatura em que a reação ocorre, e levando em conta os seus conhecimentos, assinale o que for correto.

01) A constante m para a reação de decomposição da substância XZ_2 é $\log_2 6$.
02) O gráfico da velocidade da reação de decomposição de A_2D_3 (em mol/(L · h)), vista como função da concentração (em mol/L) de A_2D_3, é um arco de parábola.
04) Se a regra de Van't Hoff é válida para a decomposição de XZ_2, o valor de k dobra, se considerarmos a equação de velocidade da reação a uma temperatura 10 °C maior.
08) Se um catalisador for adicionado à reação, ele acelerará a reação até ser inteiramente consumido.
16) O valor de m para a decomposição de XZ_2 é maior do que para a decomposição de A_2D_3.

17. (ITA-SP) A reação química genérica X → Y tem lei de velocidade de primeira ordem em relação ao reagente X. À medida que a reação ocorre a uma temperatura constante, é ERRADO afirmar que

a) a constante de velocidade da reação não se altera.
b) o tempo de meia-vida do reagente X permanece constante.
c) a energia de ativação da reação não se altera.
d) a velocidade da reação permanece constante.
e) a ordem de reação não se altera.

18. (UFPR) O cromo é um metal bastante utilizado em processos industriais e seu descarte impróprio causa diversas preocupações devido à sua alta toxicidade, no estado de Cr(VI) em humanos, animais e plantas. Recentemente, pesquisadores propuseram uma forma de tratar resíduos de Cr(VI) utilizando um agente redutor natural, a epigalocatequina galato (EGCG), um polifenol presente nas folhas de chá verde. A EGCG reduz Cr(VI) a Cr(III) que é menos tóxico e tende a precipitar ou a se ligar ao solo em meio alcalino. O estudo cinético dessa reação foi realizado em três concentrações diferentes de Cr(VI), em pH = 6,86, temperatura ambiente e em concentração de (EGCG) muito superior a de Cr(VI), condição em que se pode considerar que [EGCG] permanece praticamente inalterada. Os dados de concentração inicial de cromo VI ([Cr(VI)]$_0$) e velocidade inicial (v$_0$) são mostrados na tabela:

Experimento		
1	40	0,64
2	30	0,48
3	20	0,32

(Fonte: Liu, K.: Shi, Z: e Zhou, S. *Reduction of Hexavalent Chromium Using Epigallocatechin Gallate in Aqueous Solutions*: Kinetics and Mechanism, RSC Advances, 2016, 6, 67196.)

a) Forneça a lei de velocidade para a reação mencionada.
b) Qual é a ordem de reação com relação a Cr(VI)? Por quê?
c) Qual é o valor da constante cinética observável em K$_{obs}$ (K$_{obs}$ = k[EGCG]^y) dessa reação? Mostre o cálculo.

19. (ITA-SP) Considere que a decomposição do N$_2$O$_5$, representada pela equação química global
2 N$_2$O$_5$ → 4 NO$_2$ + O$_2$,
apresente lei de velocidade de primeira ordem. No instante inicial da reação, a concentração de N$_2$O$_5$ é de 0,10 mol · L^{-1} e a velocidade de consumo desta espécie é de 0,022 mol · L^{-1} · min^{-1}. Assinale a opção que apresenta o valor da constante de velocidade da reação global, em min^{-1}.

a) 0,0022
b) 0,011
c) 0,022
d) 0,11
e) 0,22

20. (UEMG) Uma reação química hipotética é representada pela seguinte equação:

A (g) + B (g) → C (g) + D (g) e ocorre em duas etapas:

A (g) → E (g) + D (g) (Etapa lenta)

E (g) + B (g) → C (g) (Etapa rápida)

A lei da velocidade da reação pode ser dada por

a) v = k · [A]
b) v = k · [A] [B]
c) v = k · [C] [D]
d) v = k · [E] [B]

21. (UFRGS-RS) Uma reação genérica em fase aquosa apresenta a cinética descrita abaixo.

A velocidade dessa reação foi determinada em dependência das concentrações dos reagentes, conforme os dados relacionados a seguir.

[A] (mol L^{-1})	[B] (mol L^{-1})	v (mol L^{-1} min^{-1})
0,01	0,01	3,0 · 10^{-5}
0,02	0,01	x
0,01	0,02	6,0 · 10^{-5}
0,02	0,02	y

Assinale, respectivamente, os valores de x e y que completam a tabela de modo adequado.

a) 6,0 · 10^{-5} e 9,0 · 10^{-5}
b) 6,0 · 10^{-5} e 12,0 · 10^{-5}
c) 12,0 · 10^{-5} e 12,0 · 10^{-5}
d) 12,0 · 10^{-5} e 24,0 · 10^{-5}
e) 18,0 · 10^{-5} e 24,0 · 10^{-5}

22. (UFJF-Pism-MG) O Ca^{2+} é o cátion mais comum em rios e lagos. Ele surge a partir da dissolução do mineral calcita ($CaCO_3$) pela ação do CO_2 atmosférico solúvel em H_2O formando bicarbonato e Ca^{2+}.

a) Escreva a equação química que representa o processo aqui descrito.

b) A queima de combustíveis fósseis é um dos grandes emissores de dióxido de carbono na atmosfera, além de outros poluentes. Escreva as reações de combustão balanceadas do diesel e da gasolina, supondo que o diesel é composto de uma mistura de hidrocarbonetos de fórmula $C_{12}H_{26}$, enquanto a gasolina é composta de C_8H_{18}.

c) Sabendo-se que, após duas horas, a reação de combustão da gasolina produziu 48 mols de CO_2 calcule a velocidade média da reação (em mols de gasolina consumida por hora).

d) Os recifes de coral são formados principalmente por $CaCO_3$ e constituem o *habitat* de diversas espécies aquáticas. O que deve ocorrer com o equilíbrio químico escrito no item **a** e consequentemente aos recifes de coral caso ocorra um aumento da queima de combustíveis fósseis?

23. (UEM-PR) A precipitação de chuvas ácidas nos grandes centros se deve, principalmente, à queima de combustíveis fósseis, fato gerador de grandes quantidades do gás dióxido de enxofre (SO_2). Esse componente químico, na presença de óxido de nitrogênio (NO), reage com o gás oxigênio (O_2) da atmosfera (Reação A) e o produto da reação A reage com água (Reação B) formando a chuva ácida.

2 SO_2 (g) + O_2 (g) $\xrightarrow{NO\ (g)}$ 2 SO_3 (g) (Reação A)

Sobre essas informações, assinale o que for **correto**.

01) O gás NO atua como catalisador da Reação A.

02) A Reação A é uma reação catalítica homogênea.
04) Dias quentes favorecem a formação de SO₃.
08) A molecularidade da Reação A é igual a 2.
16) Em relação à Reação A, se a lei de velocidade for dada por v = k[O₂][SO₂]² mantendo-se fixa a concentração de O₂ e duplicando-se a concentração de SO₂, então a velocidade da reação duplicará.

24. (Uerj) A amônia é empregada como matéria-prima na fabricação de fertilizantes nitrogenados. É obtida industrialmente por síntese total, como mostra a reação:

N₂ (g) + 3 H₂ (g) → 2 NH₃ (g)

O quadro a seguir mostra a variação do número de mols de nitrogênio durante essa reação.

Mols de N₂	20	10	5	2
Tempo (min)	0	2	5	10

Considere rendimento de 100% no processo e condições de temperatura e pressão.

Assim, a velocidade média da reação em L/min, no intervalo de 2 a 10 minutos, em função do consumo de H₂, equivale a:

Dado: V = 22,4 L · min⁻¹

a) 22,4   **b)** 44,8   **c)** 67,2   **d)** 89,6

25. (UFC-CE) Os constantes aumentos dos preços dos combustíveis convencionais dos veículos automotores têm motivado a utilização do gás natural (CH₄) como combustível alternativo. Analise o gráfico a seguir, que ilustra as variações de entalpia para a combustão do metano.

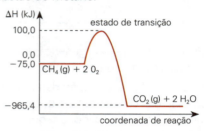

Assinale a alternativa correta.

a) A entalpia de combustão do metano, Δ_cH⁰ = −890,4 kJ/mol, equivale ao valor do somatório das entalpias de formação de um mol de CO₂ (g) e 2 mols de H₂O (g).

b) A energia calorífica consumida para a ativação da reação, 175 kJ/mol, é consideravelmente menor do que a energia liberada na combustão do metano, ΔH = −890,4 kJ/mol.

c) A reação de combustão do CH₄ bem exemplifica um processo exotérmico, com liberação de 965,4 kJ, quando um mol deste gás é consumido para produzir 3 mols de produtos gasosos.

d) A formação do estado de transição envolve uma variação de entalpia de 100 kJ/mol, e o calor de combustão do CH₄ corresponde ao valor ΔH = −965,4 kJ/mol.

e) O cálculo termodinâmico, rigorosamente correto, do calor de combustão do CH₄ envolve todas as etapas representadas no gráfico, isto é: ΔH = (−75 + 100 − 965,4) = −940,4 kJ/mol.

26. (UnB-DF) O estudo da teoria cinético-molecular permite ainda compreender processos relacionados à conservação e ao cozimento de alimentos, tais como:

I. divisão de alimentos em pequenos pedaços;

II. cozimento de alimentos por aquecimento em sistemas fechados de pressão elevada;

III. resfriamento de alimentos;

IV. salga de carne.

Com relação a esses processos, julgue os seguintes itens.

(1) O processo I, isoladamente, não é recomendado para a conservação de alimentos, pois aumenta a superfície de contato com o meio externo.

(2) O processo II está relacionado com a diminuição do movimento das partículas no sistema fechado.

(3) No processo III, a velocidade das reações químicas que ocorrem nos alimentos é diminuída.

(4) O processo IV está relacionado com a osmose.

27. (UEL-PR) Analise, abaixo, o gráfico da reação entre SO_2 (g) e O_2 (g) dando SO_3 (g). Considerando apenas as informações dadas, pode-se afirmar que essa reação:

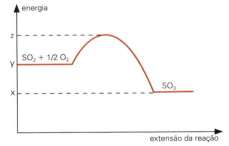

I. É endotérmica.
II. Tem energia de ativação dada por z – y.
III. Ocorre espontaneamente.

Dessas afirmações, somente:

a) I é correta.
b) II é correta.
c) III é correta.
d) I e II são corretas.
e) II e III são corretas.

28. (UFMG) Um palito de fósforo não se acende, espontaneamente, enquanto está guardado. Porém basta um ligeiro atrito com uma superfície áspera para que ele, imediatamente, entre em combustão, com emissão de luz e calor.

Considerando-se essas observações, é correto afirmar que a reação:

a) é endotérmica e tem energia de ativação maior que a energia fornecida pelo atrito.

b) é endotérmica e tem energia de ativação menor que a energia fornecida pelo atrito.

c) é exotérmica e tem energia de ativação maior que a energia fornecida pelo atrito.

d) é exotérmica e tem energia de ativação menor que a energia fornecida pelo atrito.

29. (Unicamp-SP) O gráfico representa as variações das massas de um pequeno pedaço de ferro e de uma esponja de ferro (palha de aço usada em limpeza doméstica) expostos ao ar (mistura de nitrogênio, N_2, oxigênio, O_2, e outros gases, além de vapor-d'água).

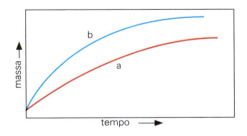

a) Por que as massas da esponja e do pedaço de ferro aumentam com o tempo?

b) Qual das curvas diz respeito à esponja de ferro? Justifique.

30. (UFPE) Você está cozinhando batatas e fazendo carne grelhada, tudo em fogo baixo, num fogão a gás. Se você passar as duas bocas do fogão para o fogo alto, o que acontecerá com o tempo de preparo?

a) Diminuirá para os dois alimentos.
b) Diminuirá para a carne e aumentará para as batatas.
c) Não será afetado.
d) Diminuirá para as batatas e não será afetado para a carne.
e) Diminuirá para a carne e permanecerá o mesmo para as batatas.

CAPÍTULO 13 – EQUILÍBRIO QUÍMICO

As reações químicas, em ambiente fechado, são reversíveis e "caminham" para um equilíbrio químico.

$$aA + bB \rightleftharpoons cC + dD$$

Por isso, é importante dentificar alguns indícios que nos leva à conclusão de que uma reação está em equilíbrio químico: [R] e [P] ficam constante; $v_{\text{reação direta}} = v_{\text{reação inversa}}$; equilíbrio é dinâmico; situação de menor energia.

- **Constante de equilíbrio**
  - K_c e K_p
  - $K_c = [P]^m / [R]^n$
  - $K_c = [C]^c \cdot [D]^d / [A]^a \cdot [B]^b$

- **Cálculos envolvendo a constante de equilíbrio químico**
  - **Princípio de Le Chatelier**
  - três fatores que alteram o equilíbrio:
    - **Temperatura**: ↑T desloca no sentido da reação endotérmica; ↓T desloca no sentido da reação exotérmica.
    - **Pressão**: ↑P desloca no sentido de diminuir o número de moléculas e vice-versa.
    - **Concentração**: ↑[ ] desloca a reação no sentido contrário.

Obs.: somente variações na temperatura alteram o valor de K_c. Variações na pressão e concentração deslocam o equilíbrio químico, mas não alteram o valor de K_c.

- **Equilíbrio iônico**
  - **Lei de diluição de Ostwald**
    $$K = \alpha^2 \cdot M$$
  - **Equilíbrio iônico da água**
    $$K_w = [H^+] \cdot [OH^-] = 1{,}0 \cdot 10^{-14} \text{ (a 25 °C)}$$
    $$pH = -\log [H^+]$$

$$pOH = -\log [OH^-]$$
$[H^+] = [OH^-]$ (meio neutro)
$pH + pOH = 14$
$[H^+] > [OH^-]$ (meio ácido)
$pH > 7$ (meio básico)
$[H^+] < [OH^-]$ (meio básico)
$pH < 7$ (meio ácido)

- **Titulação ácido-base**: serve para determinar a concentração de uma solução ácida a partir de uma solução básica de concentração conhecida e vice-versa.

$$n_{H^+} = n_{OH^-}$$
$$M_{H^+} \cdot V_{H^+} = M_{OH^-} \cdot V_{OH^-}$$

- **Hidrólise salina**: alguns sais, quando solubilizados em água, alteram o pH do meio. Quando o sal diminui o pH tornando ácida a solução, dizemos que se trata de uma hidrólise ácida. Quando o sal aumenta o pH tornando a solução básica (alcalina), dizemos que se trata de uma hidrólise básica.
  - Sal formado a partir de ácido forte e base forte – não ocorre hidrólise
  - Sal formado a partir de ácido fraco e base forte – hidrólise básica
  - Sal formado a partir de ácido forte e base fraca – hidrólise ácida
  - Sal formado a partir de ácido fraco e base fraca – dependerá da constante de equilíbrio de cada um; prevalece a hidrólise daquele que tiver a menor constante.

Produto de solubilidade – K_{ps}

$$K_{ps} = [\text{cátion}]^{\text{coeficiente}} \cdot [\text{ânion}]^{\text{coeficiente}}$$

1. (Urca-CE) A amônia ao ser dissolvida em água forma o seguinte equilíbrio:

$$NH_3 (g) + H_2O (\ell) \rightleftarrows NH_4^+ (aq) + OH^- (aq)$$

Sobre o equilíbrio acima, podemos afirmar corretamente:

a) A amônia tem como base conjugada a água.
b) O íon amônio tem como ácido conjugado o íon OH^-.
c) A amônia tem como base conjugada o íon amônio.
d) A água tem como base conjugada o íon OH^-.
e) A água tem como ácido conjugado o íon amônio.

2. (UFSC) No sistema aquoso representado abaixo, existe o seguinte equilíbrio químico:

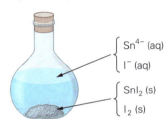

$$Sn^{4+} (aq) + 4I^- (aq) \rightleftarrows SnI_2 (s) + I_2 (s)$$

Ao balão foi acrescentado tolueno, que é um líquido incolor e imiscível com água, no qual, dentre as espécies do equilíbrio, somente o iodo é solúvel, conferindo-lhe cor vermelha. Como resultado de tal perturbação, após agitação e repouso, estabelece-se um novo estado de equilíbrio.

Assinale a(s) preposição(ões) correta(s).

(01) Em relação à situação inicial, o novo estado de equilíbrio apresenta uma diminuição nas concentrações de Sn^{4+} (aq) e I^- (aq), e o tolueno fica vermelho.
(02) Em relação à situação inicial, o novo estado de equilíbrio apresenta um aumento na quantidade de SnI_2 (s), e o tolueno fica vermelho.
(04) Em relação à situação inicial, o novo estado de equilíbrio apresenta um aumento na quantidade de SnI_2 (aq) e na concentração de I^- (aq), e o tolueno continua incolor.
(08) Em relação à situação inicial, o novo estado de equilíbrio apresenta um aumento nas concentrações de Sn^{4+} (aq) e I^- (aq), e o tolueno continua incolor.
(16) No sistema apresentado o Sn^{4+} atua como agente oxidante; e o íon I^-, como agente redutor.

3. (Fatec-SP) O gráfico a seguir mostra como varia a constante de equilíbrio (K_c) em função da temperatura para a reação de síntese da amônia.

$$N_2 (g) + 3 H_2 (g) \rightleftarrows 2 NH_3 (g)$$

A respeito dessa transformação química, as seguintes afirmações foram feitas:

I. A diminuição da temperatura aumenta o rendimento da reação.
II. A elevação da temperatura diminui a velocidade da reação.
III. A reação de síntese da amônia é exotérmica.
IV. A elevação da temperatura favorece o consumo de N_2 e H_2.

Dessas informações, são corretas apenas:

a) I e II.
b) I e III.
c) III e IV.
d) II e III.
e) II e IV.

4. (UFV-MG) A amônia é um importante insumo da indústria de fertilizantes. O processo industrial de síntese desse composto, conhecido como Haber-Bosch, baseia-se na reação entre o nitrogênio e o hidrogênio gasosos, como representado pela equação:

$$N_2 (g) + 3 H_2 (g) \rightleftarrows 2 NH_3 (g) \quad \Delta H = -93 \text{ kJ/mol}$$

Sabendo que, industrialmente, esta síntese é realizada na presença de catalisadores e com temperatura e pressão elevadas, assinale a afirmativa incorreta relacionada com a síntese da amônia.

a) O uso de catalisadores não altera o rendimento da reação.
b) O aumento da temperatura altera a constante de equilíbrio.
c) O aumento da temperatura e o uso de catalisadores aumentam a velocidade da reação.
d) O aumento da pressão desloca o equilíbrio no sentido de formação da amônia.
e) O aumento da pressão diminui o rendimento da reação.

5. (UFRN) A figura abaixo ilustra, de forma simplificada, a experiência a seguir: em cada extremidade de um tubo de vidro, é colocado um chumaço de algodão. Um chumaço é umedecido com solução concentrada de ácido clorídrico e o outro com solução concentrada de hidróxido de amônio. O tubo de vidro tampado com rolhas. Em seguida, forma-se uma nuvem esbranquiçada de partículas sólidas de cloreto de amônio, ocorrendo um aquecimento no tubo. A reação química que acontece no interior do tubo é um processo reversível.

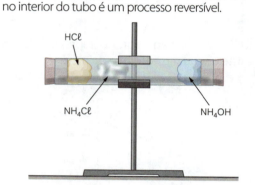

Considerando as informações dadas, pode-se dizer que, se aumentarmos a temperatura do sistema, será favorecida:

a) a formação dos reagentes.
b) a reação exotérmica.
c) a diminuição da pressão.
d) a formação do sal.

6. (UFMG) A decomposição do carbono de prata produz óxido de prata e dióxido de carbono, conforme indicado nesta equação:

$$Ag_2CO_3 (s) \rightleftarrows Ag_2O (s) + CO_2 (g)$$

Essa reação foi investigada em diferentes temperaturas, partindo-se, sempre, de 1 mol de Ag_2CO_3. Na tabela a seguir, estão indicadas as quantidades de dióxido de carbono presentes no estado de equilíbrio nas temperaturas investigadas.

Temperatura/°C	77	127	177	227
Quantidade de CO$_2$/mol	0,00014	0,0043	0,031	0,36

Considerando-se essas informações, é correto afirmar que a decomposição de Ag$_2$CO$_3$ é:

a) endotérmica e um aumento da pressão aumentaria a quantidade de CO$_2$ produzida.
b) endotérmica e um aumento da pressão diminuiria a quantidade de CO$_2$ produzida.
c) exotérmica e um aumento da pressão aumentaria a quantidade de CO$_2$ produzida.
d) exotérmica e um aumento da pressão diminuiria a quantidade de CO$_2$ produzida.

7. (Ufes) A constante de equilíbrio K$_c$ é igual a 10,50 para a seguinte reação, a 227 °C:

$$CO\ (g) + 2\ H_2\ (g) \rightleftarrows CH_3OH\ (g)$$

O valor de K$_c$ para a reação abaixo, na mesma temperatura, é:

$$2\ CO\ (g) + 4\ H_2\ (g) \rightleftarrows 2\ CH_3OH\ (g)$$

a) 3,25
b) 5,25
c) 10,50
d) 21,00
e) 110,25

8. (UFF-RJ) Em um recipiente de aço inox com capacidade de 1,0 L foram colocados 0,500 mol de H$_2$ e 0,500 mol de I$_2$. A mistura alcança o equilíbrio quando a temperatura atinge 430 °C. Calcule as concentrações de H$_2$, I$_2$ e HI na situação de equilíbrio, sabendo-se que K$_c$ para a reação H$_2$ (g) + I$_2$ (g) $\rightleftarrows$ 2 HI (g) é igual a 49,0 na temperatura dada.

9. (Ufam) Em um recipiente de 4 litros, 0,40 mol de NO se decompôs numa dada temperatura, segundo a equação da reação.

$$2\ NO\ (g) \rightleftarrows N_2\ (g) + O_2\ (g) \quad \Delta H = -21,60\ kcal/mol$$

A variação de concentração de NO em função do tempo é dada pelo gráfico abaixo.

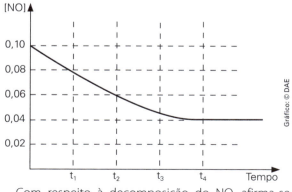

Com respeito à decomposição do NO, afirma-se que:

I. As concentrações de N_2 e O_2 no equilíbrio valem 0,03 mol/L.
II. Em t_4, o NO encontra-se 60% decomposto.
III. A soma das quantidades de matéria no equilíbrio é igual a 0,30 mol.
IV. A elevação da temperatura implica aumento do valor da constante de equilíbrio K_c.
V. A constante de equilíbrio na temperatura da experiência vale 0,56.

São falsas as seguintes afirmativas:

a) I, II e V.
b) III e IV.
c) II e V.
d) Somente a III.
e) III, IV e V.

10. (Fuvest-SP) A transformação de um composto A em um composto B, até se atingir o equilíbrio (A $\rightleftarrows$ B), foi estudada em três experimentos. De um experimento para o outro, variou-se a concentração inicial do reagente A ou a temperatura ou ambas. Registraram-se as concentrações de reagente e produto em função do tempo.

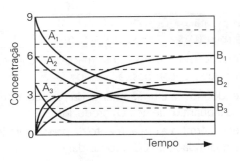

Com esses dados, afirma-se:

I. Os experimentos 1 e 2 foram realizados à mesma temperatura, pois as constantes de equilíbrio correspondentes são iguais.
II. O experimento 3 foi realizado numa temperatura mais elevada que o experimento 1, pois no experimento 3 o equilíbrio foi atingido em um tempo menor.
III. A reação é endotérmica no sentido da formação do produto B.

Dessas afirmações,

a) todas são corretas.
b) apenas I e III são corretas.
c) apenas II e III são corretas.
d) apenas I é correta.
e) apenas II é correta.

11. (UFMG) Um balão rígido contém vapor de ácido acético, CH₃COOH. Esse vapor se dimeriza e estabelece-se o equilíbrio representado por esta equação:

$$2\ CH_3COOH\ (g) \rightleftarrows CH_3C\underset{OH\ ----\ O}{\overset{O\ ----\ HO}{\diagup\diagdown}}CCH_3\ (g)$$

1) Esta mistura, em equilíbrio, comporta-se como um gás ideal.

   O balão tem um volume igual a 1 L, sua pressão interna é de 1 atm e a temperatura é igual a 400 K. Considerando que, nessas condições, o volume molar de um gás ideal é igual a 33 L, calcule a quantidade, em mol, de gás contida no balão.

2) A massa do conteúdo desse balão foi medida, encontrando-se o valor aproximado de 3 g. A partir dessa massa, calcule a quantidade, em mol, de moléculas de vapor de ácido acético, CH₃COOH (g), que haveria no balão, caso não ocorresse a dimerização.

3) De acordo com a equação representada nesta questão, para cada molécula do dímero que se formar, desaparecem duas moléculas do monômero.

4) Calcule as quantidades, em mol, do monômero e do dímero existentes no equilíbrio, quando a soma dessas quantidades corresponder ao valor calculado no item 1 desta questão. (Deixe seus cálculos registrados, explicitando, assim, seu raciocínio.)

12. (UPE-PE) Na tabela, há alguns sistemas aquosos com os respectivos valores aproximados de **pH**, a 25 °C.

Material	pH
Vinagre	3,0
Saliva	8,0
Limpa-forno	13,0
Água do mar	9,0
Suco gástrico	1,0

Considerando os sistemas aquosos da tabela, é correto afirmar que:

a) o vinagre é três vezes mais ácido que o suco gástrico.

b) no vinagre, a concentração de íons H_3O^{1+} é cem mil vezes maior que a da saliva.

c) a água do mar é menos alcalina que a saliva e mais ácida que o vinagre.

d) o sistema aquoso "limpa-forno" é o que contém o menor número de mols de oxidrila por litro.

e) o suco gástrico constitui um sistema aquoso fracamente ácido.

13. (UFMG) A água da chuva em uma região poluída tem pH igual a 3,0.

Considere estas duas misturas e seu respectivo pH:
- Suco de limão pH = 2,2
- Suco de tomate pH = 4,3

Com base nessas informações, é correto afirmar que:
a) a concentração de H⁺ na chuva é igual a 0,001 mol/L.
b) a chuva é mais ácida que o suco de limão.
c) a chuva é menos ácida que o suco de tomate.
d) a concentração de H⁻ nas duas misturas é igual a zero.

14. (UFSCar-SP) A acidose metabólica é causada pela liberação excessiva, na corrente sanguínea, de ácido láctico e de outras substâncias ácidas resultantes do metabolismo. Considere a equação envolvida no equilíbrio ácido-base do sangue e responda.

$$CO_2(g) + H_2O(\ell) \rightleftarrows H_2CO_3(aq) \rightleftarrows H^+(aq) + [HCO_3]^-(aq)$$

a) Explique de que forma o aumento da taxa de respiração, quando se praticam exercícios físicos, contribui para a redução da acidez metabólica.
b) O uso de diuréticos em excesso pode elevar o pH do sangue, causando uma alcalose metabólica. Explique de que forma um diurético perturba o equilíbrio ácido-base do sangue.

15. (PUC-RS) Misturando-se volumes iguais de uma solução de ácido sulfúrico com pH 1,0 e de hidróxido de lítio com pH 13,0, obtém-se uma solução que apresenta pH, aproximadamente.
a) 0
b) 1
c) 7
d) 12
e) 14

16. (UFSCar-SP) Em um experimento de laboratório, um aluno adicionou algumas gotas do indicador azul de bromotimol em três soluções aquosas incolores: A, B e C. A faixa de pH de viragem desse indicador é 6,0 a 7,6, sendo que ele apresenta cor amarela em meio ácido e cor azul em meio básico.

As soluções A e C ficaram com coloração azul e a solução B ficou com coloração amarela. As soluções A, B e C foram preparadas, respectivamente, com:
a) NaHCO₃, NH₄Cℓ e NaCℓO
b) NH₄Cℓ, HCℓ e NaOH
c) NaHCO₃, HCℓ e NH₄Cℓ
d) NaOH, NaHCO₃ e NH₄Cℓ
e) NH₄Cℓ, NaHCO₃ e NaOH

17. (Ufes) No desastre ecológico de uma indústria de papéis, o reservatório rompeu e despejou num rio aproximadamente 20 milhões de litros de resíduos químicos tóxicos. A água foi contaminada com substâncias como a soda cáustica, chumbo, lignina, hipoclorito de cálcio, sulfeto de sódio e antraquinona. Para a análise de Pb^{2+} na água do rio, foram coletados 1 000,0 mL de amostra, os quais foram concentrados para 100,0 mL, por evaporação. A concentração dos íons Pb^{2+} na solução concentrada foi determinada como sendo 51,8 mg/L.

a) Calcule a concentração de Pb^{2+} na água do rio, em mol/L.

b) Os metais pesados apresentam o fenômeno de bioacumulação, isto é, suas concentrações aumentam, progressivamente, ao longo da cadeia alimentar. Quantos gramas de Pb^{2+} estão contidos em um copo com 200,0 mL de água desse rio?

c) Em uma amostra do resíduo químico tóxico, a concentração de íons OH^- era $2,2 \cdot 10^{-3}$ mol/L. Calcule o valor do pH desse resíduo, após adição de 20 litros de uma solução aquosa de ácido sulfúrico a 49,04 g/L em um reservatório contendo 10 000 litros desse resíduo.

Dados:
$\log_{10} 2 = 0,30$ $\log_{10} 5 = 0,70$

18. (UFRN) Antônio presta serviços de manutenção em piscinas, aproveitando os conhecimentos adquiridos no ensino médio. No processo de cloração da água, ele utiliza hipoclorito de sódio (NaCℓO), um sal originário de base forte e ácido fraco. Ao dissolver certa quantidade dessa substância na água de uma piscina, o valor do pH:

a) diminui, pela acidificação da solução.
b) aumenta, pela ionização do sal.
c) aumenta, pela hidrólise do sal.
d) diminui, pela neutralização da solução.

19. (Unifesp-SP) Compostos de chumbo podem provocar danos neurológicos gravíssimos em homens e animais. Por essa razão, é necessário um controle rígido sobre os teores de chumbo liberados para o ambiente. Um dos meios de se reduzir a concentração do íon Pb^{2+} em solução aquosa consiste em precipitá-lo, pela formação de compostos poucos solúveis, antes do descarte final dos efluentes. Suponha que sejam utilizadas soluções de sais de Na^+ com os ânions X^{n-}, listados na tabela a seguir, com concentrações finais de X^{n-} iguais a 10^{-2} mol/L, como precipitantes.

X^{n-} (10^{-2} mol/L)	Composto precipitado	Constante do produto de solubilidade do composto, a 25 °C
CO_3^{2-}	$PbCO_3$	$1,5 \cdot 10^{-13}$
CrO_4^{2-}	$PbCrO_4$	$1,8 \cdot 10^{-14}$
SO_4^{2-}	$PbSO_4$	$1,3 \cdot 10^{-19}$
S^{2-}	PbS	$7,0 \cdot 10^{-29}$
PO_4^{3-}	$Pb_3(PO_4)_2$	$3,0 \cdot 10^{-44}$

Assinale a alternativa que contém o agente precipitante mais eficiente na remoção do Pb^{2+} do efluente.

a) CO_3^{2-} c) SO_4^{2-} e) PO_4^{3-}
b) CrO_4^{2-} d) S^{2-}

20. (Unicamp-SP) A tira tematiza a contribuição da atividade humana para a deterioração do meio ambiente. Do diálogo apresentado, pode-se depreender que os ursos já sabiam

a) do aumento do pH dos mares e acabam de constatar o abaixamento do nível dos mares.
b) da diminuição do pH dos mares e acabam de constatar o aumento do nível dos mares.
c) do aumento do nível dos mares e acabam de constatar o abaixamento do pH dos mares.
d) da diminuição do nível dos mares e acabam de constatar o aumento do pH dos mares.

21. (Acafe-SC) Cálculo renal, também conhecido como pedra nos rins, são formações sólidas contendo várias espécies químicas, entre elas o fosfato de cálcio, que se acumula nos rins, causando enfermidades.

Assinale a alternativa que contém a concentração dos íons Ca^{2+} em uma solução aquosa saturada de fosfato de cálcio.

Dado: Considere que a temperatura seja constante e o produto de solubilidade (K_{ps}) do fosfato de cálcio em água seja $1,08 \cdot 10^{-33}$.

a) $3 \cdot 10^{-7}$ mol/L   c) $2 \cdot 10^{-7}$ mol/L
b) $1 \cdot 10^{-7}$ mol/L   d) $27 \cdot 10^{-7}$ mol/L

22. (Unicamp-SP) Nos Jogos Olímpicos de Beijing houve uma preocupação em se evitar a ocorrência de chuvas durante a cerimônia de abertura. Utilizou-se o iodeto de prata no bombardeamento de nuvens nas vizinhanças da cidade para provocar chuva nesses locais e, assim, evitá-la no Estádio Olímpico. O iodeto de prata tem uma estrutura cristalina similar à do gelo, o que induz a formação de gelo e chuva sob condições específicas.

a) Sobre a estratégia utilizada em Beijing, veiculou-se na imprensa que "o método não altera a composição da água da chuva". Responda se essa afirmação é correta ou não e justifique.
b) Escreva a expressão da constante do produto de solubilidade do iodeto de prata e calcule sua concentração em $mol \cdot L^{-1}$ numa solução aquosa saturada a 25 °C.

Dado: A constante do produto de solubilidade do iodeto de prata é $8,3 \cdot 10^{-17}$ a 25 °C.

23. (IME) Considere a reação, em equilíbrio, de produção do alvejante gasoso dióxido de cloro, que ocorre em um sistema reacional:

$$C\ell_2 \text{ (g)} + 2\,NaC\ell O_2 \text{ (s)} \rightleftarrows 2\,C\ell O_2 \text{ (g)} + 2\,NaC\ell \text{ (s)}$$

Nessa situação, assinale a alternativa correta.

a) A adição de mais clorito de sódio ao sistema desloca o equilíbrio da reação, de forma a produzir mais alvejante gasoso.

b) A razão entre as constantes de equilíbrio K_P/K_C é igual a $0{,}0820568 \cdot T$, em que T é a temperatura do sistema reacional, medida em kelvin.

c) A retirada parcial de cloreto de sódio do sistema desloca o equilíbrio da reação, de forma a produzir menos alvejante gasoso.

d) A constante de equilíbrio K_P é igual à constante de equilíbrio K_C.

e) Para duas diferentes temperaturas do sistema reacional, desde que elevadas e compatíveis com a manutenção do equilíbrio, o valor numérico da constante de equilíbrio K_P é o mesmo, mantendo inalterada a produção de alvejante gasoso.

24. (UEM-PR) Assinale o que for correto.

(01) A expressão matemática que estabelece a relação entre K_C e K_P do equilíbrio abaixo é $K_P = K_C\,(RT)^2$.

$$N_2 \text{ (g)} + 3\,H_2 \text{ (g)} \rightleftarrows 2\,NH_3 \text{ (g)}$$

(02) Considere a equação química abaixo, que representa um equilíbrio presente no sangue. É sabido que quando o teor de bicarbonato (HCO_3^-) na urina é maior, sua concentração no sangue fica menor. Quando isso acontece o equilíbrio é deslocado para a direita, aumentando a [H^+] e diminuindo o pH sanguíneo.

$$CO_2 \text{ (aq)} + H_2O\,(\ell) \rightleftarrows H_2O_3 \text{ (aq)} \rightleftarrows H^+ \text{ (aq)} + HCO_3^- \text{ (aq)}$$

(04) A dissolução de gases inertes em solventes é favorecida em altas temperaturas.

(08) A retirada do catalisador, após o equilíbrio ter sido atingido, diminui o valor da constante de equilíbrio.

(16) A constante de equilíbrio de uma reação não é alterada quando se altera a temperatura do sistema.

25. (Uerj) A ionização do ácido cianídrico é representada pela equação química abaixo:

$$HCN\ (aq) \rightleftarrows H^+\ (aq) + CN^-\ (aq)$$

Um experimento sobre esse equilíbrio químico, realizado à temperatura constante, analisou quatro parâmetros, apresentados na tabela:

Parâmetro	Símbolo
Grau de ionização	α
Constante de equilíbrio	K_a
Potencial hidrogeniônico	pH
Concentração de HCN	[HCN]

Ao ser estabelecido o equilíbrio químico da ionização, foi adicionada certa quantidade de NaCN (s).

Após a dissolução e dissociação completa desse composto, houve deslocamento do equilíbrio de ionização.

O parâmetro que sofreu redução, após a adição do composto, é representado pelo seguinte símbolo:

a) α
b) K_a
c) pH
d) [HCN]

26. (Udesc) A ideia de equilíbrio químico foi proposta pela primeira vez pelo químico francês Claude Louis Berthollet em seu livro *Essai de Estatique Chimique*, em 1803. Basicamente, diz-se que uma reação química está em equilíbrio quando a proporção entre reagentes e produtos se mantém constante ao longo do tempo.

Considerando o conceito de equilíbrio químico, assinale a alternativa correta.

a) Para a reação em equilíbrio
$2\ SO_2\ (g) + O_2\ (g) \rightleftarrows 2\ SO_2\ (g)$ a 1 000 k, o valor da constante de equilíbrio é quando $P_{SO_2} = 0{,}660$ atm, $P_{O_2} = 0{,}390$ atm e $P_{SO_3} = 0{,}0840$ atm.
b) No equilíbrio químico entre íons cromato e dicromato em meio aquoso, $2\ CrO_4^{2-}\ (aq) + 2H^+\ (aq) \rightleftarrows CrO_7^{2-}\ (aq) + H_2O$ a adição de hidróxido de sódio irá privilegiar a formação de íons dicromato em solução.
c) Considerando a equação química que descreve o processo industrial para a síntese de amônia (processo Haber-Bosch): $N_2\ (g) + 3\ H_2\ (g) \rightleftarrows 2\ NH_3\ (g)$, é possível afirmar que uma vez aumentada a pressão do sistema pela injeção de um gás inerte ou compressão do sistema, o equilíbrio químico é deslocado no sentido de formação dos produtos.
d) Os valores de K_a em meio aquoso para os ácidos cloroso e nitroso são $1{,}0 \cdot 10^{-2}$ e $4{,}3 \cdot 10^{-4}$, respectivamente. Com base nestes dados é possível afirmar que o pH de uma solução de $HC\ell O_2$ será maior que o de uma solução de HNO_2, considerando soluções com concentrações idênticas.
e) A adição de um catalisador a um sistema em equilíbrio altera o valor numérico de sua constante, pois reduz sua energia de ativação.

27. (UPF-RS) Para os ácidos listados abaixo foram preparadas soluções aquosas de mesmo volume e concentração.

I. Ácido cloroso ($HC\ell O_2$) $K_a = 1{,}1 \cdot 10^{-2}$
II. Ácido fluorídrico (HF) $K_a = 6{,}7 \cdot 10^{-4}$
III. Ácido hipocloroso ($HC\ell O$) $K_a = 3{,}2 \cdot 10^{-8}$
IV. Ácido cianídrico (HCN) $K_a = 4{,}0 \cdot 10^{-10}$

Considerando as constantes de ionização (K_a), a concentração do íon H_3O^+ é:

a) menor na solução do ácido I.
b) maior na solução do ácido I.
c) igual nas soluções dos ácidos III e IV.
d) igual nas soluções dos ácidos I, II, III e IV.
e) maior na solução do ácido IV.

28. (ITA-SP) Quantidades iguais de H_2 (g) e I_2 (g) foram colocadas em um frasco, com todo o sistema à temperatura T, resultando na pressão total de 1 bar. Verificou-se que houve a produção de HI (g), cuja pressão parcial foi de 22,8 KPa. Assinale a alternativa que apresenta o valor que mais se aproxima do valor correto da constante de equilíbrio desta reação.

a) 0,295   c) 0,490   e) 0,700
b) 0,350   d) 0,590

29. (PUC-RJ) A água é uma das moléculas responsáveis pela vida na forma que conhecemos.

Sobre a estrutura e composição dessa molécula, faça o que se pede.

Considere: $M(H_2O) = 18$ g · mol^{-1}

Constante de Avogadro $= 6,0 \cdot 10^{23}$

a) Represente a fórmula estrutural da molécula mostrando a posição relativa dos átomos e dos elétrons não ligantes na estrutura.
b) Calcule a porcentagem, em massa, de hidrogênio na molécula de água.
c) Calcule a massa de uma molécula de água.
d) Escreva a expressão da constante de equilíbrio de ionização da água.

30. (IME-RJ) Uma solução aquosa A, preparada a partir de ácido bromídrico, é diluída com água destilada até que sua concentração seja reduzida à metade. Em titulação, 50 mL da solução diluída consomem 40 mL de uma solução de hidróxido de potássio de 0,25 mol/L.

Determine a concentração da solução A, em g/L.

31. (UFRGS-RG) Observe a figura a seguir, sobre o perfil de energia de uma reação em fase gasosa.

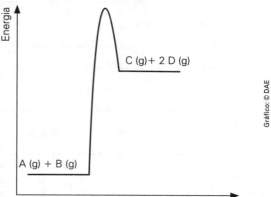

Considere as seguintes afirmações a respeito dessa reação.

I. A posição de equilíbrio é deslocada a favor dos produtos, sob aumento de temperatura.
II. A posição de equilíbrio é deslocada a favor dos reagentes, sob aumento de pressão.
III. A velocidade da reação inversa aumenta com a temperatura.

Quais estão corretas?

a) Apenas I.
b) Apenas II.
c) Apenas III.
d) Apenas I e II.
e) I, II e III.

32. (UFJF-Pism) Considere os seguintes equilíbrios que envolvem CO_2 (g) e suas constantes de equilíbrio correspondentes:

CO_2 (g) $\rightleftarrows$ CO (g) + $\frac{1}{2} O_2$ (g) K_1

2 CO (g) + O_2 (g) $\rightleftarrows$ 2 CO_2 (g) K_2

Marque a alternativa que correlaciona as duas constantes de equilíbrio das duas reações anteriores.

a) $K_2 = \frac{1}{(K_1)^2}$
b) $K_2 = (K_1)^2$
c) $K_2 = K_1$
d) $K_2 = \frac{1}{K_1}$
e) $K_2 = (K_1) \frac{1}{2}$

33. (Uece) Um estudante de Química retirou água do seguinte sistema em equilíbrio:

2 NO_2 (g) + CH_4 (g) $\rightleftarrows$ CO_2 (g) + 2 H_2O (ℓ) + N_2 (g)

Em seguida, esse aluno constatou acertadamente que

a) a concentração de metano diminuiu.
b) o equilíbrio se desloca para a esquerda.
c) a concentração do dióxido de carbono diminuiu.
d) a concentração do nitrogênio gasoso diminuiu.

34. (UFRGS-RS) O ácido fluorídrico, solução aquosa do fluoreto de hidrogênio (HF) com uma constante de acidez de 6,6 · 10⁻⁴, tem, entre suas propriedades, a capacidade de atacar o vidro, razão pela qual deve ser armazenado em recipientes plásticos.

Considere as afirmações a seguir, a respeito do ácido fluorídrico.

I. É um ácido forte, pois ataca até o vidro.
II. Tem, quando em solução aquosa, no equilíbrio, concentração de íons fluoreto muito inferior à de HF.
III. Forma fluoreto de sódio insolúvel, quando reage com hidróxido de sódio.

Quais estão corretas?

a) Apenas I.
b) Apenas II.
c) Apenas III.
d) Apenas I e II.
e) I, II e III.

35. (Fatec-SP) Nas condições ambientes, é exemplo de sistema em estado de equilíbrio uma

a) xícara de café bem quente.
b) garrafa de água mineral gasosa fechada.
c) chama uniforme de bico de Bunsen.
d) porção de água fervendo em temperatura constante.
e) tigela contendo feijão cozido.

36. (ITA-SP) As opções a seguir se referem a equilíbrios químicos que foram estabelecidos dentro de cilindros providos de êmbolo. Se o volume interno em cada cilindro for reduzido à metade, a temperatura permanecendo constante, em qual das opções a seguir o ponto de equilíbrio será alterado?

a) H_2 (g) + I_2 (g) $\rightleftarrows$ 2 HI (g)
b) $CaCO_3$ (s) $\rightleftarrows$ CaO (s) + CO_2 (g)
c) PbS (s) + O_2 (g) $\rightleftarrows$ Pb (s) + SO_2 (g)
d) CH_4 (g) + 2 SO^2 (g) $\rightleftarrows$ CO_2 (g) + 2 H_2O (g)
e) Fe_2O_3 (g) + 3 CO (g) $\rightleftarrows$ 2 Fe (s) + 3 CO_2 (g)

37. (Fuvest-SP) Galinhas não transpiram e, no verão, a frequência de sua respiração aumenta para resfriar seu corpo. A maior eliminação de gás carbônico, através da respiração, faz com que as cascas de seus ovos, constituídas principalmente de carbonato de cálcio, se tornem mais finas. Para entender tal fenômeno, considere os seguintes equilíbrios químicos:

(1) Ca^{2+} (aq) + CO_3^{2-} (aq) $\rightleftarrows$ $CaCO_3$ (s)
(2) CO_3^{2-} (aq) + H_2O (ℓ) $\rightleftarrows$ HCO_3^{1-} (aq) + OH^{1-} (aq)
(3) HCO_3^{1-} (aq) + H_2O (ℓ) $\rightleftarrows$ H_2CO_3 (aq) + OH^{1-} (aq)
(4) H_2CO_3 (aq) $\rightleftarrows$ CO_2 (g) + H_2O (ℓ)

Para que as cascas dos ovos das galinhas não diminuam de espessura no verão, as galinhas devem ser alimentadas:

a) com água que contenha sal de cozinha.
b) com ração de baixo teor de cálcio.
c) com água enriquecida de gás carbônico.
d) com água que contenha vinagre.
e) em atmosfera que contenha apenas gás carbônico.

38. (UFRJ) Existem indícios geológicos de que há, aproximadamente, 2 bilhões de anos a atmosfera primitiva da Terra era constituída de cerca de 35% (em volume) de dióxido de carbono (gás carbônico), o que tornava improvável o surgimento de vida na superfície do planeta. Todavia, o aparecimento dos moluscos com conchas nos oceanos veio a colaborar significativamente para diminuir esta concentração.

a) Sabendo que as conchas dos moluscos são constituídas de carbonato de cálcio, escreva a equação global que representa as etapas reacionais de 1 a 4, relacionadas ao fenômeno acima.

b) Explique como os moluscos com conchas participam da diminuição da concentração do dióxido de carbono na atmosfera.

39. (Unifor-CE) Se o pH de determinada solução aquosa, a 25 °C, em que $[H^{1+}(aq)] = 10^{-6}$ mol · L^{-1} for elevado de 1 unidade por adição de base, a solução final, à mesma temperatura,

I. será neutra.
II. terá concentração de íons OH^{1-} (aq) dez vezes menor.
III. terá concentração de íons OH^{1-} (aq) dez vezes maior.

É correto afirmar somente:

a) I
b) II
c) III
d) I e II
e) II e III

40. (UFSM-RS) A titulação de 50 mL de uma base forte com ácido forte 0,1 mol/L, que reage com estequiometria 1 : 1, pode ser representada através do gráfico, onde P.E. = ponto de equivalência.

Considerando a informação dada, assinale a alternativa correta.

a) A concentração da base é 0,01 mol/L.
b) pH no P.E. é 12,0.
c) A concentração da base é 1,0 mol/L.
d) A concentração da base é 0,05 mol/L.
e) pH da base é 12,7.

CAPÍTULO 14 – ELETROQUÍMICA

Regras práticas para o cálculo do número de oxidação (Nox)

- **Substâncias simples: Nox = 0**

  Exemplo: H_2, N_2, O_2, $C\ell_2$, Fe, Cu, Na, ...

- **Substâncias compostas**
  - Metais alcalinos e prata: Nox = +1

    Li^{1+}, Na^{1+}, K^{1+}, Rb^{1+}, Cs^{1+}, Fr^{1+} e Ag^{1+}

  - Metais alcalinos terrosos e zinco: Nox = +2

    Be^{2+}, Mg^{2+}, Ca^{2+}, Sr^{2+}, Ba^{2+}, Ra^{2+} e Zn^{2+}

  - Alumínio: Nox = +3

    $A\ell^{3+}$

- **Substâncias binárias com halogênios (mais eletronegativos): Nox = −1**

  F^{1-}, $C\ell^{1-}$, Br^{1-}, I^{1-}, At^{1-}

  - Hidrogênio: geralmente o Nox do hidrogênio é +1.

    Obs.: Quando o hidrogênio estiver ligado a um metal, sua eletronegatividade será maior e seu Nox será −1. Exemplo: NaH, KH, $A\ell H_3$.

  - Oxigênio: geralmente o Nox do oxigênio é −2.

    Obs.: Em alguns casos, o Nox do oxigênio será −1. Exemplo: Na_2O_2, K_2O_2, H_2O_2. Nesse caso, a substância é chamada de peróxido.

  - Soma dos Nox = 0.

  - Em íons, a soma dos Nox = carga do íon. No caso de íons monoatômicos, o Nox é a própria carga.

Reações de oxidação e redução (oxirredução)

- O primeiro passo é determinar o Nox de cada elemento.
- Verificar os elementos que sofrem mudanças de Nox.
- O elemento que aumenta o número de oxidação sofre **oxidação**.
- O elemento que reduz o número de oxidação sofre **redução**.
- A espécie química que contém o elemento que sofre oxidação é chamada de **agente redutora**.
- A espécie química que contém o elemento que sofre redução é denominada **agente oxidante**.

Balanceamento de equações de oxidação e redução

- Determinar o Nox de cada elemento.
- Verificar os elementos que sofrem mudanças de Nox.
- Observar em quantas unidades os elementos que sofreram oxidação e redução variaram os Nox.
- Multiplicar essa diferença e elétrons (Δ) pela quantidade de átomos que constituem a substância.
- Como a quantidade de elétrons transferida e a recebida devem ser as mesmas, o (Δ) será invertido e colocado como coeficiente das substâncias que contenham os átomos que sofreram variação de Nox.
- Completar os coeficientes.

Pilhas: são dispositivos nos quais ocorre uma reação espontânea de oxidação e redução que gera corrente elétrica. Elas são formadas por dois eletrodos e um eletrólito.

- O eletrodo **positivo** é denominado **cátodo**.
- O eletrodo **negativo** é chamado de **ânodo**.
- O eletrólito é chamado de **ponte salina** e pode ser substituído por uma parede porosa que permite a passagem de íons de um eletrodo para outro.
- No **cátodo** ocorre a semirreação de **redução**.
- No **ânodo** ocorre a semirreação de **oxidação**.

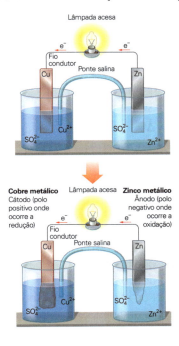

Ilustrações: Adilson Secco

Na ilustração da página anterior temos a pilha de Daniell:

– O Zn tem maior tendência a oxidar diante do cátion cobre, isto é, seu Nox aumenta e o Zn metálico é denominado eletrodo negativo.

– A semirreação de oxidação do Zn é representada por: $Zn\ (s) \rightarrow Zn^{2+}\ (aq) + 2\ e^-$

– O Cu^{2+} tem maior tendência a reduzir diante do zinco metálico, isto é, seu Nox diminui e o Cu metálico é chamado de eletrodo positivo.

– A semirreação de redução do Cu é representada por: $Cu^{2+}\ (aq) + 2\ e^- \rightarrow Cu\ (s)$

– No eletrodo de Zn observamos a corrosão do Zn (s) e a concentração de íons Zn^{2+} na solução aumenta.

– No eletrodo de Cu observamos a deposição de Cu (s) e a concentração de íons Cu^{2+} (aq) dilui.

- A reação global da pilha é obtida somando-se as semirreações de oxidação e redução devidamente balanceadas.

- Reação global:
$Zn\ (s) + Cu^{2+}\ (aq) \rightarrow Zn^{2+}\ (aq) + Cu\ (s)$

- A representação de uma pilha é dada por sua oxidação separada de sua redução:
$Zn\ (s)\ |\ Zn^{2+}\ (aq)\ ||\ Cu^{2+}\ (aq)\ |\ Cu\ (s)$

- Caso seja fornecida uma tabela de potências de redução, aquela espécie que possuir o maior potencial de redução sofrerá redução, consequentemente a outra espécie, na mesma semirreação, sofrerá oxidação, para tanto basta inverter e trocar o sinal do valor do E^0_{red}.

Consultando a lista de potências de redução, podemos calcular a ddp ou ΔE^0 da pilha.

$Cu^{2+}\ (aq) + 2\ e^- \rightarrow Cu\ (s) \quad \Delta E^0_{red} = +0,34\ V$
$Zn^{2+}\ (aq) + 2\ e^- \rightarrow Zn\ (s) \quad \Delta E^0_{red} = -0,76\ V$

Como o Cu^{2+} (aq) possui maior potencial de redução e o Zn (s) maior potencial de oxidação, invertemos o sinal do Zn e somamos:

Como $\Delta E^0 = \Delta E^0_{oxi} + \Delta E^0_{red}$

$\Delta E^0 = +0,76 + 0,34$
$\Delta E^0 = +1,10\ V$

Eletrólise: a eletrólise é um processo inverso que ocorre nas pilhas. Nesse caso, a energia elétrica é transformada em energia química sendo o processo não espontâneo. Toda eletrólise necessita de um gerador de **corrente elétrica contínua**, que pode ser uma pilha, um transformador ou mesmo uma bateria de motocicleta ou automóvel. Esse gerador de corrente elétrica contínua fornecerá a corrente elétrica que passará por um líquido com íons que é chamado de eletrólito.

- Os eletrodos geralmente são constituídos de platina ou grafite, que são bons condutores de eletricidade.
- Os eletrólitos e os eletrodos são colocados em um recipiente, e o conjunto é denominado **cuba eletrolítica**.
- O eletrodo **negativo** é chamado de **cátodo**.
- O eletrodo **positivo** é chamado de **ânodo**.
- **Eletrólise ígnea**: ocorre na ausência de água e o eletrólito deverá estar fundido, isto é, no estado líquido. A temperatura de fusão do eletrólito geralmente é elevada. Uma eletrólise ígnea muito utilizada é a do óxido de alumínio, realizada numa temperatura de aproximadamente 1 000 °C.

– **Fusão**:
$A\ell_2O_3\ (s) \rightarrow 2\ A\ell^{3+}\ (\ell) + 3\ O^{2-}\ (\ell)$

– **Cátodo/redução/polo negativo**:
$2\ A\ell^{3+}\ (\ell) + 6\ e^- \rightarrow 2\ A\ell\ (s)$

– **Ânodo/oxidação/polo positivo**:
$3\ O^{2-}\ (\ell) \rightarrow \frac{3}{2} O\ (g) + 6\ e^-$

- **Eletrólise aquosa**: nesse caso, o eletrólito é uma solução aquosa com íons dissolvidos. Além dos íons da substância dissolvida, temos também os íons provenientes da água H^+ e OH^-. Dessa forma, devemos consultar a lista de descarga para saber quais os íons que efetivamente sofrerão eletrólise. Por exemplo, no caso da eletrólise da salmoura (cloreto de sódio dissolvido na água), temos os quatro íons: Na^{1+} e H^{1+}, $C\ell^{1-}$ e OH^{1-}. Consultando a fila de facilidade de descarga elétrica, vemos que o H^{1+} tem maior facilidade que o Na^{1+} e também notamos que o $C\ell^{1-}$ tem maior facilidade que o OH^{1-}. Assim, o cátion Na^{1+} e o ânion OH^{1-} permanecerão na solução, enquanto o H^{1+} e o $C\ell^{1-}$ vão reagir:

Dissociação do NaCℓ: $2\ NaC\ell^- \rightarrow 2\ Na^+ + 2\ C\ell^-$
Autoionização da água: $2\ H_2O \rightarrow 2\ H^+ + 2\ OH^-$
Semirreação do cátodo: $2\ H^+ + 2\ e^- \rightarrow H_2$
Semirreação do ânodo: $2\ C\ell^- \rightarrow C\ell_2 + 2\ e^-$

Reação global: $2\ NaC\ell^- + 2\ H_2O \rightarrow \underbrace{2\ Na^+ + 2\ OH^-}_{\text{solução}} + \underbrace{H_2}_{\text{cátodo}} + \underbrace{C\ell_2}_{\text{ânodo}}$

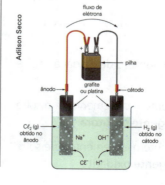

Cuba eletrolítica mostrando o gerador, os eletrodos mergulhados no eletrólito e a eletrólise aquosa do cloreto de sódio (NaCℓ). Observe que o sentido do fluxo de elétrons acontece do ânodo para o cátodo da pilha, conforme mostrado na seta na parte superior.

1. (Unicamp-SP) Câmeras fotográficas, celulares e computadores, todos veículos de comunicação, têm algo em comum: pilhas (baterias). Uma boa pilha deve ser econômica, estável, segura e leve. A pilha perfeita ainda não existe. Simplificadamente, pode-se considerar que uma pilha seja constituída por dois eletrodos, sendo um deles o ânodo formado por um metal facilmente oxidável, como ilustrado pela equação envolvendo o par íon/metal: $M = M^{n+} + n\ e^-$

A capacidade eletroquímica de um eletrodo é definida como a quantidade teórica de carga elétrica produzida por grama de material consumido. A tabela a seguir mostra o potencial-padrão de redução de cinco metais que poderiam ser utilizados, como ânodos, em pilhas.

Par íon/metal	Potencial-padrão de redução/volts
Ag^+/Ag	+0,80
Ni^{2+}/Ni	−0,23
Cd^{2+}/Cd	−0,40
Cr^{3+}/Cr	−0,73
Zn^{2+}/Zn	−0,76

a) Considere para todas as possíveis pilhas que: o cátodo seja sempre o mesmo, a carga total seja fixada num mesmo valor e que a prioridade seja a para o peso da pilha. Qual seria o metal escolhido como ânodo? Justifique.

b) Considerando-se um mesmo cátodo, qual seria o metal escolhido como ânodo, se o potencial da pilha deve ser o mais elevado possível? Justifique.

2. (UFSCar-SP) A figura apresenta a eletrólise de uma solução aquosa de cloreto de níquel (II), $NiCl_2$.

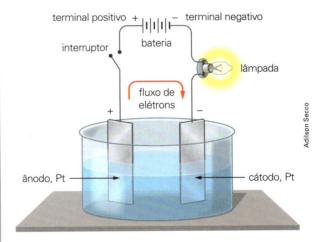

São dados as semirreações de redução e seus respectivos potenciais:

$Cl_2\ (g) + 2\ e^- \rightarrow 2\ Cl\ (aq)$ $E^0 = +1,36\ V$

$Ni_2\ (aq) + 2\ e^- \rightarrow Ni\ (s)$ $E^0 = -0,24\ V$

a) Indique as substâncias formadas no ânodo e no cátodo. Justifique.

b) Qual deve ser o mínimo potencial aplicado pela bateria para que ocorra a eletrólise? Justifique.

3. (UFF-RJ) Quantos gramas de cobre são depositados no catálogo de uma célula eletrolítica se uma corrente de 2,0 A é passada através de uma solução de $CuSO_4$ durante um período de 20,0 minutos?

Dados: Cu = 63,5 g/mol

1 mol e⁻ = 96 500 C

4. (UFPI) Pesquisas têm mostrado que os resíduos de dessalinizadores contêm alto teor de cloreto (Cl^-) que podem, por processo industrial eletroquímico, usando uma fonte de corrente elétrica, gerar cloro (Cl_2) para desinfecção de água de abastecimento. A reação direta no sistema acontece conforme se segue:

$2\,Cl^-\,(aq) + 2\,H_2O\,(l) \rightarrow Cl_2\,(g) + H_2\,(g) + 2\,OH^-\,(aq)$

Analise as afirmativas quanto ao processo eletroquímico e marque a opção correta.

a) O processo industrial é de natureza galvânica.
b) O cloro é obtido no cátodo.
c) Os elétrons fluem do cátodo para o ânodo.
d) O cloro é obtido da reação de oxidação.
e) A reação secundária de formação do hidrogênio acontece no ânodo.

5. (Ufes) Em uma solução, $CuSO_4$, de cor azulada, são adicionados fragmentos de ferro metálico. Depois de algum tempo, a solução perde sua cor azulada, e nota-se que os fragmentos de ferro são recobertos de cobre metálico.

A respeito desse fato, pode-se afirmar que o:

a) ferro sofre oxidação; portanto, é o agente oxidante.
b) ferro sobre redução; portanto, é o agente redutor.
c) cobre sofre redução; portanto, é o agente oxidante.
d) cobre sofre oxidação; portanto, é o agente redutor.
e) ferro é agente oxidante e o cobre é agente redutor.

6. (Enem) Ferramentas de aço podem sofrer corrosão e enferrujar. As etapas químicas que correspondem a esses processos podem ser representadas pelas equações:

$Fe + H_2O + \frac{1}{2} O_2 \rightarrow Fe(OH)_2$

$Fe(OH)_2 + \frac{1}{2} H_2O + \frac{1}{4} O_2 \rightarrow Fe(OH)_3$

$Fe(OH)_3 + n\, H_2O \rightarrow Fe(OH)_3 \cdot n\, H_2O$ (ferrugem)

Uma forma de tornar mais lento esse processo de corrosão e formação de ferrugem é engraxar as ferramentas. Isso se justifica porque a graxa proporciona:

a) lubrificação, evitando o contato entre as ferramentas.
b) impermeabilização, diminuindo seu contato com o ar úmido.
c) isolamento térmico, protegendo-as do calor ambiente.
d) galvanização, criando superfícies metálicas imunes.
e) polimento, evitando ranhuras nas superfícies.

7. (UFMG) Lâminas metálicas de chumbo, Pb, e zinco, Zn, foram introduzidas em soluções aquosas de $Cu(NO_3)_2$, conforme mostrado nestas duas figuras:

Observou-se que o cobre metálico se deposita sobre as placas nos dois recipientes.

Considerando-se esses experimentos, é **incorreto** afirmar que:

a) o íon Cu^{2+} é oxidado pelo zinco metálico.
b) o chumbo metálico é oxidado pelo íon Cu^{2+}.
c) o íon Cu^{2+} atua como agente oxidante quando em contato com a lâmina de zinco.
d) o zinco metálico atua como agente redutor quando em contato com a solução de Cu^{2+}.

8. (Vunesp-SP) Pilhas recarregáveis, também denominadas células secundárias, substituem, com vantagens para o meio ambiente, as pilhas comuns descartáveis. Um exemplo comercial são as pilhas de níquel cádmio (Nicad), nas quais, para a produção de energia elétrica, ocorrem os seguintes processos:

I. O cádmio metálico, imerso em uma pasta básica contendo íons OH^- (aq), reage produzindo hidróxido de cádmio(II), um composto insolúvel.

II. O hidróxido de níquel(III) reage produzindo hidróxido de níquel(II), ambos insolúveis e imersos numa pasta básica contendo íons OH^- (aq).

a) Escreva a semirreação que ocorre no ânodo de uma pilha de Nicad.
b) Uma TV portátil funciona adequadamente quando as pilhas instaladas fornecem uma diferença de potencial entre 12,0 V e 14,0 V. Sabendo-se que E_0 (Cd^{2+}, Cd) = 0,81 V e E_0 (Ni^{3+}, Ni^{2+}) = +0,49 V, nas condições de operação descritas, calcule a diferença de potencial em uma pilha de níquel-cádmio e a quantidade de pilhas, associadas em série, necessárias para que a TV funcione adequadamente.

9. (UERN)

Semirreação	E^0_{red} (V)
MnO_2 (s) + 4 H^+ (aq) + 2 e^- → Mn^{2+} (aq) + H_2O (ℓ)	1,23
MnO_4^- (aq) + 8 H^+ (aq) + 5 e^- → Mn^{2+} (aq) + 4 H_2O (ℓ)	1,51

Considerando-se os dados do quadro e os conhecimentos sobre eletroquímica, pode-se afirmar que a diferença de potencial, para a pilha representada por Mn^{2+} (aq) | MnO_2 (s)|MnO_4^- (aq) | M^{2+} (aq), em V, é igual a:

a) 0,28   c) 2,74   e) 9,17
b) 1,51   d) 3,13

10. (UFPR) A corrosão dos metais é um processo de considerável importância econômica porque diminui a vida útil dos produtos metálicos, cuja substituição é de custo elevado. Durante o processo de corrosão, os metais sofrem oxidação. O ferro, por exemplo, oxida-se, resultando na ferrugem ($Fe_2O_3 \cdot H_2O$). A transformação de ferro metálico em ferrugem só ocorrerá na presença de um agente oxidante. As semirreações a seguir estão envolvidas no processo de corrosão do ferro.

I. Fe^{3+} (aq) + 3 e^- → Fe (s) $E^0 = -0,04$ V

II. 2 H_2O (ℓ) + 2 e^- → H_2 (g) + 2 OH^- (aq) $E^0 = -0,41$ V

III. O_2 (g) + 4 H^+ (aq) + 4 e^- → 2 H_2O (ℓ) $E^0 = +0,82$ V

Uma maneira simples de prevenir a corrosão consiste em proteger a superfície metálica pela pintura. Outra forma de proteção é a galvanização, que consiste na aplicação de uma camada de zinco à superfície do ferro.

Grandes estruturas podem ser protegidas pela sua conexão a um bloco de zinco ou magnésio (ver figura anterior, onde M representa Mg ou Zn). Conforme o caso, as semirreações envolvidas são:

IV. Zn^{2+} (aq) + 2 e^- → Zn (s) $E^0 = -0,76$ V

V. Mg^2 (aq) + 2 e^- → Mg (s) $E^0 = -2,36$ V

Com base no texto acima, é correto afirmar sobre o processo de corrosão do ferro:

1 ( ) As semirreações I e II indicam que uma película de água pura sobre a superfície do ferro é um poderoso oxidante desse metal, resultando na ferrugem.

2 ( ) A semirreação III revela que o gás oxigênio favorece o processo de corrosão.

3 ( ) Uma película de tinta previne a corrosão por impedir o contato do metal com o agente oxidante.

4 ( ) Na galvanização, o zinco protege o ferro por ceder elétrons mais facilmente que este último.

5 ( ) O zinco é o melhor redutor que o magnésio.

11. (Fuvest-SP) Com a finalidade de niquelar uma peça de latão, foi montado um circuito, utilizando-se fonte de corrente contínua, como representado na figura.

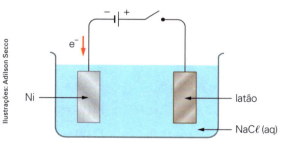

No entanto, devido a erros experimentais, ao fechar o circuito, não ocorreu a niquelação da peça. Para que esta ocorresse, foram sugeridas as alterações

I. Inverter a polaridade da fonte de corrente contínua.

II. Substituir a solução aquosa de NaCℓ por solução aquosa de NiSO$_4$.

III. Substituir a fonte de corrente contínua por uma fonte de corrente alternada de alta frequência.

O êxito do experimento requereria apenas:

a) a alteração I.
b) a alteração II.
c) a alteração III.
d) as alterações I e II.
e) as alterações II e III.

12. (PUC-RJ) Considere uma pilha constituída por dois eletrodos formados, respectivamente, por uma placa de cobre mergulhada em uma solução aquosa de nitrato de cobre, Cu(NO$_3$)$_2$, e por uma placa de prata mergulhada em uma solução aquosa de nitrato de prata (AgNO$_3$). Sabendo os potenciais-padrão de redução do cobre (+0,34 V) e da prata (+0,80 V), qual a reação de oxirredução da pilha e o seu potencial-padrão?

a) Cu (s) + Ag$^+$ (aq) → Cu^{2+} (aq) + Ag$^+$ (s), e +1,26 V

b) Cu (s) + 2 Ag$^+$ (aq) → Cu^{2+} (aq) + 2 Ag (s), e +0,46 V

c) Cu^{2+} (aq) + 2 Ag$^+$ (s) → Cu^{+2} (s) + 2 Ag$^+$ (aq), e −0,46 V

d) Cu^{+2} (aq) + Ag$^+$ (s) → Cu^{2+} (s) + Ag$^+$ (aq), e −1,26 V

e) Cu^{+2} (aq) + NO$_2$ (g) → Cu^{+2} (s) + NO$_3^-$ (aq), e −0,2 V

13. (PUC-MG) Observe o esquema abaixo e responda:

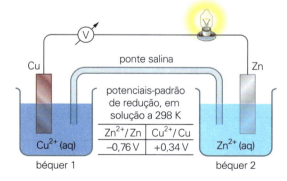

É correto afirmar que:

a) nas CNTP, a diferença da pilha considerada é o 0,42 V.
b) o polo positivo da pilha é o eletrodo de zinco.
c) na ponte salina, a condução é eletrônica.
d) o eletrodo de cobre é o cátodo da pilha.

14. (PUC-RS) Uma pilha utilizada nos marca-passos é constituída por um eletrodo de iodo e outro de lítio, e o seu funcionamento é baseado nas seguintes semirreações adiante, cada uma representada com o respectivo potencial-padrão de redução.

I_2 (s) + 2 e⁻ → 2 I⁻; E^0 = 0,536 V

Li^+ + 1 e⁻ → Li (s) E^0 = −3,045 V

Considerando-se essas informações, é correto afirmar que:

a) o eletrodo de lítio funciona como cátodo.
b) o eletrodo de iodo funciona como ânodo.
c) o I é o agente redutor.
d) o Li^+ é o agente oxidante.
e) a diferença de potencial dessa pilha, em condições-padrão, é 3,581 V.

15. (UFPE) O desenvolvimento de novas baterias recarregáveis é importante para a miniaturização de equipamentos portáteis (celulares) e médicos (marca-passos). A escolha dos materiais ativos destas baterias envolve inúmeras variáveis, como diferença de potencial gerada, toxicidade, custo etc. Considere o esquema de uma pilha apresentado a seguir e os dados de potenciais-padrão de eletrodos (E^0), do quadro a seguir.

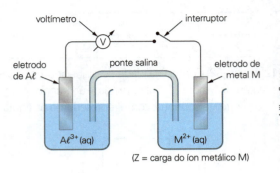

(Z = carga do íon metálico M)

Semirreação

Ag^+ (aq) + e⁻ → Ag (s)	E^0 (V) = +0,80
Cu^{2+} (aq) + 2 e⁻ → Cu (s)	E^0 (V) = +0,34
2 H^+ (aq) + 2 e⁻ → H_2 (g)	E^0 (V) = 0,00
Pb^{2+} (aq) + 2 e⁻ → Pb (g)	E^0 (V) = −0,13
Sn^{2+} (aq) + 2 e⁻ → Sn (s)	E^0 (V) = −0,14
Zn^{2+} (aq) + 2 e⁻ → Zn (s)	E^0 (V) = −0,76
$Aℓ^{3+}$ (aq) + 3 e⁻ → Aℓ (s)	E^0 (V) = −1,66
Mg^{2+} (aq) + 2 e⁻ → Mg (s)	E^0 (V) = −2,36

Com relação a esta pilha, após o interruptor ser fechado, julgue as afirmativas baseando-se nos dados de potência-padrão:

I. ( ) quando M = Zn, o alumínio se reduzirá.

II. ( ) quando M = Ag (s), o voltímetro marcará o valor 0,86 V.

III. ( ) quando M = Mg (s), ocorrerá um fluxo de elétrons do eletrodo de Mg para o de Aℓ.

IV. ( ) quando M = Pb (s), o eletrodo de Pb será consumido.

V. ( ) quando M = Cu (s), a seguinte semirreação ocorrerá: Cu (s) → Cu^{2+} (aq) + 2 e⁻

16. (UFRN) A produção industrial de alumínio pela eletrólise da bauxita fundida é um processo industrial que consome grande quantidade de energia elétrica.
A semirreação de redução do alumínio é dada por:
$$A\ell^3 + 3\,e^- \rightarrow A\ell$$
Para se produzirem 2,7 g de alumínio metálico, a carga elétrica necessária, em coulombs, é:

a) 9650
b) 28 950
c) 32 160
d) 289 500

Dados: massa molar do $A\ell$ = 27 g/mol; 1 F = 96 500 C

17. (UFPB) O **cloro**, $C\ell_2$, usado, por exemplo, no tratamento de águas e esgotos, na obtenção de produtos orgânicos aplicados como pesticidas, dentre outros, pode ser obtido pela eletrólise de uma solução aquosa de **cloreto de sódio**, conforme a equação global representada abaixo:

$$2\,NaC\ell\,(aq) \rightarrow 2\,NaOH\,(aq) + H_2\,(g) + C\ell_2\,(g)$$

Se, numa célula eletrolítica que produz cloro, conforme a reação acima, faz-se passar uma corrente de 30 A durante 1 h, é correto afirmar que:

a) circula na célula eletrolítica uma carga de $10,8 \cdot 10^3$ C.
b) são produzidos 39,7 g de cloro.
c) são produzidos 3,97 g de cloro.
d) são produzidos 79,4 g de cloro.
e) circula na célula eletrolítica uma carga de $1,08 \cdot 10^4$ C.

Dados: $C\ell$ = 3,5 g · mol^{-1}
1 F = 96 500 C

18. (UnB-DF) Formada a cárie, o organismo humano não é capaz de restaurar o tecido lesado. As restaurações de dentes são feitas basicamente por dois tipos de materiais: os amálgamas e as resinas poliméricas. Os amálgamas odontológicos são feitos de ligas metálicas Ag-Sn-Cu-Zn-Hg e são considerados bons materiais por suas propriedades físico-químicas.

As restaurações de amalgama, porém, apresentam duas desvantagens: a cor e o efeito de dor, causado quando acidentalmente se morde uma colher de alumínio ou um pedaço de papel-alumínio, onde existe obturação metálica. A dor é causada por uma corrente galvânica que pode chegar a até 30 μA. A seguir são fornecidos os potenciais-padrão de redução (E⁰) de algumas semirreações.

$A\ell^{3+}$ (aq) + 3 e⁻ → $A\ell$ (s)   E⁰ = −1,66 V
Sn^{2+} (aq) + 2 e⁻ → Sn (s)   E⁰ = −0,14 V
2 H⁺ (aq) + 2 e⁻ → H_2 (s)   E⁰ = 0,00 V
Hg^{2+} (aq) + 2 e⁻ → Hg (ℓ)   E⁰ = 0,79 V
Ag⁺ (aq) + e⁻ → Ag (s)   E⁰ = −0,80 V

Considerando os potenciais de redução fornecidos e as informações do texto acima, julgue os itens seguintes:

1. O estanho apresenta menor resistência a ácidos que o mercúrio e a prata.
2. A corrente galvânica citada é uma corrente de elétrons produzida por oxidação do amálgama e redução do alumínio no meio eletrolítico, são produzidos 6,02 x 1 023 elétrons.

3. A dor mencionada no texto resulta da passagem da corrente elétrica pelo amálgama – um bom condutor elétrico – para o nervo do dente.

4. Os amálgamas são feitos com metais de raios atômicos iguais ao do átomo de mercúrio.

5. Na oxidação de um mol de alumínio, são produzidos 6,02 x 10^{23} elétrons.

Dado:

Constante de Avogadro = 6,0 · 10^{23} mol^{-1}

19. (UEL) Em sintonia com o que é mencionado no texto, também sob a perspectiva da termodinâmica, deve-se realizar trabalho não espontâneo para combater a desordem. Sistemas químicos que exploram reações químicas de oxidação e redução podem realizar trabalhos espontâneos ou não espontâneos.

Sobre reações químicas em pilhas e em processos de eletrólise de soluções aquosas e de compostos fundidos, assinale a alternativa correta.

a) Em um processo de eletrólise, os elétrons fluem do cátodo para o ânodo em um processo espontâneo.

b) Em um processo de eletrólise, a energia elétrica é convertida em energia química através de um processo não espontâneo.

c) Em uma pilha galvânica, a energia elétrica é convertida em energia química através de um processo não espontâneo.

d) Em uma pilha galvânica, a reação espontânea apresenta um valor negativo de $-E^0$, com geração de energia sob a forma de trabalho.

e) Em uma pilha galvânica, há um processo não espontâneo, na qual o cátodo é o polo negativo e o ânodo é o polo positivo.

20. (ITA-SP) Pode-se utilizar metais de sacrifício para proteger estruturas de aço (tais como pontes, antenas e cascos de navios) da corrosão eletroquímica. Considere os seguintes metais:

I. Alumínio

II. Magnésio

III. Paládio

IV. Sódio

V. Zinco

Assinale a opção que apresenta o(s) metal(is) de sacrifício que pode(m) ser utilizado(s).

a) Apenas I, II e V.   **d)** Apenas III e IV.
b) Apenas I e III.   **e)** Apenas V.
c) Apenas II e IV.

21. (UFRGS-RS) O sulfeto de hidrogênio (H_2S) é um gás incolor de cheiro desagradável altamente tóxico. No segmento industrial, a procedência do H_2S é oriunda, geralmente, de processos de remoção de gases ácidos e de tratamento de efluentes, como exemplificado nas reações a seguir.

Assinale com **V** (verdadeiro) as reações em que ocorre tanto oxidação, quanto redução do enxofre e, com **F** (falso), as demais.

( ) $FeS_2 + H_2O_{(alta\ temperatura)} \rightarrow FeO + H_2S + S$

( ) $CuS + H_2SO_4 \rightarrow CuSO_4 + H_2S$

( ) $4\,Na_2SO_3 + 2\,H_2O_{(vapor)} \rightarrow Na_2SO_4 + 2\,NaOH + H_2S$

( ) $CH_4 + 4\,S_{(vapor)} \rightarrow CS_2 + 2\,H_2S$

A sequência correta de preenchimento dos parênteses, de cima para baixo, é

a) V – F – F – F.
b) F – F – V – F.
c) V – F – V – F.
d) F – V – F – V.
e) F – V – V – V.

22. (Unesp-SP)

Nas salinas, o cloreto de sódio é obtido pela evaporação da água do mar em uma série de tanques. No primeiro tanque, ocorre o aumento da concentração de sais na água, cristalizando-se sais de cálcio. Em outro tanque ocorre a cristalização de 90% do cloreto de sódio presente na água. O líquido sobrenadante desse tanque, conhecido como salmoura amarga, é drenado para outro tanque. É nessa salmoura que se encontra a maior concentração de íons Mg^{2+} (aq), razão pela qual ela é utilizada como ponto de partida para a produção de magnésio metálico.

A obtenção de magnésio metálico a partir da salmoura amarga envolve uma série de etapas: os íons Mg^{2+} presentes nessa salmoura são precipitados sob a forma de hidróxido de magnésio por adição de íons OH^-. Por aquecimento, esse hidróxido transforma-se em óxido de magnésio que, por sua vez, reage com ácido clorídrico, formando cloreto de magnésio que, após cristalizado e fundido, é submetido a eletrólise ígnea, produzindo magnésio metálico no cátodo e cloro gasoso no ânodo.

Dê o nome do processo de separação de misturas empregado para obter o cloreto de sódio nas salinas e informe qual é a propriedade específica dos materiais na qual se baseia esse processo. Escreva a equação da reação que ocorre na primeira etapa da obtenção de magnésio metálico a partir da salmoura amarga e a equação que representa a reação global que ocorre na última etapa, ou seja, na eletrólise ígnea do cloreto de magnésio.

23. (Aman-RJ) Conversores catalíticos de automóveis são utilizados para reduzir a emissão de poluentes. Os gases resultantes da combustão no motor e o ar passam por substâncias catalisadoras que aceleram a transformação de monóxido de carbono (CO) em dióxido de carbono (CO_2) e a decomposição de óxidos de nitrogênio (genericamente N_xO_y) em gás nitrogênio (N_2) e gás oxigênio (O_2).

Em relação ao uso de catalisadores e as substâncias citadas no texto, são feitas as seguintes afirmações:

I. As reações de decomposição dos óxidos de nitrogênio a gás oxigênio e a gás nitrogênio ocorrem com variação no número de oxidação das espécies.

II. O CO_2 é um óxido ácido que quando reage com a água forma o ácido carbônico.

III. Catalisadores são substâncias que iniciam as reações químicas que seriam impossíveis sem eles, aumentando a velocidade e também a energia de ativação da reação.

IV. O monóxido de carbono é um óxido básico que ao reagir com a água forma uma base.

V. A molécula do gás carbônico apresenta geometria espacial angular.

Das afirmativas feitas estão corretas apenas:

a) I e II.
b) II e V.
c) III e IV.
d) I, III e V.
e) II, IV e V.

24. (UFPR) Recentemente, foram realizados retratos genéticos e de *habitat* do mais antigo ancestral universal, conhecido como LUCA. Acredita-se que esse organismo unicelular teria surgido a 3,8 bilhões de anos e seria capaz de fixar CO_2, convertendo esse composto inorgânico de carbono em compostos orgânicos.

Para converter o composto inorgânico de carbono mencionado em metano (CH_4), a variação do Nox no carbono é de:

a) 1 unidade.
b) 2 unidades.
c) 4 unidades.
d) 6 unidades.
e) 8 unidades.

25. (Uece) Um belo exemplo de como a química está presente em todo lugar são os vaga-lumes, nos quais ocorre uma reação química do tipo bioluminescente que "acende" seus corpos, produzindo um lindo efeito com a participação do oxigênio que age como agente oxidante e, dessa forma, uma reação de oxidação-redução é responsável pela emissão de luz.

Atente ao que se diz a esse respeito:

I. Em uma reação de oxidação-redução, todos os átomos passam por variação do número de oxidação.
II. Geralmente não há oxidação sem redução e vice-versa.
III. As reações de dupla troca são de oxidação-redução.
IV. As reações de combustão (queima na presença de oxigênio) são também processos redox.
V. Os termos oxidante e redutor costumam referir-se às espécies químicas, e não somente a determinado átomo.

Está correto o que se afirma somente em

a) I, II e III.
b) II, IV e V.
c) I, III, IV e V.
d) II, III e IV.

26. (Aman-RJ) O cobre metálico pode ser oxidado por ácido nítrico diluído, produzindo água, monóxido de nitrogênio e um sal (composto iônico). A reação pode ser representada pela seguinte equação química (não balanceada):

Cu (s) + HNO³ (aq) → H$_2$O (ℓ) + NO (g) + Cu(NO$_3$)$_2$ (aq)

A soma dos coeficientes estequiométricos (menores números inteiros) da equação balanceada, o agente redutor da reação e o nome do composto iônico formado são, respectivamente,

a) 18; Cu; nitrato de cobre(I).
b) 20; Cu; nitrato de cobre(II).
c) 19; HNO$_3$; nitrito de cobre(II).
d) 18; NO; nitrato de cobre(II).
e) 20; Cu; nitrato de cobre(I).

27. (Unioeste-PR) A reação química, expressa a seguir, ocorre com um sal de estanho e outro de mercúrio:

SnCℓ_2 + 2 HgCℓ_2 → SnCℓ_4 + Hg$_2$Cℓ_2

Assim, é CORRETO afirmar que

a) a reação em questão é de combustão envolvendo a liberação de calor, ou seja, exotérmica.
b) a reação em questão é de oxirredução, pois o mercúrio participa dela e altera seu estado de oxidação de 2+ para 1+.
c) a reação em questão é de oxirredução, pois o mercúrio não participa da reação e mantém seu estado de oxidação 2+.
d) a reação em questão envolve a alteração de ligações metálicas para ligações covalentes.
e) na reação estão envolvidos quatro elétrons, sendo dois elétrons do estanho e dois elétrons do mercúrio.

28. (UFRGS-RS) Nos compostos H$_2$SO$_4$, KH, H$_2$, H$_2$O$_2$, NaHCO$_3$, o número de oxidação do elemento hidrogênio é, respectivamente,

a) +1, −1, 0, +1, +1.
b) +1, −1, +1, 0, +1.
c) +1, −1, 0, +2, +1.
d) +1, −1, 0, +2, +1.
e) −1, −1, +1, +1, −1.

29. (Unifesp-SP) Quando uma pessoa que tem dente recoberto por ouro (coroa dentária) morde uma folha (ou outro objeto qualquer) de alumínio, pode sentir uma dor aguda, pois os metais alumínio e ouro em contato com a saliva (que funciona como uma solução eletrolítica) podem formar uma pilha. Nesta pilha ocorre passagem de corrente elétrica através dos metais, o que pode estimular um nervo, causando dor.

a) Explique nesta pilha qual dos metais atua como ânodo. Supondo que na saliva existam íons Na$^+$ e Cℓ^-, explique em que direção (do Au ou do Aℓ) deve migrar cada um desses íons.
b) Supondo que a espécie reduzida seja a água, escreva a equação que representa a semirreação de redução.

Caderno de revisão 145

30. (UFMG) Uma bateria de carro é, basicamente, constituída de placas de chumbo metálico e placas de chumbo recobertas com óxido de chumbo (IV), em uma solução de H_2SO_4. Esta equação representa o funcionamento de uma bateria:

$$PbO_2(s) + Pb(s) + 2H^+(aq) + 2HSO_4^-(aq) \underset{\text{recarga}}{\overset{\text{descarga}}{\rightleftarrows}}$$

$$\underset{\text{recarga}}{\overset{\text{descarga}}{\rightleftarrows}} 2PbSO_4(s) + 2H_2O(\ell)$$

Considerando-se essas afirmações, é incorreto afirmar que:

a) a densidade da solução aumenta no processo de recarga.
b) o óxido PbO_2 sofre redução no processo de descarga.
c) o pH da solução de uma bateria que está descarregando aumenta.
d) os elétrons migram, na descarga, do eletrodo de PbO_2 para o eletrodo de Pb.

31. (Unopar-PR) Uma placa de identificação de um estabelecimento comercial foi preparada da seguinte forma:

Após algum tempo, a placa começou a enferrujar-se acentuadamente perto dos caracteres aplicados. Isso pode ser interpretado considerando-se que o par Sn^{2+}/Sn, em relação ao par Fe^{2+}/Fe, apresenta:

a) maior E^0 de redução e, portanto, o estanho funciona como metal de sacrifício.
b) maior E^0 de redução e, portanto, o estanho funciona como redutor de íons de ferro.
c) maior E^0 de redução e, portanto, o ferro funciona como metal de sacrifício.
d) menor E^0 de redução e, portanto, o estanho funciona como metal de sacrifício.
e) menor E^0 de redução e, portanto, o ferro funciona como metal de sacrifício.

32. (UFU-MG) O dióxido de cloro vem substituindo o cloro ($C\ell_2$) em muitas estações de tratamento de água para abastecimento público de países desenvolvidos, pois investigações em laboratório têm mostrado que o $C\ell_2$, na presença de matéria orgânica, pode produzir compostos organoclorados, altamente tóxicos.

O dióxido de cloro pode ser obtido pela reação entre clorito de sódio e $C\ell_2$, de acordo com:

$2NaC\ell O_2(s) + C\ell_2(g) \rightarrow 2NaC\ell(s) + 2C\ell O_2(g)$

O estado de oxidação do cloro nos compostos $NaC\ell O_2$, $C\ell_2$, $NaC\ell$ e $C\ell O_2$ é, respectivamente:

a) $-1, 0, -1$ e $+2$
b) $+1, -1, 0$ e -4
c) $+3, 0, -1$ e $+4$
d) $-3, 0, -1$ e -4

33. (UFPE) As pilhas de níquel-cádmio, que viabilizaram o uso de telefones celulares e computadores portáteis, são baseadas na seguinte reação:

$Cd(s) + NiO_2(s) + H_2O(\ell) \rightarrow Cd(OH)_2(s) + Ni(OH)_2(s)$

Considerando este processo, quantos mols de elétrons são produzidos por mol de cádmio consumido?

a) 0,5
b) 1
c) 2
d) 3
e) 4

34. (Ufscar-SP) A pilha seca, representada na figura, é uma célula galvânica com os reagentes selados dentro de um invólucro. Essa pilha apresenta um recipiente cilíndrico de zinco, com um bastão de carbono no eixo central. O eletrólito é uma mistura pastosa e úmida de cloreto de amônio, óxido de manganês (IV) e carvão finamente pulverizado.

As equações das reações envolvidas na pilha são:

$2 MnO_2 (s) + 2 NH_4^+ (aq) + 2 e^- \rightarrow$
$\rightarrow Mn_2O_3 (s) + 2 NH_3 (aq) + H_2O (\ell)$

$Zn (s) \rightarrow Zn^{2+} (aq) + 2 e^-$

Considere as seguintes afirmações sobre a pilha seca:

I. O recipiente de zinco é o ânodo.

II. Produz energia através de um processo espontâneo.

III. O NH_4^+ sofre redução.

IV. Os elétrons migram do ânodo para o cátodo através do eletrólito.

Está correto apenas o que se afirma em:

a) I, II e III.
b) II, III e IV.
c) I e II.
d) I e IV.
e) II e III.

35. (UFRN) Os efluentes da indústria de curtume (beneficiamento de couros) lançados no rio Potengi são poluentes potencialmente perigosos pelo seu conteúdo em metais pesados. Esses metais são absorvidos por peixes e crustáceos consumidos pela população. O elemento cromo (Cr), por exemplo, dependendo do estado de oxidação e da quantidade absorvida, pode causar disfunções metabólicas ou alterações genéticas. O chamado licor de cromo, usado para curtir couros, é preparado no processo:

$Na_2Cr_2O_7 (aq) + 3 SO_2 (g) + H_2O (\ell) \rightarrow$
$\rightarrow 2 Cr(OH)SO_4 (aq) + Na_2SO_4 (aq)$

Nessa reação, o oxidante e o redutor são, respectivamente:

a) S^{4+} e Cr^{6+}
b) Cr^{3+} e S^{6+}
c) Cr^{6+} e S^{4+}
d) S^{4+} e Cr^{4+}

CAPÍTULO 15 – INTRODUÇÃO À QUÍMICA ORGÂNICA

- **Características do carbono e seus compostos**
  - **Tetravalente**

    4 ligações simples | 1 ligação dupla, 2 ligações simples | 2 ligações duplas | 1 ligação simples, 1 ligação tripla

  - **Tipos de carbono**

a) primário; c) terciário;
b) secundário; d) quaternário.

  - **Cadeias**

a) aberta ou fechada;
b) homogênea ou heterogênea;
c) saturada ou insaturada;
d) normal ou ramificada.

  - **Diferentes representações das estruturas moleculares** (por exemplo, etanol)

    C_2H_6O CH_3CH_2OH

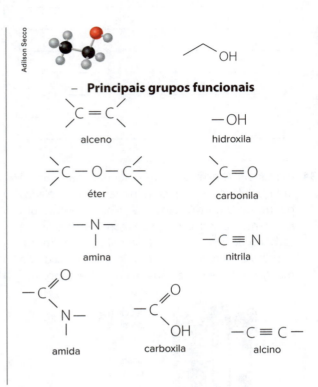

- **Principais grupos funcionais**

  alceno | hidroxila | éter | carbonila | amina | nitrila | amida | carboxila | alcino

---

- **Nomenclatura dos compostos orgânicos - IUPAC**

Hidrocarbonetos: compostos binários formados por hidrogênio (H) e carbono (C):			
ALCANOS: são hidrocarbonetos acíclicos, saturados (ligações simples entre carbonos) e fórmula geral C_nH_{2n+2}.	Fórmula estrutural	Fórmula molecular C_3H_8	Nomenclatura PREFIXO + AN (ligações duplas) + O = Propano (prop-an-o)
ALCENOS: são hidrocarbonetos acíclicos, insaturados (1 dupla entre carbonos) e fórmula geral C_nH_{2n}.	Fórmula estrutural	Fórmula molecular C_3H_5	Nomenclatura PREFIXO + EN (ligações duplas) + O = Propeno (prop-en-o)
ALCINOS: são hidrocarbonetos acíclicos, insaturados (1 tripla entre carbonos) e fórmula geral C_nH_{2n-2}.	Fórmula estrutural	Fórmula molecular C_3H_4	Nomenclatura PREFIXO + IN (ligações duplas) + O = Propino (prop-in-o)
AROMÁTICOS: são os que possuem um ou mais anéis benzênicos (também chamados de anéis aromáticos).	Nomenclatura **benzeno** Fórmula molecular C_6H_6	Nomenclatura **Ramificados** metilbenzeno Fórmula molecular C_7H_8	Nomenclatura **Ramificados** Fórmula molecular $C_{10}H_8$
CICLANOS: são hidrocarbonetos cíclicos, saturados (ligações simples entre carbonos) e fórmula geral C_nH_{2n}.	ciclopropano Fórmula molecular C_3H_6		ciclobutano Fórmula molecular C_4H_8

Funções oxigenadas

ÁLCOOL: compostos orgânicos contendo um ou mais grupos hidroxila (OH) ligados diretamente a átomos de carbono saturados.	Grupo funcional R — OH	Fórmula molecular C_2H_6O	Fórmula estrutural H H H—C—C—OH H H	Nomenclatura IUPAC PREFIXO (nº de carbonos) + AN/EN/IN + OL	Exemplo IUPAC **ETANOL**
				Usual: Álcool + prefixo + ÍLICO	Exemplo usual **ÁLCOOL ETÍLICO**
FENOL: compostos orgânicos com uma ou mais hidroxilas ligadas diretamente ao anel aromático.	Grupo funcional Ar — OH	Fórmula molecular C_6H_6O	Fórmula estrutural ⬡—OH	Nomenclatura Prefixo **HIDROXI** + existindo várias ramificações no anel aromático, a numeração inicia-se na hidroxila e prossegue no sentido que proporciona "números menores".	Exemplo **HIDROXIBENZENO**
ÉTER: são compostos onde o oxigênio está diretamente ligado a dois radicais orgânicos quaisquer.	Grupo funcional R — O — R	Fórmula molecular C_3H_8O	Fórmula estrutural H H H H—C—O—C—C—H H H H	Nomenclatura IUPAC prefixo da cadeia menor + OXI + nome do hidrocarboneto da cadeia maior.	Exemplo IUPAC **METOXIETANO**
				Usual: Éter + nome dos grupos em ordem alfabética + ÍLICO	Exemplo usual **ÉTER ETÍLICO E METÍLICO**

COMPOSTOS CARBONÍLICOS

ALDEÍDO: são compostos orgânicos que possuem o grupo funcional formila.	Grupo funcional R—C(=O)H	Fórmula estrutural H H H—C—C—C(=O)H H H Fórmula molecular C_3H_6O	Nomenclatura IUPAC PREFIXO + AN/EN/IN + AL Usual: não tem regra (aparece apenas a palavra ALDEÍDO)	Exemplo **METANAL** **Aldeído fórmico ou formaldeído**
CETONA: são compostos orgânicos que possuem o grupo funcional C=O, denominado carbonila, sempre entre os carbonos.	Grupo funcional R — O — R ‖ O	Fórmula estrutural H H H H—C—C—C—H H O H Fórmula molecular C_3H_4O	Nomenclatura IUPAC PREFIXO + AN/EN/IN + ONA Usual: Cetona + nome dos grupos em ordem alfabética + ÍLICA	Exemplo IUPAC **BUTANONA** Exemplo usual **CETONA ETÍLICA E METÍLICA**

COMPOSTOS CARBOXÍLICOS

ÁCIDO: são compostos orgânicos com um ou mais grupos COOH, ligados à cadeia carbônica.	Grupo funcional R—C(=O)OH	Fórmula estrutural H O H—C—C H OH Fórmula molecular $C_2H_4O_2$	Nomenclatura ÁCIDO Prefixo + AN + OICO Ex: Ácido MetanOICO
ÉSTER: são compostos formados pela troca do hidrogênio da hidroxila de um ácido carboxílico por um grupo alquila (R) ou arila (Ar).	Grupo funcional R—C(=O)OH—R	Fórmula estrutural H O H H—C—C—O—C—H H H Fórmula molecular $C_3H_6O_2$	Nomenclatura (radical da esquerda) -OATO DE (radical da direita)-ILA Exemplo: MetanOATO DE metILA

Funções nitrogenadas

		Grupo funcional	Fórmula estrutural		Nomenclatura
AMINA	São compostos derivados teoricamente do NH₃ pela substituição de um, dois ou três hidrogênios por um grupo alquila ou arila.	Grupo funcional: R—N(H)(H)	Fórmula estrutural: H—C(H)(H)—N(H)(H)	Fórmula molecular: **CH₅N**	Nome do grupo + amina Exemplo: Metilamina
		Grupo funcional: R—N(H)—R	Fórmula estrutural: CH₃—N(H)—CH₂—CH₃	Fórmula molecular: **C₃H₉N** Ex: Etilmetilamina	Nome dos grupos em ordem alfabética + AMINA
		Grupo funcional: R—N(R)—R	Fórmula estrutural: CH₃—N(CH₃)—CH₂—CH₃	Fórmula molecular: **C₄H₁₁N** Exemplo: Etildimetilamina	
AMIDA	São compostos derivados teoricamente do NH pela substituição de um hidrogênio por um grupo acila.	Grupo funcional: R—C(=O)—N(H)(H)	Fórmula estrutural: H—C(H)(H)—C(=O)—N(H)(H) Fórmula molecular: **C₂H₅ON**	Nomenclatura: Prefixo + AN + AMIDA Exemplo: Etanamida	
		Grupo funcional: R—C(=O)—N(H)(R)	Fórmula estrutural: CH₃—CH₂—C(=O)—N(H)(CH₃) Fórmula molecular: **C₄H₉ON**	Nomenclatura: N - Grupo + Prefixo + AN + AMIDA Exemplo: N-Metilpropanamida	
		Grupo funcional: R—C(=O)—N(R)(R)	Fórmula estrutural: CH₃—CH₂—C(=O)—N(CH₂—CH₃)(CH₃) Fórmula molecular: **C₆H₁₃ON**	Nomenclatura: N - Grupo + N - Grupo + Prefixo + AN + AMIDA Exemplo: N-Etil-N-metilpropanamida	

Prefixos

CH₄	Met = Um	Metano		C₆H₁₄	Hex = Seis	Hexano
C₂H₆	Et = Dois	Etano		C₇H₁₆	Hept = Sete	Heptano
C₃H₈	Prop = Três	Propano		C₈H₁₈	Oct = Oito	Octano
C₄H₁₀	But = Quatro	Butano		C₉H₂₀	Non = Nove	Nonano
C₅H₁₂	Pent = Cinco	Pentano		C₁₀H₂₂	Dec = Dez	Decano

– **Isomeria**

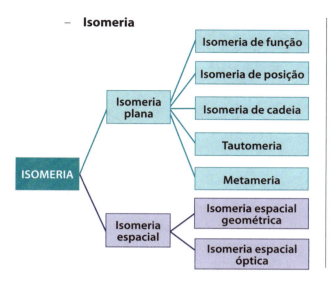

– **Propriedades físicas dos compostos orgânicos**

a) ácidos – ácidos carboxílicos e fenóis;
b) básicos – aminas;
c) solubilidade – quanto mais grupos polares, mais aumenta o grau de solubilidade das substâncias, quanto maior a cadeia carbônica apolar, menos solúvel é o composto.

---

1. (UFRGS-RS) O limoneno é um composto orgânico natural existente na casca do limão e da laranja. Sua molécula está representada abaixo.

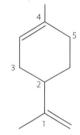

Sobre essa molécula, é correto afirmar que ela:
a) é aromática.
b) apresenta fórmula molecular $C_{10}H_{15}$.
c) possui cadeia carbônica insaturada, mista e homogênea.
d) apresenta 2 carbonos quaternários.
e) possui somente 2 ligações duplas e 8 ligações simples.

2. (UFF-RJ) A estrutura dos compostos orgânicos começou a ser desvendada nos meados do séc. XIX, com os estudos de Couper e Kekulé referentes ao comportamento químico do carbono. Dentre as ideias propostas, três particularidades do átomo de carbono são fundamentais, sendo que uma delas se refere à formação de cadeias.

Escreva a fórmula estrutural (contendo o menor número de átomos de carbono possível) de hidrocarbonetos apresentando cadeias carbônicas com as seguintes particularidades:

a) Acíclica, normal, saturada, homogênea.
b) Acíclica, ramificada, insaturada etênica, homogênea.
c) Aromática, mononuclear, ramificada.

3. (UFRR) O princípio ativo de diversos analgésicos comerciais é o paracetamol, cuja fórmula estrutural está representada abaixo.

A fórmula molecular dessa substância corresponde a:

a) $C_8H_{11}ON$
b) $C_8H_9O_2N$
c) $C_7H_9O_2N$
d) $C_7H_{10}ON$
e) $C_8H_{10}ON_2$

4. (UFRN) Em pacientes com suspeita de dengue não é recomendada a utilização de antitérmicos e analgésicos à base de ácido acetilsalicílico (aspirina), por causar aumento do risco de hemorragia. Um medicamento substituto é o paracetamol, composto polifuncional, cuja fórmula é:

Nessa estrutura, podem-se identificar os grupos funcionais:

a) álcool e amida.
b) fenol, amina e cetona.
c) álcool, amina e cetona.
d) fenol e amida.

5. (UFPA) Os compostos pertencentes a uma determinada função química possuem propriedades químicas semelhantes e suas fórmulas estruturais são caracterizadas através de um grupo funcional. Neste sentido, considere as moléculas abaixo e as propriedades a seguir.

I. Nos compostos A, C e D, o grupo funcional é a hidroxila ou oxidrila.
II. Os compostos A e D são álcoois.
III. O composto B é um éter e o C é um fenol.
IV. Os compostos C e D são aromáticos.

Estão corretas:

a) apenas I e II.
b) apenas II e III.
c) apenas I e III.
d) apenas I e IV.
e) I, II, III e IV.

6. (UFRGS-RS) Entre as muitas drogas utilizadas no tratamento da Aids, destaca-se o flavopiridol (estrutura abaixo), que é capaz de impedir a atuação da enzima de transcrição no processo de replicação viral.

Nessa molécula estão presentes as funções orgânicas:

a) amina, éster, cetona e fenol.
b) amina, éter, halogeneto de arila e álcool.
c) éster, cetona, halogeneto de arila e álcool.
d) éter, amina, halogeneto de alquila e fenol.

e) éter, halogeneto de arila, fenol e cetona.

7. (Unicamp-SP) Feromônios são substâncias químicas usadas na comunicação entre indivíduos de uma mesma espécie. A mensagem química tem como objetivo provocar respostas comportamentais relativas à agregação, colaboração na obtenção de alimentos, defesa, acasalamento etc. Há uma variedade de substâncias que exercem o papel de feromônios, como o $CH_3(CH_2)_3CH_2OH$ (sinal de alerta) e o $CH_3CH_2CO(CH_2)_5CH_3$ (preparar para a luta).

Uma mariposa chamada *Bombyx disparate* segrega um feromônio sexual capaz de atrair os machos da espécie numa distância de até 800 metros.

Tal substância apresenta, na molécula, a função epóxi. Um fragmento de uma molécula desse feromônio, contendo apenas o principal grupo funcional, pode ser representado simplificadamente como -CHOCH-.

a) Copie as duas fórmulas das substâncias citadas acima. Em cada uma delas, marque e dê o nome de uma função química presente.
b) Escreva o nome químico da substância referente ao sinal de alerta.
c) Desenhe a "fórmula estrutural" do fragmento -CHOCH-.

8. (Mack-SP) Um hábito comum é enrolar pencas de bananas e mamões verdes em jornal para que amadureçam mais rapidamente. Durante o amadurecimento das frutas, há a liberação de gás eteno, que também é responsável pela aceleração do processo.
Dado: massa molar (g/mol), H = 1, C = 12
A respeito do gás eteno, é correto afirmar que:

a) é um hidrocarboneto aromático.
b) é um alcano.
c) tem massa molar 30,0 g/mol.
d) apresenta fórmula molecular C_2H_4 e é mais conhecido como gás etileno.
e) tem fórmula estrutural $H_3C - CH_3$.

9. (UFPA) A fenilalanina representada na estrutura abaixo é utilizada como adoçante em refrigerantes do tipo *light*.

Em relação a esse composto, considere as seguintes proposições:

I. De acordo com a IUPAC, o nome oficial da fenilalanina é ácido-2-amino-3-fenil-propanoico.
II. Sua cadeia é heterogênea, acíclica, ramificada insaturada.
III. O número de oxidação do carbono 2 é zero.
IV. O número total de átomos de carbono primário, secundário, terciário e quaternário é respectivamente: 1, 7, 1 e 0.

Estão corretas:

a) apenas I, II e III.
b) apenas II, III e IV.
c) apenas I, II e IV.
d) apenas I, III e IV.
e) I, II, III e IV.

10. (UFRGS-RS) Assinale a alternativa que relaciona corretamente o par de isômeros dados com o tipo de isomeria que apresenta.

	Composto 1	Composto 2	Isomeria
a)			posição
b)			geométrica
c)	NH₂	H-N	cadeia
d)	NH₂		metameria
e)			função

11. (UFMG) A primeira demonstração experimental da existência de isomeria geométrica envolveu o estudo dos ácidos maleico e fumárico:

Ácido maleico   Ácido fumárico

Considerando esses dois ácidos e suas estruturas, é incorreto afirmar que:

a) a molécula de ácido fumárico corresponde ao isômero trans.
b) a molécula de ácido maleico é menos polar que a de ácido fumárico.
c) ambos os ácidos podem realizar ligações de hidrogênio com a água.
d) apenas a molécula de ácido maleico tem dois grupos capazes de se ligar, um ao outro, por uma ligação de hidrogênio.

12. (UFC-CE) Alguns ácidos orgânicos são comumente conhecidos através de nomes "engraçados", tais como ácido traumático (I), ácido constipático (II) e ácido complicático (III). Analise as estruturas destes ácidos e assinale a alternativa correta.

a) I, II e III apresentam em comum a função ácido carboxílico e a presença de centros quirais.
b) I é uma molécula acíclica aquiral, e II e III apresentam sistemas cíclicos quirais em suas estruturas.
c) A nomenclatura IUPAC de I é ácido 2-undecendioico, e a configuração da ligação dupla é cis.
d) II apresenta as funções álcool, ácido carboxílico e cetona na sua estrutura, sendo esta última conjugada.
e) III possui 5 centros quirais em sua estrutura, permitindo a existência de 2^5 estereoisômeros.

13. (UFRJ) No preparo dos fogos de artifício, as substâncias são agregadas com o auxílio de um solvente. Diversos compostos, como a propanona (acetona) e o isopropanol, podem ser usados para tal fim.

Escreva a fórmula em bastão desses dois compostos e indique qual deles possui a maior temperatura de ebulição à pressão atmosférica. Justifique sua resposta.

14. (Unir-RO) Em relação às substâncias e suas propriedades físicas e químicas, numere a coluna de baixo de acordo com a de cima.

1) [antraceno]
2) CCl_4
3) CH_3CH_3
4) $CaSO_4$
5) CH_3CH_2OH

( ) Não entra em combustão quando aquecida.
( ) É líquida à temperatura ambiente e infinitamente solúvel em água.
( ) É gasosa à temperatura ambiente.
( ) Apresenta alta estabilidade em decorrência do fenômeno de ressonância.
( ) É um líquido apolar, portanto insolúvel em água.

Marque a sequência correta.

a) 1, 2, 3, 5, 4
b) 2, 3, 5, 1, 4
c) 4, 5, 3, 1, 2
d) 1, 2, 3, 4, 5
e) 4, 5, 1, 3, 2

15. (PUC-RJ) A seguir está representada a estrutura do ácido fumárico.

A respeito desse ácido, é correto afirmar que ele possui

a) somente átomos de carbono secundários e cadeia carbônica normal.
b) átomos de carbono primários e secundários, e cadeia carbônica ramificada.
c) átomos de carbono primários e secundários, e cadeia carbônica insaturada.
d) átomos de carbono primários e terciários, e cadeia carbônica saturada.
e) átomos de carbono primários e terciários, e cadeia carbônica ramificada.

16. (UFG-GO) A fórmula de um alcano é C_nH_{2n+2}, onde n é um inteiro positivo. Neste caso, a massa molecular do alcano, em função de n, é, aproximadamente:

a) 12n
b) 14n
c) 12n + 2
d) 14n + 2
e) 14n + 4

17. (UEMG) Observe o composto orgânico abaixo e as afirmações a seu respeito.

I. É um álcool insaturado.
II. É um isômero *cis-trans*.
III. Apresenta 18 hidrogênios.
IV. Apresenta 3 ramificações.

O número de afirmação(ões) correta(s) é igual a

a) 1.
b) 2.
c) 3.
d) 4.

18. (UFRGS-RS) Observe a estrutura do p–cimeno abaixo.

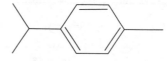

Abaixo são indicadas três possibilidades de nomenclatura usual para representar o p–cimeno.
I. p–isopropiltolueno
II. 1–isopropil–4–metil–benzeno
III. terc–butil–benzeno

Quais estão corretas?

a) Apenas I.
b) Apenas II.
c) Apenas III.
d) Apenas I e II.
e) I, II e III.

19. (UEPG-PR) Sobre o composto abaixo, assinale o que for correto.

$$CH_2 = C - CH_2 - CH = CH_2$$
$$|$$
$$CH_3$$

01) Seu nome IUPAC é 2-metil-penta-1,4-dieno.
02) É um hidrocarboneto acíclico que apresenta duas ligações duplas.
04) É um isômero do 3-metil-hexa-1,4-dieno.
08) Todos os carbonos apresentam hibridação sp^2.
16) É um dieno.

20. (UFRGS-RS) Reproduzir artificialmente todo o percurso químico de produção da morfina que acontece nas papoulas é um grande desafio.
Em 2015, através da modificação genética do fermento, cientistas conseguiram transformar açúcar em reticulina, cuja transformação em morfina, usando fermentos modificados, já era conhecida.

Reticulina   Morfina

Considere as afirmações abaixo, sobre a reticulina e a morfina.
I. Ambas apresentam as funções éter e hidroxila fenólica.
II. Ambas apresentam uma amina terciária.
III. Ambas apresentam dois anéis aromáticos.
Quais estão corretas?
a) Apenas I.
b) Apenas III.
c) Apenas I e II.
d) Apenas II e III.
e) I, II e III.

21. (Uece) Os haletos orgânicos são muito utilizados como solventes na fabricação de plásticos, inseticidas e gás de refrigeração. Assinale a opção que associa corretamente a fórmula estrutural do haleto orgânico com seu nome IUPAC.

a) H₃C—CH₂—CHBr—CH₃; 3-bromo-butano
b) F—⌬—CH₂; 1-flúor-4-metil-fenol
c) H₃C—CHF—CHCℓ—CHBr—CH₂—CH₃
2-flúor-3-cloro-4-bromo-hexano
d) ⌬—CH₂—CH₂—Br; 1-bromo-2-fenil-etano

22. (FASM-Med) A fluoxetina, comercialmente conhecida como Prozac, é utilizada no transtorno obsessivo-compulsivo (TOC), na bulimia nervosa e no transtorno do pânico.

a) Na figura a seguir, circule os heteroátomos presentes na estrutura da fluoxetina.

fluoxetina

b) Quais classes funcionais e qual tipo de isomeria espacial estão presentes na estrutura da fluoxetina?

Texto para a próxima questão.

Leia o texto abaixo para responder à(s) questão(ões) a seguir.

Apesar das mudanças ocorridas na sociedade, os adultos, em geral, ainda têm muita dificuldade de compreender o comportamento dos adolescentes. Estudos recentes demonstram que, além das mudanças hormonais, algumas regiões do cérebro ainda estão em desenvolvimento, nessa fase da vida, o que leva às oscilações de humor e ao comportamento reativo. Além disso, é o cérebro que comanda a produção dos hormônios. Especialistas explicam que, entre os 11 e os 13 anos e até os 18 ou 19 anos, os níveis de testosterona, um hormônio sexual, serão os mais altos e mais baixos de toda a vida, e a melatonina, hormônio que induz ao sono, é secretada nos adolescentes mais tarde que em crianças e adultos, o que atrasa a sonolência. É comum que os adolescentes sintam sono só depois da meia-noite e que tenham dificuldade em acordar, para realizar atividades no início da manhã, devido à secreção do adrenocorticotrófico – hormônio que estimula a produção de cortisol, substância que nos permite ficar alertas – que ocorre um pouco mais tarde pela manhã. As novas descobertas sobre essa fase da vida ajudam a reconhecer o adolescente como um indivíduo que não está pronto e, por isso, precisa ser acolhido e orientado.

STAM, Gilberto. *O cérebro adolescente, neuroeducação*. São Paulo: Segmento, n. 4, 2015, p. 40-43. Adaptado.

23. (Escola Bahiana de Medicina e Saúde Pública)

cortisol   melatonina

Com base na análise das estruturas do cortisol e da melatonina,
– classifique a cadeia carbônica da melatonina, de acordo com dois critérios diferentes,
– escreva o nome da classe funcional formada pela carbonila, em cada uma das estruturas apresentadas.

24. (Uece) A medicina ortomolecular surgiu para corrigir desequilíbrios químicos provocados pelos radicais livres, que desempenham papel importante nas doenças e no envelhecimento. Em um organismo equilibrado e saudável, algumas moléculas são logo destruídas. Nas pessoas em que são encontrados altos níveis de radicais livres, o equilíbrio é refeito com o uso de antioxidantes, juntamente com diversas outras medidas preconizadas pela medicina ortomolecular. Atente aos radicais livres apresentados a seguir e assinale a opção que associa corretamente o radical livre ao seu nome.

I. $H_3C-CH-CH_2-CH_3$
         |

II. $H_2C=CH-$

III. ⌬$-CH_2-$

IV. ⌬$-CH_3$

a) Radical I: terc-butil.
b) Radical II: alil.
c) Radical III: benzil.
d) Radical IV: p-toluil.

25. (Uem) Considerando os tipos de cadeias carbônicas, assinale o que for **correto.**
01) A molécula de éter dietílico apresenta cadeia aberta, somente carbonos primários, e não possui heteroátomo.
02) A molécula de terc-butanol apresenta carbonos primário e terciário, cadeia aberta, e não apresenta heteroátomo na cadeia carbônica.
04) A molécula de 3-etil-non-4-en-5-ol é acíclica, ramificada, insaturada e homogênea.
08) A molécula de fenol apresenta anel benzênico e cadeia heterogênea.
16) É possível construir quatro moléculas diferentes numa estrutura carbônica que possui oito átomos de carbono e que apresenta um anel benzênico, sendo que essas moléculas são isômeros.

26. (Unifap-AP) O aroma é a única propriedade dos materiais que não podemos ignorar, uma vez que, agradável ou não, ele penetra em nosso organismo juntamente com o ar que respiramos – não podemos ignorá-lo, simplesmente **porque precisamos respirar** para viver.
Existem substâncias orgânicas muito utilizadas em perfumaria e na indústria de alimentos, porque imitam o aroma e o sabor de flores e frutas. Algumas dessas substâncias pertencem às funções **ÉSTER** e **CETONA**, representados, respectivamente, por

a) R—COO—R e R—CHO
b) R—COO—R e R—CO—R
c) R—CO—R e R—COO—R
d) R—COOH e R—CO—R
e) R—COO—R e R—COOH

27. (UFRGS-RG) Salvinorina A, cuja estrutura é mostrada abaixo, é um dos mais potentes alucinógenos naturais que se conhece. Esse composto é encontrado na *Salvia divinorum*, uma planta rara do México.

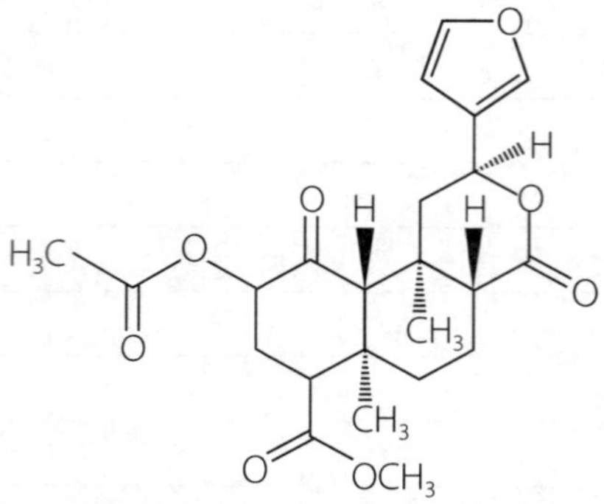

A respeito da estrutura da Salvinorina A, considere as seguintes afirmações.

I. Contém anéis heterocíclicos.
II. Contém carbonos assimétricos.
III. Não apresenta carbonos terciários.

Quais estão corretas?
a) Apenas II.
b) Apenas III.
c) Apenas I e II.
d) Apenas II e III.
e) I, II e III.

28. (Unesp-SP) Descarga de hormônios

Algumas substâncias químicas são capazes de interagir com os receptores de estrógeno (Figura I) e comprometer o sucesso reprodutivo de várias espécies animais. "Disfarçadas" de hormônio, elas produzem uma mensagem enganosa que pode fazer a célula se multiplicar, morrer ou até produzir certas proteínas na hora errada. Uma das substâncias apontadas pelos cientistas como capaz de mimetizar os efeitos dos hormônios é o bisfenol A (Figura II), usado em produtos de plástico policarbonato, tais como embalagens reutilizáveis de bebidas, mamadeiras, utensílios e muitos outros produtos de uso diário. Com o tempo, ele se desprende dos materiais e contamina o ambiente doméstico, atingindo o esgoto e os cursos d'água.

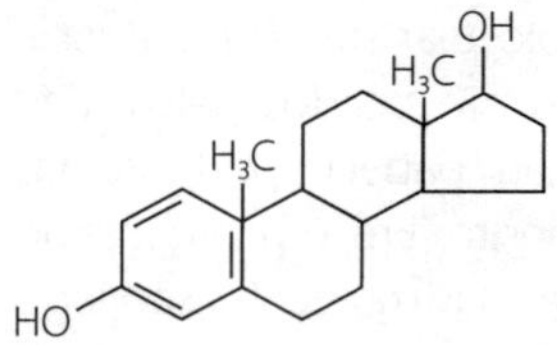

Figura I

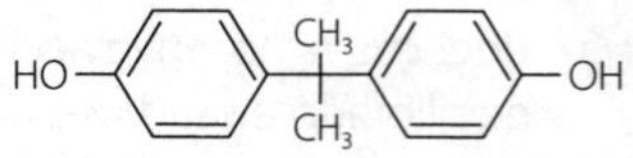

Figura II

Buscando diferenças e semelhanças entre as estruturas estrógeno e bisfenol A, é correto afirmar que ambos

a) são policíclicos, mas apenas o bisfenol A possui anel aromático.
b) são dioxigenados, mas apenas o estrógeno possui a função álcool.
c) têm carbonos assimétricos, mas apenas o estrógeno é opticamente ativo.
d) reagem com sódio metálico, mas apenas o bisfenol A reage com NaOH(aq).
e) possuem cadeias laterais, mas apenas o estrógeno tem carbono pentavalente.

29. (UFRGS-RG) A estrutura correta para um hidrocarboneto alifático saturado que tem fórmula molecular $C_{11}H_{22}$ e que apresenta grupamentos etila e isopropila em sua estrutura é

a)

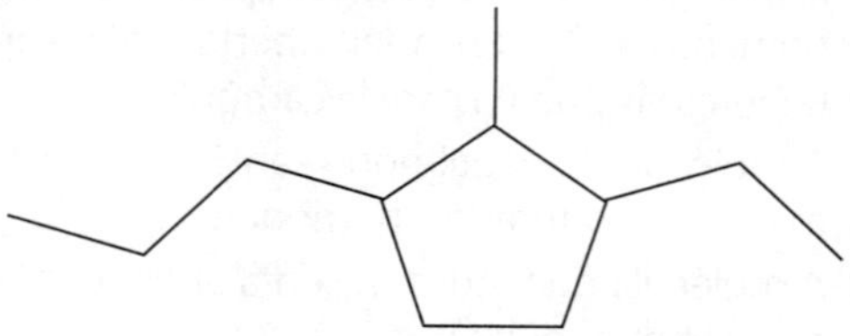

b)

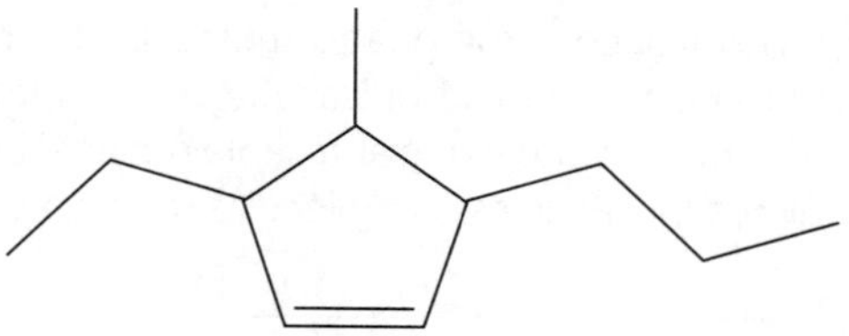

c)

d)

e)

30. (FMPA-MG) Árvore da morte

Esse é um dos seus nomes conhecidos, usado por quem convive com ela. Seus frutos, muitos parecidos com maçãs, são cheirosos, doces e saborosos. Também é conhecida como Mancenilheira da Areia – mas "árvore da morte" é o apelido que melhor descreve a realidade.

Sua seiva leitosa contém forbol, um componente químico perigoso, e só de encostar-se à árvore, a pele pode ficar horrivelmente queimada. Refugiar-se debaixo dos seus galhos durante uma chuva tropical também pode ser desastroso, porque até a seiva diluída pode causar uma erupção cutânea grave.

Disponível em: <http://g1.globo.com/ciencia-e-saude/noticia/2016/06/a-arvore-da-morte-a-mais-perigosa-do-mundo-segundo-o-livro-dos-recordes.html>. Adaptado. Acesso em: 18 jul. 2016.

Considere a fórmula estrutural do forbol representada abaixo.

Uma das funções orgânicas e o nome de um dos grupamentos funcionais presentes em sua molécula são, respectivamente,

a) fenol e carbonila
b) cetona e carboxila
c) aldeído e hidroxila
d) álcool e carboxila
e) álcool e carbonila

31. (IFBA-G1) O ano de 2016 foi declarado Ano Internacional das Leguminosas (AIL) pela 68ª Assembleia-Geral das Nações Unidas, tendo a Organização para a Alimentação e Agricultura das Nações Unidas (FAO) sido nomeada para facilitar a execução das atividades, em colaboração com os governos. Os agrotóxicos fazem parte do cultivo de muitos alimentos (dentre eles as leguminosas) de muitos países com o objetivo de eliminar pragas que infestam as plantações. Porém, quando esses compostos são usados em excesso podem causar sérios problemas de intoxicação no organismo humano.

Na figura são apresentadas as estruturas químicas da Piretrina e da Coronopilina (agrotóxicos muito utilizados no combate a pragas nas plantações), identifique as funções orgânicas presentes simultaneamente nas estruturas apresentadas:

Piretrina

Coronopilina

a) éter e éster
b) cetona e éster
c) aldeído e cetona
d) éter e ácido carboxílico
e) álcool e cetona

32. (Acafe-SC) Considere o texto retirado do *website* da Sociedade Brasileira de Química (SBQ).

"[...] A metanfetamina é o derivado da molécula de anfetamina, que possui dois isômeros ópticos: a L-metanfetamina e a D-metanfetamina. Elas possuem propriedades físico-químicas idênticas, como solubilidade e ponto de fusão, mas possuem diferente disposição espacial, logo, se encaixam de maneira diferente nos receptores, resultando em efeitos biológicos completamente distintos. A L-metanfetamina é um simples descongestionante nasal e não possui atividade estimulante. Ela pode ser encontrada na versão norte-americana do descongestionante nasal Vapolnhaler, da marca Vicks. Já a D–metanfetamina é uma droga estimulante do sistema nervoso central (SNC) muito potente e altamente viciante. Ela produz uma estimulação psicomotora, euforia e diminuição do apetite. Várias são as metodologias de síntese da metanfetamina, principalmente em laboratórios clandestinos por todo o mundo. Abaixo são descritas duas rotas sintéticas. A primeira utiliza a redução da efedrina, a segunda utiliza a redução aminativa da fenilacetona seguida da hidrólise com ácido clorídrico aquoso. [...]".

Disponível em: <qnint.sbq.org.br/novo/index.php?hash=-molecula.405 >. Acesso em: 12 out. 2016.

1)

Efedrina → Metanfetamina

2)

Fenilacetona → Metanfetamina → Metanfetamina

Assim, analise as afirmações a seguir.

I. Na efedrina existem dois carbonos assimétricos, na metanfetamina há um carbono assimétrico.
II. Na segunda rota sintética existe um composto intermediário que contém uma amina terciária que, pela hidrólise com ácido clorídrico, produz a metanfetamina, um composto que contém uma amina secundária.
III. Utilizando técnicas apropriadas, ao analisar o princípio ativo do descongestionante nasal Vapolnhaler, no polarímetro ocorre o desvio do plano da luz polarizada para a esquerda.

Todas as afirmações **corretas** estão em:

a) I – II
b) I – III
c) I – II – III
d) II – III

33. (Unesp-SP) A fórmula simplificada representa um hidrocarboneto saturado.

a) Escreva a fórmula estrutural do hidrocarboneto e dê seu nome oficial.
b) Escreva a fórmula estrutural e dê o nome de um hidrocarboneto de cadeia linear, isômero do hidrocarboneto dado.

34. (UEL-PR) Os hidrocarbonetos n-octano e 2,2,3-trimetilpentano, componentes da gasolina, são isômeros. Logo, eles têm idêntica
a) fórmula estrutural.
b) pressão de vapor a 25 °C.
c) temperatura de ebulição a 1 atm.
d) fórmula molecular.
e) densidade a 25 °C.

35. (ITA-SP) Considere as afirmações:
I. Propanal é um isômero da propanona.
II. Etil-metil-éter é um isômero do 2-propanol.
III. 1-propanol é um isômero do 2-propanol.
IV. Propilamina é um isômero da trimetilamina.
Estão corretas:
a) Todas.
b) Apenas I, II e III.
c) Apenas I e II.
d) Apenas II e III.
e) Apenas III e IV.

36. (UFRGS-RS) A fumaça liberada na queima de carvão contém muitas substâncias cancerígenas, dentre elas os benzopirenos, como, por exemplo, a estrutura

Sua cadeia carbônica corresponde a um
a) hidrocarboneto, insaturado, aromático, com núcleos condensados.
b) hidrocarboneto, alicíclico, insaturado, com três núcleos condensados.
c) heterocíclico, saturado, aromático.
d) ciclo homogêneo, saturado, aromático.
e) alqueno, insaturado, não aromático.

37. (Efei-MG) A palavra feromônio está, em geral, associada ao fenômeno dos insetos em atrair o parceiro e assim preservar a espécie. Existem, no entanto, outros tipos de feromônios como os de alarme e de ataque. A estrutura de um feromônio em uma abelha-rainha é:

$$CH_3CCH_2CH_2CH_2CH_2CH_2CH = CHCOOH$$
$$\overset{O}{\underset{\|}{}}$$

Quais os grupos funcionais nesta molécula?

a) éter, alceno, carboxila.
b) éter, alceno, cetona.
c) cetona, alceno, éster.
d) cetona, alceno, carboxila.
e) cetona, alceno, hidroxila.

___

38. (UFRN) Consertando sua bicicleta, um estudante sujou de graxa a camisa. Na aula de Química, procurou saber como limpar aquela mancha. O professor não respondeu diretamente: apenas informou que a graxa lubrificante era uma mistura de hidrocarbonetos alifáticos, cuja solubilidade diminui com o aumento da polaridade do solvente.

Dispondo de acetona (CH_3COCH_3), álcool comum (CH_3CH_2OH) e benzina (C_6H_6), o rapaz verificou que a solubilidade da graxa nessas substâncias crescia na seguinte ordem:

a) acetona, benzina e álcool.
b) benzina, álcool e acetona.
c) álcool, acetona e benzina.
d) álcool, benzina e acetona.

___

39. (Fuvest-SP) O inseticida DDT tem a fórmula estrutural como mostrada na figura a seguir. Sabendo-se que sua solubilidade em água é $10 \cdot 10^{-6}$ g/L, responda:

a) Existem DDT levogiro e dextrogiro (isômeros ópticos)? Justifique.
b) Calcule o volume de água, em litros, necessário para espalhar 1,0 g de DDT, sob forma de solução saturada, em uma plantação.

___

40. (Unirio-RJ) Em 1886, um farmacêutico americano começou a comercializar uma bebida preparada com extratos de suas plantas: *Cola acuminata* e *Erythroxylon coca*. Por sugestão de seu sócio, a bebida foi denominada Coca-Cola. Em 1902, o uso do extrato de *E. coca* nessa bebida foi proibido por conter cocaína, substância utilizada na época como anestésico local e atualmente de uso ilícito, por causar dependência.

Na estrutura da cocaína apresentada anteriormente, estão presentes os grupos funcionais:

a) amina e álcool.
b) amina e éster.
c) amida e éster.
d) cetona e fenol.
e) ácido e amida.

CAPÍTULO 16 – ORGANIZAÇÃO DAS MOLÉCULAS ORGÂNICAS

As substâncias podem ser interconvertidas, ou seja, por meio de reações químicas uma função orgânica pode ser transformada em outras. Estas são algumas reações orgânicas mais importantes:

- **Substituição** é quando um átomo ou grupo é substituído por outro:
  - halogenação;
  - nitração;
  - alquilação.
- **Adição** é o rompimento de ligações insaturadas:
  - em alcenos e alcinos:
    a) hidrogenação catalítica;
    hidro-halogenação e hidratação
    b) (regra de Markovnikov).
  - em cicloalcanos.
- **Reações de eliminação** é a formação de ligações insaturadas:
  - desidratação de álcoois;
  - em haleto orgânico.
- **Reações de oxidação** é o aumento do Nox:
  - Oxidação de álcoois:
    a) primário – forma aldeído e/ou ácido carboxílico;
    b) secundário – forma uma cetona;
    c) terciário – não oxida.
  - Oxidação de alcenos:
    a) branda – forma um diálcool;
    b) enérgica – ocorre clivagem da molécula.
- **Reações de combustão**:
  - completa: formação de CO_2 e H_2O;
  - incompleta: formação de CO e fuligem.
- **Reações de redução** é a diminuição do Nox
  - ácido carboxílico: parcial forma aldeído; total forma álcool;
  - cetona: forma álcool secundário.
- **Reações de esterificação**:

$$\text{Álcool + Álcool} \xrightleftharpoons[\text{hidrólise}]{\text{esterificação}} \text{Éster + água}$$

$$R-C(=O)OH + HO-R' \xrightleftharpoons[\text{hidrólise}]{\text{esterificação}} R-C(=O)O-R' + H_2O$$

---

1. (UFPB) O século XX marcou o grande desenvolvimento da indústria química, que tem por finalidade de transformar, através de reações químicas, matéria-prima em produtos de interesse econômico. Neste contexto, as reações envolvendo compostos orgânicos são responsáveis pela transformação das substâncias derivadas do petróleo, do carvão, dos animais e vegetais em novos materiais, tais como detergentes, plásticos, medicamentos, borracha sintética, fibras têxteis, armas químicas e outros.

Os alcanos, também chamados de parafinas, apresentam baixa reatividade quando em contato com outras substâncias. Entretanto, sob condições rigorosas (luz e calor) eles sofrem reações de substituição, por exemplo, com halogênios. Sobre a reação de halogenação:

a) escreva a equação da reação de cloração do butano, sob ação de calor, indicando os possíveis produtos de monocloração.

b) represente os enantiômeros do produto de monocloração opticamente ativo.

2. (Uern) O C_6Cl_6 é considerado poluente orgânico persistente, POP, porque pode permanecer até 6 anos no solo e até 300 dias na água. Esse composto pode viajar por todo o planeta devido, principalmente, ao fenômeno da coevaporação, que é evaporação conjunta de uma substância com a água, à temperatura ambiente.

Com base nessa informação e nos conhecimentos sobre cadeias, funções e reações orgânicas, pode-se afirmar:

(01) A cadeia do $C_6C\ell_6$ é aromática.
(02) O N_{ox} do carbono no composto é –1.
(03) O $C_6C\ell_6$ é obtido em reação de eliminação.
(04) O nome do $C_6C\ell_6$ é hexaclorocicloexano, de acordo com a IUPAC.
(05) A coevaporação ocorre devido ao fato de a água e o $C_6C\ell_6$ possuírem o mesmo calor específico.

3. (UFMA) Considere as seguintes proposições:
I. Os alcanos não são muito reativos, mas podem sofrer reações de substituição e oxidação.
II. Alcenos e alcinos sofrem reações de adição na ligação múltipla.
III. Assim como a água, os álcoois formam pontes de hidrogênio intermoleculares.
IV. Os éteres são mais voláteis e menos reativos que os álcoois correspondentes.
V. Estereoisômeros possuem a mesma fórmula molecular e estrutural, mas os átomos apresentam diferentes arranjos no espaço.

As verdadeiras são:

a) II, III e V
b) I, II e IV
c) III, IV e V
d) I, IV e V
e) I, II, III, IV e V

4. (Fuvest-SP) "Durante muitos anos, a gordura saturada foi considerada a grande vilã das doenças cardiovasculares. Agora, o olhar vigilante de médicos e nutricionistas volta-se contra a prima dela, cujos efeitos são ainda piores a gordura trans".

Veja, 2003

Uma das fontes mais comuns da margarina é o óleo de soja, que contém triglicerídeos, ésteres do glicerol com ácidos graxos. Alguns desses ácidos graxos são:

$CH_3(CH_2)_{16}COOH$
A

B: $CH_3(CH_2)_7$ / H — H / $(CH_2)_7COOH$

C: $CH_3(CH_2)_7$ / $(CH_2)_7COOH$ — H / H

D: $CH_3(CH_2)_4$ / H — CH_2 / H H — $(CH_2)_7COOH$ / H

Durante a hidrogenação catalítica, que transforma o óleo de soja em margarina, ligações duplas tornam-se ligações simples. A porcentagem dos ácidos graxos **A**, **B**, **C** e **D**, que compõem os triglicerídeos, varia com o tempo de hidrogenação. O gráfico abaixo mostra este fato.

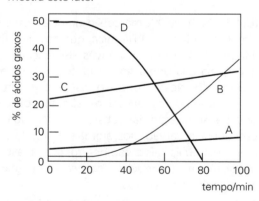

Considere as afirmações:
I. O óleo de soja original é mais rico em cadeias monoinsaturadas trans do que em cis.
II. A partir de cerca de 30 minutos de hidrogenação, cadeias monoinsaturadas trans são formadas mais rapidamente que cadeias totalmente saturadas.
III. Nesse processo de produção de margarina, aumenta a porcentagem de compostos que, atualmente, são considerados pelos nutricionistas como nocivos à saúde.

É correto apenas o que se afirma em:

a) I c) III e) II e III
b) II d) I e II

5. (Unir-RO) Analise atentamente o composto.

CH₃CCH₂CH₂CH₃
‖
CH₂

Em relação a esse composto, pode-se afirmar:

a) Ao reagir com HCℓ, conforme a regra de Markovnikov, formar-se-á o composto 2-cloro-2-metil-pentano.
b) É uma substância opticamente ativa, que desvia a luz plano polarizada.
c) Apresenta isomeria geométrica.
d) O seu nome oficial é 4-metil-pent-4-eno.
e) Não reage com Br₂ no escuro, necessitando de um catalisador.

6. (UFRR) A reação do propeno com água em meio ácido H₂C = CHCH₃ + H₂O → H₃CCHOHCH₃ pode ser classificada como:

a) eliminação.
b) substituição.
c) oxirredução.
d) neutralização.
e) adição.

7. (UFMT) A testosterona, hormônio sexual masculino, é responsável pela maior massa muscular dos homens em relação às mulheres, o que é denominado efeito anabólico da testosterona. Devido a esse efeito, alguns atletas começaram a fazer uso de injeções de testosterona, na tentativa de aumentar a massa muscular, a força e a resistência. A fórmula estrutural da testosterona é:

A partir das informações acima, pode-se afirmar que a testosterona:

a) possui os grupamentos funcionais relativos às funções químicas: álcool e cetona.
b) é um composto aromático.
c) possui a fórmula molecular $C_{19}H_7O_2$.
d) reage com octano à temperatura ambiente.
e) não é oxidada na presença de uma solução aquosa de permanganato de potássio.

8. (UFRN) O professor de química da terceira série do Ensino Médio pediu a seus alunos que fizessem um levantamento bibliográfico e elaborassem uma atividade, em forma de exercício, que incluísse vários assuntos, entre eles isomeria e reações orgânicas.

Henrique, um dos seus alunos, encontrou, nos livros de química orgânica, a informação de que o metanol, o mais simples dos álcoois, possui várias aplicações, entre elas o uso como combustível e na fabricação de outras substâncias. Constatou também que os alcoóis podem sofrer reações de oxidação na presença de catalisador em determinadas condições. Henrique aproveitou essa informação e organizou o seguinte esquema com reações químicas consecutivas:

$$\text{Metanol} \xrightarrow[\text{H}_2\text{SO}_4]{\text{oxidação} \atop \text{K}_2\text{Cr}_2\text{O}_7/} X \xrightarrow[\text{H}_2\text{SO}_4]{\text{oxidação} \atop \text{KMnO}_4/} Y + \text{etanol} \xrightleftharpoons[\text{H}_2\text{SO}_4\text{conc.}]{} $$

$$\xrightleftharpoons[\text{H}_2\text{SO}_4\text{conc.}]{} Z + \text{H}_2\text{O}$$

Escreva, baseando-se na sequência proposta por Henrique:

a) as fórmulas das substâncias X, Y e Z.
b) os nomes das substâncias X, Y e Z.
c) a fórmula de um isômero de Z e o respectivo tipo de isomeria.

9. (UFG-GO) A combustão completa de uma amostra de hidrocarboneto de fórmula molecular C_5H_{10} produzir 11,2 L de CO_2 nas CNTP. Na ausência de luz, esse hidrocarboneto não reage com solução de bromo.

a) Determine a massa, em gramas, da amostra de hidrocarboneto.
b) Proponha uma fórmula estrutural plana condizente com os fenômenos químicos descritos.

10. (UFSC) Ésteres são compostos que podem ser obtidos através da reação entre um "ácido orgânico ou mineral" é um "álcool". Quando o ácido utilizado é orgânico, o éster é orgânico, caso contrário é mineral ou inorgânico.

A reação é reversível. No sentido da formação do éster, é denominada, "esterificação", enquanto a reação inversa é chamada de "hidrólise".

Para obtenção do éster "acetato de sec-butila" a reação ocorre entre:

01. ácido etanoico e 2-butanol.
02. ácido etanoico e 1-butanol.
04. ácido metanoico e 1-butanol.
08. ácido metanoico e 2-metil-propanol-2.
16. ácido etanoico e 2-metil e 2-propanol-1.

11. (UFMG) A estrutura representa um trímero, x₃, de um composto orgânico x.

$$\begin{array}{c} HH \\ \diagdown\diagup \\ HOOH \\ \diagdown CC\diagup \\ H\diagup\diagdown O\diagup\diagdown H \end{array}$$

1. **Escreva** a fórmula molecular e a fórmula mínima desse trímero.
2. **Represente** a fórmula estrutural do monômero **X**. **Cite** o nome desse monômero.
3. Esse monômero **X** pode ser reduzido para produzir um álcool e pode ser oxidado para produzir um ácido carboxílico. **Represente** as fórmulas estruturais desse álcool e desse ácido carboxílico. **Cite** o nome dos dois.
4. O álcool e o ácido carboxílico abordados no item 3 desta questão reagem entre si. **Escreva** a equação completa, balanceada, que representa essa reação

12. (UFPI) O ácido linoleico (ômega 6) é considerado um alimento funcional, ou seja, alimento ou ingrediente que, além das funções nutricionais básicas, produz efeitos benéficos à saúde.

$$CH_3(CH_2)_4 \overset{H}{\underset{|}{C}} = \overset{H}{\underset{|}{C}} CH_2 \overset{H}{\underset{|}{C}} = \overset{H}{\underset{|}{C}} (CH_2)_7 \overset{O}{\underset{\|}{C}} - OH$$

Essa substância:
a) apresenta grupo funcional cetona.
b) apresenta 10 carbonos secundários.
c) apresenta cadeia carbônica saturada.
d) é obtida por hidrólise de gorduras e óleos.
e) produz o álcool secundário ao reagir com LiAℓH₄.

13. (UnB-DF) Os xampus para cabelos são materiais que contêm diversas substâncias em suas formulações. A tabela abaixo mostra uma composição típica de um xampu comercial, bem como a função de cada um dos componentes desse produto.

Ingrediente	% em massa	Função
H₂O	60,0	solvente
(HO — CH₂ — CH₂)₃N⁺—O₃SO — (CH₂)₁₁ — CH₃	32,0	detergente
CH₃ — (CH₂)₁₂ — COOH	4,0	ajuste de pH
CH₃ — (CH₂) — CH = CH — (CH₂)₇ — CH₂OH	2,0	acondicionador
(C₆H₅) — CH₂ — CH₂OH	1,0	perfume
CH₂O	0,5	conservante
Outros aditivos	0,5	diversas

Com relação aos dados dessa tabela, julgue os itens que se seguem
1. O detergente usado no shampoo pode ser obtido por saponificação de uma gordura animal.
2. A substância usada para ajustar o pH é um ácido fraco.
3. O agente condicionador apresenta isomeria cis-trans.
4. O perfume utilizado é o 2-fenil-etanol.
5. A geometria molecular do conservante é tetraédrica.

14. (Ufes) O coentro, planta da família (*Coriandrum sativum*), é uma planta da família *Umbelliferae* e é muito usado na culinária capixaba. Dele, e de outras umbelíferas, como a salsa (*Petroselinum sativum*), extrai-se o ácido carboxílico petrosselínico. Como mostra a reação abaixo, a clivagem por ozonólise desse ácido leva à produção de dois ácidos: o ácido láurico, utilizado na produção de detergentes; o ácido adípico, utilizado na preparação de um importante polímero sintético, o náilon.

$$C_{18}H_{34}O_2 \xrightarrow[\text{2) } H_2O_2]{\text{1) } O_3} CH_3(CH_2)_{10}COOH + HOOC(CH_2)_4COOH$$

ácido petrosselínico   ácido láurico   ácido adípico

Sobre as substâncias acima, pode-se afirmar que:

a) a estrutura do ácido petrosselínico possui apenas uma ligação dupla.

b) o ácido petrosselínico possui uma insaturação no carbono 6 de sua cadeia carbônica.

c) a cadeia carbônica do ácido láurico é aberta, saturada e heterogênea.

d) o ácido petrosselínico é formado por uma cadeia carbônica cíclica, saturada, heterogênea.

(UFG-GO) Leia as informações dos quadros, a seguir, e responda às questões **15** e **16**.

> **I** – O metano pode ser convertido em monóxido de carbono e hidrogênio. Essa mistura pode ser transformada, facilmente, em metanol. O metanol pode reagir com o oxigênio, produzindo dióxido de carbono e água.

> **II** – Ao realizarmos exercícios, nosso organismo utiliza a glicose como fonte de energia. No metabolismo da glicose é produzido ácido pirúvico ($CH_3COCOOH$), que é queimado aerobicamente (na presença de O_2), produzindo dióxido de carbono e água.

15. No quadro

1 – ( ) I, estão descritas três reações químicas.

2 – ( ) I, das substâncias orgânicas citadas, a que apresenta interações intermoleculares mais fracas é o metano.

3 – ( ) II, a reação citada, de combustão de 1 mol de ácido pirúvico, produz 3 mols de dióxido de carbono e 2 mols de água.

4 – ( ) II, são citadas substâncias orgânicas solúveis em água.

16. Nos quadros I e II,

1 – ( ) são citadas cinco substâncias polares e quatro apolares.

2 – ( ) estão descritas a combustão do hidrogênio e a do ácido pirúvico.

3 – ( ) são citadas substâncias que possuem funções ácido carboxílico, alcano, álcool e óxido.

4 – ( ) são citadas substâncias que podem reagir produzindo um éster.

17. (UEM-PR) Assinale a(s) alternativa(s) que apresenta(m) uma **correta** descrição de membranas plasmáticas celulares e de sabões ou detergentes.

01) A constituição química da membrana plasmática é glicoproteica, ou seja, é formada de glicídios e proteínas.

02) Sabão é um sal de ácido graxo de cadeia carbônica curta, sendo o ácido graxo proveniente de óleos ou gorduras.

04) O subproduto da reação de saponificação de ácidos graxos é a glicerina, que, se mantida no sabão, tem ação umectante da pele.

08) A membrana plasmática celular é similar ao sabão em solução aquosa, pois ambos têm uma região hidrofílica, que possui boa interação com a água, e uma região hidrofóbica, que possui boa interação com óleos e gorduras.

16) A formação de micelas de detergentes dissolvidos em água, com gotículas de óleos ou gorduras, é chamada emulsificação.

18. (Unifesp) Alimentos funcionais são alimentos que, além de suprir as necessidades diárias de carboidratos, proteínas, vitaminas, lipídios e minerais, contêm substâncias que ajudam a prevenir doenças e a melhorar o metabolismo e o sistema imunológico. O quadro a seguir apresenta dois compostos funcionais investigados pela ciência.

Alimentos	Componentes ativos	Propriedades
sálvia, uva, soja, maçã	ácido tânico (tanino)	ação antioxidante, antisséptica e vaso constritora
sardinha, salmão, atum, truta	ômega-3 (ácido alfa-linolênico)	redução do colesterol e ação anti-inflamatória

(http://ainfo.cnptia.embrapa.br. Adaptado.)

a) Em relação à molécula de tanino, qual é o grupo funcional que une os anéis aromáticos ao anel não aromático e qual é o grupo funcional que confere características ácidas a esse composto?

b) Escreva a equação química da reação entre o ácido alfalinolênico e o metanol.

20. (Uerj) Leia no texto abaixo um exemplo de síntese baseada na transformação de grupos funcionais dos compostos orgânicos.

A reação do 2-bromobutano com o hidróxido de potássio aquoso tem como principal produto orgânico o composto X. Quando a substância X é tratada com a mistura oxidante $K_2Cr_2O_7$ / H_2SO_4, é produzido o composto orgânico Y.

Escreva a fórmula estrutural plana do composto X e a do composto Y. Em seguida, identifique o mecanismo ocorrido na reação de síntese do composto X em função das espécies reagentes.

Determine, ainda, o número de isômeros ópticos ativos do 2-bromobutano.

19. (UFPA) Benzocaína, fórmula química: $H_2N(C_6H_4)COOCH_2CH_3$, é um anestésico tópico absorvido na forma neutra. Porém, sua atividade deve-se à forma catiônica, gerada pela protonação de seu grupo funcional de maior basicidade. Assim, a fórmula química desse íon molecular será

a) $[H_2N(C_6H_4)COOCH_2CH_4]^+$
b) $[H_2N(C_6H_4)COOCH_2CH_3]^+$
c) $[H_2N(C_6H_4)COHOCH_2CH_3]^+$
d) $[H_2N(C_6H_5)COOCH_2CH_3]^+$
e) $[H_3N(C_6H_4)COOCH_2CH_3]^+$

21. (Unicamp-SP) Recentemente encontrou-se um verdadeiro "*fatberg*", um *iceberg* de gordura com cerca de 15 toneladas, nas tubulações de esgoto de uma região de Londres. Esse "*fatberg*", resultado do descarte inadequado de gorduras e óleos usados em frituras, poderia ser reaproveitado na produção de

a) sabão, por hidrólise em meio salino.
b) *biodiesel*, por transesterificação em meio básico.

c) sabão, por transesterificação em meio salino.
d) *biodiesel*, por hidrólise em meio básico.

_____
_____
_____
_____
_____
_____
_____

22. (PUC-SP) O gás cloro é um reagente muito empregado em síntese orgânica. As reações envolvendo o Cℓ_2 são geralmente aceleradas com a incidência de radiação ultravioleta, favorecendo a quebra homolítica da ligação covalente Cℓ – Cℓ e gerando o átomo de Cℓ muito reativo.

Em um laboratório foram realizadas três reações distintas envolvendo o gás cloro com o objetivo de obter as substâncias X, Y e Z com bom rendimento, após as devidas etapas de purificação.

A substância X foi obtida a partir da reação entre o but-2-eno e o gás cloro em condições adequadas. A substância Y foi isolada após a reação entre quantidades estequiométricas de dimetilpropopano e o gás cloro.

A substância Z foi isolada entre os produtos da reação de cloração do fenol em que foram utilizadas quantidades equimolares de cada reagente.

Assinale a alternativa que apresenta as estruturas moleculares que podem representar X, Y e Z segundo as reações descritas.

a) X: CH$_3$—CHCℓ—CHCℓ—CH$_3$ Y: CH$_3$—C(CH$_3$)$_2$—CH$_2$Cℓ Z: fenol com Cℓ em orto

b) X: CℓCH$_2$—CHCℓ—CH$_2$—CH$_3$ Y: CH$_3$—C(CH$_3$)$_2$—CHCℓ_2 Z: OCℓ em benzeno

c) X: CH$_3$CH=CH(CH$_2$Cℓ) Y: CH$_3$—C(CH$_3$)(CH$_2$Cℓ)—CH$_2$Cℓ Z: fenol com 2 Cℓ

d) X: CH$_3$—CHCℓ—CHCℓ—CH$_3$ Y: CH$_3$—C(CH$_3$)$_2$—CH$_2$Cℓ Z: clorobenzeno

e) X: CH$_3$CH=CH(CH$_2$Cℓ) Y: CH$_3$—C(CH$_3$)$_2$—CH$_2$Cℓ Z: p-clorofenol

_____
_____
_____
_____
_____
_____
_____
_____
_____
_____
_____
_____
_____
_____
_____
_____
_____
_____
_____

23. (UFF-RJ) Os alcenos, também conhecidos como alquenos ou olefinas, são hidrocarbonetos insaturados por apresentarem pelo menos uma ligação dupla na molécula. Os alcenos mais simples, que apresentam apenas uma ligação dupla, formam uma série homóloga, com fórmula geral C$_n$H$_{2n}$. Eles reagem com o ozônio (O$_3$), formando ozonetos (ou ozonídeos), que por hidrólise produzem aldeídos ou cetonas. Considerando essas informações, pode-se afirmar que no caso da ozonólise do

a) 2-metil-but-2-eno, os produtos serão o etanal e a propanona.
b) 2-metil-but-2-eno, o produto formado será apenas o etanal.
c) 2,3-dimetil-but-2-eno, o produto formado será apenas o propanal.
d) 2-metil-but-2-eno, o produto formado será apenas a butanona.
e) -but-2-eno, os produtos formados serão a propanona e o metanal.

24. (Unesp-SP) Considere os hormônios progesterona e testosterona, cujas fórmulas estruturais são fornecidas a seguir.

a) Quais são as funções orgânicas que diferenciam os dois hormônios?

b) Tanto a molécula de progesterona como a de testosterona reagem com solução de bromo. Utilizando apenas o grupo de átomos que participam da reação, escreva a equação química que representa a reação entre o bromo e um dos hormônios.

25. (Uerj) As principais reservas de energia dos mamíferos são, em primeiro lugar, as gorduras e, em segundo lugar, um tipo de açúcar, o glicogênio. O glicogênio, porém, tem uma vantagem, para o organismo, em relação às gorduras.

Essa vantagem está associada ao fato de o glicogênio apresentar, no organismo, maior capacidade de:

a) sofrer hidrólise.
b) ser compactado.
c) produzir energia.
d) solubilizar-se em água.

26. (Fasm-SP-Med) A oleuropeína é o composto fenólico mais abundante presente nas folhas da oliveira. A partir dessa substância, produz-se o hidroxitirosol, um poderoso antioxidante ortodifenólico, responsável por grande parte dos benefícios atribuídos ao azeite de oliva extravirgem.

oleuropeína

hidroxitirosol

O hidroxitirosol e um segundo álcool podem ser obtidos por hidrólise ácida da oleuropeína.

a) Indique duas funções orgânicas presentes na molécula de oleuropeína, além da função fenol.

174 Caderno de revisão

b) Escreva a fórmula molecular do hidroxitirosol e escreva a fórmula estrutural do segundo álcool que pode ser obtido a partir da hidrólise ácida da oleuropeína.

27. (UFPR) A formação de ligações carbono-carbono (C — C) é um grande desafio na química orgânica, e entre as estratégias disponíveis, pode-se citar a Reação de Grignard. Nessa reação, um halogeneto de alquila ou arila (R — X) reage com magnésio metálico (Mg°), levando ao organomagnésio correspondente (RMgX), adicionando-se, na sequência, um composto carbonilado (R'COR). A reação termina com a adição de um ácido mineral (H_3O^+), levando ao produto a partir da formação de uma nova ligação C — C.

R — X $\xrightarrow[\text{éter etílico}]{Mg°}$ RMgX $\xrightarrow[H_3O^+]{R_1\text{COR}_2}$ R₁—C(OH)(R)—R₂

Com relação ao emprego dos reagentes brometo de etila (bromoetano) e acetaldeído (etanal) na Reação de Grignard, responda:

a) Qual é a fórmula estrutural (notação em bastão) do produto formado?
b) Qual é a função orgânica presente no produto?
c) Qual é o nome oficial IUPAC da substância obtida como produto?

28. (Fuvest-SP) A reação do propano com cloro gasoso, em presença de luz, produz dois compostos monoclorados.

$2\ CH_3CH_2CH_3 + 2\ C\ell_2 \rightarrow$

$\rightarrow CH_3CH_2CH_2—C\ell + CH_3—C(C\ell)(H)—CH_3 + 2HC\ell$

Na reação do cloro gasoso com 2,2-dimetilbutano, em presença de luz, o número de compostos monoclorados que podem ser formados e que não possuem, em sua molécula, carbono assimétrico é:

a) 1   **c)** 3   **e)** 5
b) 2   **d)** 4

Caderno de revisão 175

29. (Uepa) Uma das grandes preocupações da sociedade moderna é a deteriorização da camada de ozônio da atmosfera, responsável pela absorção dos raios ultravioleta, que em grandes volumes são nocivos à saúde humana.

Alguns hidrocarbonetos halogenados, dentre eles os usados na fabricação de aerossóis pressurizados, ao atingirem a estratosfera contribuem para o aumento do buraco naquela camada.

Considerando a reação abaixo, onde temos a obtenção de um hidrocarboneto halogenado,

$$C_3H_8 + C\ell_2 \xrightarrow[\text{luz}]{\Delta} C_3H_7C\ell + HC\ell$$

responda às seguintes questões:

a) Que tipo de reação orgânica ocorreu para a formação desse hidrocarboneto halogenado?
b) Quantos isômeros planos da substância $C_3H_7C\ell$ podem resultar da reação?
c) Que tipo de isomeria pode ser verificado entre as fórmulas estruturais da substância $C_3H_7C\ell$ resultante da reação?

30. (UEL-PR) Considere a reação de substituição:

$$\text{C}_6\text{H}_6 + I-CH_3 \xrightarrow{A\ell C\ell_3} \text{C}_6\text{H}_5\text{-CH}_3 + HI$$

Se na reação o iodeto de metila for substituído por iodeto de etila, obter-se-á:

a) tolueno.
b) naftaleno.
c) etilbenzeno.
d) o-etiltolueno.
e) p-etiltolueno.

31. (Unesp-SP) O ácido lático, um produto do metabolismo humano, apresenta as seguintes características:
– fórmula molecular $C_3H_6O_3$;
– é opticamente ativo;
– é um composto que possui as funções álcool e ácido carboxílico.

Escreva:

a) a fórmula estrutural e o nome oficial do ácido lático.
b) a fórmula estrutural e o nome do produto da reação do ácido lático com 1-propanol, catalisada por íons H^{1+}.

32. (Unifesp-SP) Analise as fórmulas estruturais dos corticoides A e B e as afirmações seguintes.

I. A é isômero de B.
II. Ambos apresentam os mesmos grupos funcionais.
III. Ambos devem reagir com Br_2, pois sabe-se que este se adiciona às duplas ligações.

Dessas afirmações:
a) apenas I é correta.
b) apenas II é correta.
c) apenas I e II são corretas.
d) apenas II e III são corretas.
e) I, II e III são corretas.

33. (UFV-MG) Assinale a opção que apresenta o produto formado pela reação entre 1 mol de but-1-eno e 1 mol de cloro gasoso (Cℓ_2):
a) 1,2-diclorobutano
b) 1,1-diclorobutano
c) 2,2-diclorobutano
d) 1-clorobutano
e) 2-clorobutano

34. (UERJ) Os hidrocarbonetos insaturados reagem com cloreto de hidrogênio, originando produtos de adição eletrofílica, tais como os cloretos de alquila. O produto previsto, em maior proporção, para a reação entre cloreto de hidrogênio e 2-metil-2-penteno está nomeado em:

a) 3-cloro-2-metil pentano
b) 2-cloro-3-metil pentano
c) 3-cloro-3-metil pentano
d) 2-cloro-2-metil pentano

35. (ITA-SP) Considere a equação que representa uma reação química não balanceada:

$$CH_3COOH + I \xrightarrow{P_2O_5} \begin{array}{c} CH_3C(=O) \\ CH_3C(=O) \end{array}\!\!O + II$$

A opção que contém as substâncias I e II que participam da reação em questão é:
a) I = CH$_3$CH$_2$OH; II = H$_2$O
b) I = CH$_3$COONa; II = NaOH
c) I = CH$_3$COCℓ; II = HCℓ
d) I = CH$_3$COOH; II = H$_2$O
e) I = CH$_3$ONH$_2$; II = NH$_3$

CAPÍTULO 17 – AS MODERNAS MOLÉCULAS ORGÂNICAS

- **Polímeros**: são macromoléculas construídas pela junção (por meio de ligações químicas) de moléculas menores (monômeros).

Esta reação de polimerização pode se dar basicamente de duas maneiras:

- **Polimerização por adição**: as ligações insaturadas são quebradas, dando origem à união de monômeros, que formam uma macromolécula.

- **Polimerização por condensação**: junção dos monômeros com saída de moléculas menores.

- **Carboidratos**: entre os carboidratos mais conhecidos estão a glicose e a frutose (monossacarídeos), a sacarose (dissacarídeo), o amido, a celulose e o glicogênio (polissacarídeos).

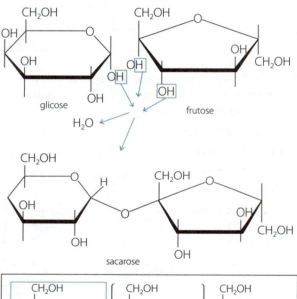

forma cíclica da glicose

Síntese de desidratação da sacarose

sacarose

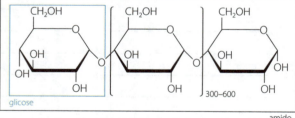

amido

- **Lipídios**: são principalmente ésteres de alta massa molar (gorduras, óleos e ceras).

triglicerídeo

- **Aminoácidos e proteínas**: as proteínas são polímeros formados a partir dos aminoácidos. Existem 20 aminoácidos primários que formam as proteínas do nosso organismo. A ligação entre os aminoácidos para formar as proteínas é denominada de ligação peptídica.

1. (UFMG) Observe as formas de uma gota de água e de uma gota de dodecano, $CH_3(CH_2)_{10}CH_3$, colocada sobre uma superfície de polietileno, um polímero de fórmula – $(CH_2CH_2)_n$ –, mostradas nesta figura:

    1. Considerando as interações intermoleculares entre a água e a superfície do polietileno e as interações das moléculas de água entre si, **justifique** o fato de a gota de água apresentar uma pequena área de contato com o polietileno.
    2. Considerando as interações intermoleculares entre o dodecano e a superfície do polietileno e as interações das moléculas de dodecano entre si, **justifique** o fato de a gota de dodecano apresentar uma grande área de contato com o polietileno.
    3. Nesta figura, está representada uma gota de água depositada sobre uma superfície de vidro limpo:

    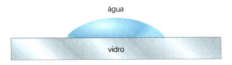

    Indique se, nesse caso, a superfície do vidro apresenta características polares ou apolares.

2. (Uespi) O náilon-6.6 é um polímero sintético formado pela união entre um ácido carboxílico e uma amina. Qual dos polímeros abaixo representa o náilon 6.6?

    a) $(... - CH_2 - CH_2 - ...)_n$
    b) $(... - CH_2 - CH = CH - CH_2 - ...)_n$
    c)
    d)
    e)

3. (Ufes) Polietilenotereftalato, o material das chamadas garrafas "PET" de refrigerantes, é sintetizado a partir de ácido tereftálico e etilenoglicol, como mostrado abaixo:

II.

n HOCH₂CH₂O—C(=O)—C₆H₄—C(=O)—OCH₂CH₂OH $\xrightarrow[-n\ HOCH_2CH_2OH]{150-270\ °C\ (catalisador)}$

$\xrightarrow[-n\ HOCH_2CH_2OH]{150-270\ °C\ (catalisador)}$ —[—C(=O)—C₆H₄—C(=O)—OCH₂CH₂O—]ₙ
(PET)

a) Que grupos funcionais estão presentes no composto A?
b) Como você classificaria as reações I e II?
c) Industrialmente, a síntese de A é feita utilizando-se um grande excesso de etilenoglicol. Explique por que isso é necessário.

4. (UFPB) A fenilalanina, representada na estrutura abaixo, é utilizada como adoçante em refrigerantes do tipo *light*.

Em relação a esse composto, considere as seguintes proposições:

I. De acordo com a IUPAC, o nome oficial da fenilalanina é ácido-2-amino-3-fenil-propanoico.
II. Sua cadeia é heterogênea, acíclica, ramificada e insaturada.
III. O número de oxidação do carbono 2 é zero.
IV. O número total de átomos de carbono primário, secundário, terciário e quaternário é, respectivamente: 1, 7, 1 e 0.

Estão corretas:

a) apenas I, II e III.
b) apenas II, III e IV.
c) apenas I, II e IV.
d) apenas I, III e IV.
e) I, II, III e IV

5. (UPE) A obesidade pode ser provocada pela ingestão excessiva tanto de massas como de doces. Isso ocorre, porque esses alimentos possuem em maior quantidade:

a) glicerina.
b) lipídios
c) carboidratos.
d) proteínas.
e) vitaminas e sais minerais.

6. (UFS-SE) Analise as afirmativas abaixo sobre a seguinte estrutura molecular:

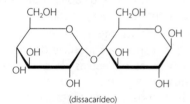
(dissacarídeo)

(00) Corresponde à fórmula $C_{12}H_{22}O_{12}$, ou seja, $(CH_2O)_{12}$.
(01) Pela hidrólise, produz, para cada molécula hidrolisada, duas moléculas de $C_6H_{12}O_6$.
(02) Pode corresponder à sacarose ou a um seu isômero.
(03) Pode se originar pela união de duas moléculas de monossacarídeos com eliminação de duas moléculas de água.
(04) Pode se originar pela união de duas moléculas de um poli-hidroxialdeído com eliminação de água.

7. (UFRGS-RS) A frutose, cuja estrutura química é representada abaixo, é um açúcar monossacarídeo usado como adoçante em muitos produtos de consumo humano. Mel e frutas são as principais fontes da frutose. Industrialmente, a frutose é produzida pela fermentação enzimática do melado de milho.

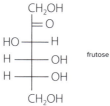

Com relação à frutose, são feitas as seguintes afirmações:

I. Sua fórmula molecular é $C_6H_{12}O_6$.
II. Apresenta dois centros quirais.
III. Apresenta atividade óptica.
IV. É um açúcar caracterizado como aldohexose.

Quais estão corretas?

a) Apenas I e III.
b) Apenas II e IV
c) Apenas I, II e III.
d) Apenas II, III e IV.
e) I, II, III e IV.

8. (Unicamp-SP) O ácido para-amino-benzoico (PABA) já foi muito utilizado em protetores solares por conseguir absorver uma parte da radiação ultravioleta oriunda da luz solar. O PABA pode ser considerado como derivado do benzeno, no qual um hidrogênio foi substituído por um grupo carboxila e outro, por um grupo amino.
a) Escreva a fórmula estrutural do PABA.
b) Um dipeptídeo é uma molécula formada pela união entre dois aminoácidos através de uma ligação peptídica. Escreva a fórmula de uma molécula que seria formada pela união de duas moléculas de PABA através de uma ligação peptídica.

9. (Enem) A identificação da estrutura do DNA foi fundamental para compreender seu papel na comunidade da vida. Na década de 1950, um estudo pioneiro determinou a proporção das bases nitrogenadas que compõem moléculas de DNA de várias espécies.

Exemplos de materiais analisados	Adenina	Guanina	Citosina	Timina
Espermatozoide humano	30,7%	19,3%	18,8%	31,2%
Fígado humano	30,4%	19,5%	19,9%	30,2%
Medula óssea de rato	28,6%	21,4%	21,5%	28,5%
Espermatozoide de ouriço-do-mar	32,8%	17,7%	18,4%	32,1%
Plântulas de trigo	27,9%	21,8%	22,7%	27,6%
Bactéria E. coli	26,1%	24,8%	23,9%	25,1%

A comparação das proporções permitiu concluir que ocorre emparelhamento entre as bases nitrogenadas e que elas formam:

a) pares de mesmo tipo em todas as espécies, evidenciando a universalidade da estrutura do DNA.
b) pares diferentes de acordo com a espécie considerada, o que garante a diversidade da vida.
c) pares diferentes em diferentes células de uma espécie, como resultado da diferenciação celular.
d) pares específicos apenas nos gametas, pois essas células são responsáveis pela perpetuação das espécies.
e) pares específicos somente nas bactérias, pois esses organismos são formados por uma única célula.

10. (Uece) Em uma indústria havia um depósito com várias sobras de materiais: caixas de papelão para embalagem, pedaços de isopor, aparas de alumínio, tijolos de barro, blocos de concreto, sacos de cimento vazios, corda de náilon e alguns caibros de madeira. Um funcionário foi indicado para efetuar a coleta seletiva desses materiais, separando-os segundo sua constituição ou composição, e colocando-os em tambores adequados.

Foram colocados no tambor destinado à química orgânica os seguintes materiais:

a) caixas de papelão, pedaços de isopor, blocos de concreto, corda de náilon, caibros de madeira.
b) pedaços de isopor, tijolos de barro, sacos de cimento vazios, corda de náilon, caibros de madeira.
c) caixas de papelão, pedaços de isopor, tijolos de barro, blocos de concreto, sacos de cimento vazios.
d) caixas de papelão, pedaços de isopor, sacos de cimento vazios, corda de náilon, caibros de madeira.

11. (IME-RJ) A celulose é um polímero natural constituído por milhares de meros originados da glicose ligados entre si. Um segmento desse polímero é representado por:

Produz-se o trinitrato de celulose fazendo-se reagir celulose com ácido nítrico, na presença de ácido sulfúrico. Assim sendo, calcule o número de unidades monoméricas necessárias para gerar a cadeia polimérica de uma amostra padrão de trinitrato de celulose, cuja massa molar é $3,861 \cdot 10^5$/mol.

12. (UFSC) Funcionárias passam mal após inalar poli (metilmetacrilato)

Em agosto de 2016, funcionárias da equipe de limpeza de uma empresa de Maceió precisaram de atendimento médico após limpar o chão do almoxarifado sem equipamentos de proteção individual. No local, dois vidros contendo poli (metilmetacrilato) haviam caído no chão e quebrado, liberando o líquido para o ambiente. Essa substância química é tóxica e tem causado danos irreparáveis quando utilizada em procedimentos estéticos. O poli (metilmetacrilato) – PMMA – também é conhecido como "acrílico" e pode ser obtido a partir da polimerização, sob pressão, da molécula representada como I no esquema abaixo, na presença de catalisador e sob aquecimento:

Disponível em: <http://g1.globo.com/al/alagoas/noticia/2016/08/funcionarias-do-pam-salgadinho-passam-mal-ao-inalar-produto-toxico.html>. [Adaptado]. Acesso em: 14 ago. 2016.

Sobre o assunto, é correto afirmar que:

(01) o PMMA é um polímero de condensação.
(02) a molécula de I apresenta a função orgânica éter.
(04) a molécula de I apresenta isomeria geométrica.
(08) a molécula de I é o monômero do PMMA.
(16) a nomenclatura IUPAC de I é 2-metilprop-2-enoato de metila.
(32) o catalisador, a pressão e o aquecimento influenciam a velocidade da reação de formação do PMMA.
(64) o PMMA apresenta o radical metil ligado a um átomo de carbono insaturado.

Caderno de revisão

13. (UPE-SSA) Uma indústria produz uma resina utilizada para a fabricação de cabos para panelas. Essa matéria-prima é obtida pela condensação do

a) etileno.
b) fenol com o metanal.
c) isopreno (2-metil 1,3-butadieno).
d) éster metílico do ácido tereftálico com o etilenoglicol.
e) ácido adípico (ác. hexanodioico) com a hexametilenodiamina (hexan-1,6-diamina).

14. (PUC-RS) A utilidade dos polímeros para o ser humano parece não ter fim. Nossa espécie encontrou inúmeras aplicações para os polímeros sintéticos, mas os polímeros naturais também não ficam atrás: não só nós, como também outros seres vivos valem-se deles para uma infinidade de usos. São exemplos de polímeros naturais os componentes majoritários de

a) unhas e conchas.
b) azeite e farinha.
c) papel e madeira.
d) vidro e teias de aranha.
e) plástico verde e celofane.

15. (UFG-GO) As proteínas fluorescentes coloridas são usadas atualmente por pesquisadores para entender processos biológicos como a infecção pelo parasita *Trypanossoma cruzi*. A unidade básica formadora das proteínas e a doença causada pelo parasita citado são, respectivamente,

a) α – aminoácidos e doença de Chagas.
b) α – aminoácidos e dengue.
c) β – aminoácidos e leishmaniose.
d) β – aminoácidos e malária.
e) β – aminoácidos e esquistossomose.

16. (UEM-PAS) Sabe-se que o descarte de polímeros no ambiente é uma preocupação mundial, devido aos graves problemas relacionados à sua decomposição. Sobre essa situação, assinale o que for **correto**.

(01) O aterro sanitário é a escolha mais adequada para o descarte de silicones e de compósitos, pois esses compreendem polímeros não recicláveis.
(02) As proteínas e os ácidos nucleicos são também exemplos de polímeros.
(04) As fibras têxteis seda, lycra, poliéster e náilon são polímeros sintéticos termofixos.
(08) A baquelite, usada em cabos de panela, é um polímero termoplástico que, ao ser aquecido, pode ser moldado mesmo após sintetizado.
(16) A ebonite é obtida através da vulcanização do látex vegetal da seringueira, com 30% de compostos de enxofre.

Leia o texto a seguir para responder à questão 17:

A Reforma da Natureza

Quando ²a guerra da Europa terminou, os ditadores, reis e presidentes cuidaram da ¹¹discussão da paz. Reuniram-se num campo aberto, ³sob uma grande barraca de pano, porque já não havia cidades: todas haviam sido arrasadas pelos ⁴bombardeios aéreos. E puseram-se a discutir, mas por mais que discutissem não saía paz nenhuma. Parecia a continuação da guerra, com palavrões em vez de granadas e ¹perdigotos em vez de balas de fuzil.

Foi então que o Rei Carol da Romênia se levantou e disse:

— Meus senhores, a paz não sai porque somos todos aqui representantes de países e cada um de nós ⁵puxa a brasa para a sua sardinha. Ora, ⁶a brasa é uma só e as sardinhas são muitas. Ainda que discutamos durante um século, ¹²não haverá acordo possível. O meio de arrumarmos a situação é convidarmos para esta conferência alguns representantes da humanidade. Só essas criaturas poderão propor uma paz que, satisfazendo toda a humanidade, também satisfaça aos povos, porque a humanidade é um todo do qual os povos são as partes. Ou melhor: a humanidade é uma laranja da qual os povos são os gomos.

Essas palavras profundamente sábias muito impressionaram aqueles homens. Mas onde encontrar criaturas que representassem a humanidade e não viessem com as mesquinharias das que só representam povos, isto é, gomos da humanidade?

O ⁷Rei Carol, depois de cochichar com o ⁸General de Gaulle, prosseguiu no seu discurso.

— Só conheço — disse ele — duas criaturas em condições de representar a humanidade, porque são as mais humanas do mundo e também são grandes estadistas. A pequena república que elas governam sempre nadou na maior felicidade.

⁹Mussolini, enciumado, levantou o queixo.

— Quem são essas maravilhas!

— Dona Benta e tia Nastácia — respondeu o Rei Carol — as duas respeitáveis matronas que governam o Sítio do Picapau Amarelo, lá na América do Sul. Proponho que a Conferência mande buscar as duas maravilhas para que nos ensinem o ¹³segredo de bem governar os povos.

— Muito bem! — aprovou o ¹⁰Duque de Windsor, que era o representante dos ingleses. A Duquesa me leu a história desse maravilhoso pequeno país, um verdadeiro paraíso na terra, e também estou convencido de que unicamente pelo meio da sabedoria de Dona Benta e do bom senso de tia Nastácia o mundo poderá ser consertado. No dia em que o planeta ficar inteirinho como é o sítio, não só teremos paz eterna como a mais perfeita felicidade.

Os grandes ditadores e os outros chefes da Europa nada sabiam do sítio. Admiraram-se daquelas palavras e pediram informações. O Duque de Windsor começou a contar, desde o começo, as famosas brincadeiras de Narizinho, Pedrinho e Emília no Picapau Amarelo. [...]

Eis explicada a razão do convite a Dona Benta, tia Nastácia e o Visconde de Sabugosa para irem representar a Humanidade e o Bom Senso na Conferência da Paz de 1945.

LOBATO, Monteiro. *Obra infantil completa*. Vol. 10 – A chave do tamanho; A reforma da natureza. São Paulo: Brasiliense, 1991. p. 1.185-6. (Adaptado)

1. Perdigoto é "uma gota de saliva" (Dicionário Aulete. Disponível em <http://aulete.uol.com.br>. Acesso em: 10 out. 2013.).

17. (UCS-RS) No segmento *sob uma grande barraca de pano* (ref. 3), a palavra *pano* refere-se provavelmente a um tecido de origem natural, visto que o desenvolvimento de materiais sintéticos poliméricos, em grande parte, aconteceu em função das necessidades impostas pelas guerras. Nesse contexto, considere as informações abaixo.

I. A obtenção de tecidos sintéticos foi impulsionada depois da descoberta do náilon, material resistente e com inúmeras aplicações.

II. O náilon surgiu como uma alternativa para substituir a seda, proveniente da China, país que se caracterizou, na primeira metade do século XX, como a grande potência capitalista.

III. O náilon, assim como a seda, apresenta ligações químicas covalentes em sua estrutura molecular.

Das afirmativas acima, pode-se dizer que

a) apenas I está correta.
b) apenas II está correta.
c) apenas I e III estão corretas.
d) apenas II e III estão corretas.
e) I, II e III estão corretas.

18. (UERJ) Os aminoácidos que possuem um centro quiral apresentam duas formas enantioméricas. Observe, abaixo, a estrutura química de quatro aminoácidos.

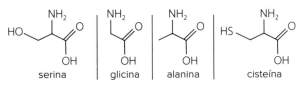

O único desses aminoácidos que não apresenta enantiômeros é:

a) serina
b) glicina
c) alanina
d) cisteína

19. (UPE) Fazer a pele produzir mais colágeno é a meta de muitos dos mais modernos produtos de beleza. Cremes faciais, que utilizam a substância mostrada abaixo, têm conseguido esse feito. O arranjo de sua longa cadeia cria nanofitas planas. Apesar de o mecanismo exato sobre a sua ação na pele ainda ser desconhecido, acredita-se que a superfície larga e plana, formada pelas nanofitas, poderia facilitar o acúmulo de colágeno.

(Disponível em: http://revistagalileu.globo.com/revista/common/0,,emi189299-17770,00-segredo+dos+cremes+antirruga+esta+nas+nanoparticulas.html. Adaptado.)

O texto traz uma abordagem sobre

a) a síntese de um oligossacarídeo a partir de produtos de beleza.
b) a produção de um polissacarídeo na pele, estimulada pelo uso de cremes.
c) o estímulo da biossíntese do colágeno por uma proteína contida no creme.
d) o aumento da concentração de uma proteína pela ação de um derivado de um pentapeptídio.
e) a decomposição de macromoléculas causadoras de rugas pela ação de nanofitas dos cosméticos.

20. (UPE) Uma luminária em forma de vela foi construída com material de fácil acesso. Para tanto, inicialmente, a metade de um pacote de manteiga foi perfurada com palito de churrasco. Depois, um pedaço de guardanapo (cortado e enrolado) foi usado como pavio, esfregando-se a manteiga na parte que fica para fora. Enfim, a vela foi acesa e colocada em um frasco de vidro para que a chama ficasse estável.

Qual das alternativas a seguir apresenta uma explicação correta sobre a queima dessa vela?

a) O seu combustível é, prioritariamente, uma mistura de hidrocarbonetos de cadeias longas.
b) A celulose absorve a mistura de triglicerídeos, os quais, por capilaridade, se movem para cima, ao passo que a vela se queima.
c) O guardanapo fica sem queimar, porque, ao se vaporizar, os alcanos de cadeias longas refrigeram o pavio exposto e o protegem.
d) O calor da chama condensa os ácidos graxos de cadeias curtas, principais constituintes da manteiga, e os seus vapores entram em combustão.
e) A fumaça vista saindo da vela é o vapor da parafina que se resfriou, aumentando sua densidade e alterando o índice de refração, tornando-o visível.

21. (UFRGS-RS) A respeito de biomoléculas, considere as afirmações abaixo.

I. O açúcar extraído da cana-de-açúcar é a sacarose, que é um dissacarídeo composto de glicose e frutose.
II. Os ácidos graxos insaturados contêm, na sua estrutura, pelo menos uma ligação dupla carbono-carbono.
III. As ligações peptídicas são rompidas no processo de desnaturação de proteínas.

Quais estão corretas?

a) Apenas II.
b) Apenas III.
c) Apenas I e II.
d) Apenas I e III.
e) I, II e III.

22. (Ufscar-SP) A borracha natural é um elastômero (polímero elástico), que é obtida do látex coagulado da *Hevea brasiliensis*. Suas propriedades elásticas melhoram quando aquecida com enxofre, processo inventado por Charles Goodyear, que recebe o nome de:

a) ustulação.
b) vulcanização.
c) destilação.
d) sintetização.
e) galvanização.

23. (UFSM-RS) Analisando as representações de polímeros sintéticos:

$$\left[\begin{array}{c}CN\\|\\CH-CH_2\end{array}\right]_n \quad \left[-(CH_2)_5-\overset{O}{\overset{\|}{C}}-\underset{H}{N}-\right]_n \quad \left[-O-CH_2-\overset{O}{\overset{\|}{C}}-O-\right]_n$$

(1) (2) (3)

Assinale a alternativa correta

a) (1) e (2) são poliamidas, polímeros de condensação.
b) (1) e (3) são polivinilas, polímeros de adição.
c) (2) e (3) são poliésteres, polímeros de condensação.
d) (1) é um polivinil, polímero de adição.
e) (3) é uma poliamida, polímero de condensação.

24. (UERJ) Quando ingerimos mais carboidratos do que gastamos, seu excesso é armazenado: uma parte sob a forma de glicogênio, e a maior parte sob a forma de gorduras. As gorduras são, na sua maioria, ésteres derivados de ácidos carboxílicos de longa cadeia alifática, não ramificada. Essa cadeia contém um número par de carbonos – consequência natural do modo como se dá a síntese das gorduras nos sistemas biológicos.

(Adaptado de MORRISON, R. e Boyd, R. *Química orgânica*. Lisboa: Fundação Calouste Gulbenkian, 1981.)

Um ácido carboxílico, com as características estruturais citadas no texto, apresenta a seguinte fórmula:

a) [estrutura com ramificação metil e COOH]
b) [estrutura com ramificação metil e COOH]
c) [estrutura com duplas ligações e COOH]
d) [estrutura com dupla ligação e COOH]

25. (UEL-PR) A borracha natural é obtida da *Hevea brasiliensis*, espécie arbórea comumente chamada de seringueira, de onde é extraído o látex. O látex é uma solução rica em isopreno, que, sob a ação de um catalisador presente na seringueira, produz a borracha natural, como mostrado na equação abaixo:

$$n \text{ (isopreno)} \xrightarrow{catalisador} [\text{poli-isopreno}]_n$$

As cadeias poliméricas da borracha natural, após serem submetidas a tensões de alongamento moderadas, voltam à sua conformação original, porém, em dias muito frios, perdem esta propriedade, tornando-se quebradiças. Este fato limitou sua utilização, até que, por volta de 1930, Charles Goodyear descobriu que o aquecimento de borracha natural em presença de enxofre produz, mediante uma reação de adição, um material bastante elástico e insensível a variações ordinárias de temperatura. Este processo foi denominado vulcanização em referência a Vulcano, o deus do fogo. Com base nas informações acima, é **incorreto** afirmar:

a) O número de átomos de hidrogênio no isopreno é igual a 8.
b) A reação de adição se processa na dupla ligação.
c) O isopreno pode ser denominado 2-metil-1,3-butadieno.
d) O isopreno é uma molécula insaturada.
e) Poli(isopreno) é inerte ao $C\ell_2$ (g).

Gabarito

UNIDADE 1

Página 6

Capítulo 1

1. Falsa; **2.** b; **3.** b; **4.** d; **5.** b; **6.** d; **7.** b

8. a) a figura do lado esquerdo corresponde ao menor teor de gordura (hachurado escuro) e, portanto, ao tipo *light* b) a gordura custa o dobro na margarina *light* em relação à normal.

9. Adicionar a mistura em água quente dissolve o ácido ftálico, enquanto o naftaleno permanece insolúvel. Em seguida, efetua-se a filtração, pois o filtro retém o naftaleno e deixa passar a solução aquosa quente com ácido ftálico. O último passo é deixar evaporar a água.

10. a; **11.** a; **12.** d; **13.** d; **14.** b; **15.** a; **16.** d; **17.** F – V – F; **18.** b; **19.** a; **20.** c.

Página 12

Capítulo 2

1. b; **2.** c; **3.** c; **4.** b; **5.** a; **6.** b; **7.** a; **8.** e.

Página 14

Capítulo 3

1. c; **2.** d; **3.** c; **4.** F-F-F-F; **5.** d; **6.** F-V-V-F; **7.** d; **8.** b; **9.** F-V-V-F-F; **10.** a; **11.** F-F-V; **12.** d; **13.** a) 12 g b) 6,25%; **14.** 16 dias; **15.** d; **16.** a) 60 horas b) Resultado positivo.

17. a) $_{54}$Xe b) 0,125µg em 15 dias; **18.** a) 5 vezes b) ^{235}U e o ^{40}K c) ^{238}U e ^{232}Th; **19.** b; **20.** a) Hélio ($^4_2$He) b) 12 anos; **21.** a; **22.** d; **23.** d; **24.** b; **25.** a; **26.** a; **27.** a; **28.** b; **29.** e; **30.** d.

Página 25

Capítulo 4

1. b; **2.** b; **3.** e; **4.** 32 u; **5.** V-V-V-F; **6.** a) 90% b) 5,9 g; **7.** NH_4NO_3 = = 35% de N, $(NH_4)_2SO_4$ = 21,2% de N; **8.** b; **9.** d; **10.** d; **11.** d; **12.** a) = 10,8% em massa de vanádio b) m = 612 g de vanádio; **13.** c; **14.** c; **15.** c; **16.** c; **17.** d; **18.** c; **19.** a; **20.** d; **21.** b; **22.** a; **23.** c; **24.** c; **25.** 01 + 08 + 16 = 25.

Página 32

UNIDADE 2

Capítulo 5

1. d; **2.** e; **3.** c; **4.** e; **5.** c; **6.** d; **7.** F-V-V-F-V; **8.** d; **9.** d; **10.** e; **11.** a; **12.** d; **13.** e; **14.** a; **15.** e; **16.** d; **17.** e; **18.** d; **19.** b; **20.** c; **21.** a; **22.** c; **23.** 01 + 02 + 16 = 19; **24.** 02 + 04 + 64 = 70; **25.** a; **26.** b; **27.** c; **28.** d; **29.** e.

Página 40

Capítulo 6

1. 02 + 08 + 16 = 26; **2.** a; **3.** c; **4.** b; **5.** b; **6.** a; **7.** a; **8.** c; **9.** c; **10.** a; **11.** a; **12.** e; **13.** e; **14.** A interação é do tipo ligação de hidrogênio. O nitrogênio é ligado à base por interações do tipo dipolo e o hidrogênio por ligações de hidrogênio. **15.** a; **16.** a; **17.** b; **18.** d; **19.** b

20. NH_3 ⇒ Total: 8 e- de valência (4 pares de elétrons) — piramidal

CH_4 ⇒ Total de 8 e- negativo de valência (4 pares de elétrons) — tetraédrica

CO_2 Total de 16 e$^-$ de valência (8 pares de elétrons) — $O=C=O$ linear

H_2O ⇒ Total de 8 e$^-$ de valência (4 pares de elétrons) — angular

21. Total de e- de valência: 8 e- ou 4 pares — tetraédrica

PH_3 ⇒ Total de e$^-$ de valência: 8 e$^-$ ou 4 pares — piramidal

22. PH_3 Total de 8 e$^-$ de valência ou 4 pares de e$^-$ — piramidal

H_3O^+ ⇒ Total de 8 e$^-$ de valência ou 4 pares de e$^-$ — piramidal

23. c; **24.** a; **25.** d; **26.** Durante a vaporização de água, praticamente todas as ligações hidrogênio são rompidas e, por essa razão, a quantidade de calor trocado na vaporização de 1 mol de água é maior do que o calor trocado na fusão de 1 mol de água.

27. c

28. a)

I. H∙∙C∙∙H (com H acima e abaixo)   ou   H—C—H (com H acima e abaixo)

II. H∙∙P∙∙H (com H acima)   ou   H—P—H (com H acima)

b) CH_4 → tetraédrica
PH_3 → piramidal

29. O carbono apresenta duas ligações simples e uma ligação dupla:

Os nitrogênios fazem três ligações simples:

Os hidrogênios fazem ligações simples:

O oxigênio faz a ligação dupla com o átomo de carbono:

30. a) H_2O → 373 K, NH_3 → 240 K, CH_4 → 112 K b) a correlação é baseada nas forças intermoleculares para cada substância. H_2O → ligações de hidrogênio (estrutura tridimensional)

NH_3 → ligações de hidrogênio (estrutura em zigue-zague) CH_4 → moléculas apolares, cujas forças intermoleculares são fracas quando comparadas com as pontes de hidrogênio.

31. c; **32.** b; **33.** d; **34.** a) A fibra de algodão absorve muito bem a umidade H_2O, pois a fibra de algodão é constituída por celulose, que possui grupos hidroxila (OH). b) São as ligações ou pontes de hidrogênio existentes na celulose. **35.** a.

Página 50

Capítulo 7

1. b; **2.** b; **3.** c; **4.** a; **5.** V-F-V-F-V; **6.** d

7. Chuva ácida é um processo pelo qual óxidos ácidos combinam com a água do ambiente produzindo ácidos, causando grande impacto ambiental.

- gás carbônico, CO_2:
CO_2 (g) + H_2O (ℓ) → H_2CO_3 (aq)

- dióxido de enxofre, SO_2:
S (s) + O_2 (g) → SO_2 (g)

SO_2 (g) + $\frac{1}{2}$ O_2 (g) → SO_3 (g)

SO_3 (g) + H_2O (ℓ) → H_2CO_4 (aq)

- óxidos de nitrogênio, N_xO_y:
N_xO_y + H_2O → HNO_2 + HNO_3

8. d; **9.** c; **10.** d; **11.** a; **12.** a; **13.** e; **14.** b; **15.** e

16.
a) H_2O + $HC\ell$ —→ H_3O^{1+} + $C\ell^{1-}$
   base

b) H_2O + NH_3 —→ NH_4^{1+} + OH^{1-}
   ácido

Na reação a), a água comporta-se como base.
Na reação b), a água comporta-se como ácido.

17. c

18. I. Correta, pois, em água, a molécula de $HC\ell$ (g) ioniza-se produzindo um cátion H^{1+} (aq) e um ânion Cl^{1-} (aq)
II. Correta, pois, para cada cátion H^{1+} (aq), temos um ânion $C\ell^{1-}$ (aq).
III. Falsa. A presença de cátions e ânions em solução faz com que esta conduza corrente elétrica.

19. b; **20.** b; **21.** a; **22.** e; **23.** e; **24.** a; **25.** b; **26.** c; **27.** a; **28.** c; **29.** $MgCO_3$, sal, número de oxidação do magnésio: +2, ligação covalente ou molecular. **30.** d; **31.** a; **32.** e; **33.** d; **34.** a.

35. Deve-se dissolver em água o conteúdo de cada um deles em recipientes separados. A solução que conduzir eletricidade é a de cloreto de sódio; a que não conduzir é a de sacarose.

Página 61

UNIDADE 3

Capítulo 8

1. F-V-V-V; **2.** b; **3.** d; **4.** b; **5.** 02; **6.** a; **7.** a; **8.** a; **9.** e; **10.** d; **11.** $(CH_2O)_2$ ou $C_2H_4O_2$; **12.** b; **13.** a) 5 milimols b) 90 g mol^{-1}. **14.** a; **15.** d; **16.** d; **17.** a; **18.** 11,1 min; **19.** a) P = 2,2 atm b) P_{CH_4} = 0,49 atm, P_{H_2} = 0,73 atm, P_{N_2} = 0,98 atm.

20. I. A solubilidade de um gás no sangue aumenta a pressão.
II. A variação de pressão é lenta, assim como a liberação de gás.
III. A variação de pressão é rápida, diminuindo bruscamente a solubilidade do gás no sangue.

21. c; **22.** e; **23.** d; **24.** b.

25. I. Quando o liquidificador é ligado, as esferas espalham-se pelo volume do copo.
II. Para a fase gasosa, a densidade seria dada pelo quociente en-

tre a massa total das bolinhas e o volume do copo, portanto, há muito espaço vazio. Para representar o líquido, o liquidificador é desligado e as bolinhas permanecem no fundo do copo, ocupando menos volume, de tal modo que a densidade é maior.

26. b; **27.** a; **28.** 02 + 05 + 06 = 13; **29.** c; **30.** F-V-V-F.

Página 72

Capítulo 9

1. b; **2.** e; **3.** c; **4.** c; **5.** V-V-V-F-V; **6.** a; **7.** d; **8.** e; **9.** c; **10.** d; **11.** b; **12.** d; **13.** d; **14.** d; **15.** c; **16.** b; **17.** e; **18.** e; **19.** d; **20.** a) $NaSO_3$ (aq) + 2 $HC\ell$ (aq) → SO_2 (aq) + H_2O (ℓ) + $NaC\ell$ (aq) b) 100 mL; **21.** a) 2 H_2 (g) + O_2 (g) → H_{2O} (v) b) m = 4,5 · 10^5 kg; **22.** c; **23.** d; **24.** d; **25.** b; **26.** c; **27.** a; **28.** d; **29.** b;

30. a) $\frac{2,8}{14} = \frac{6,0}{30,0}$ b) N = 46,7%, O = 53,3%.

Página 85

Capítulo 10

1. a; **2.** c; **3.** b; **4.** d; **5.** F-V-F-F; **6.** c; **7.** b; **8.** c; **9.** 5 moléculas de O_3 em 10^6 moléculas do ar ou 5 ppm; **10.** b; **11.** c; **12.** c; **13.** e; **14.** c; **15.** d; **16.** d; **17.** a; **18.** a; **19.** e; **20.** c; **21.** c; **22.** e; **23.** a; **24.** b; **25.** 4,84 g
Equação de dissociação do $ZnSO_4$ em água:

$$ZnSO_{4(S)} \xrightarrow{H_2O} Zn^{+2}_{(aq)} + SO^{-2}_{4(aq)}$$

26. a) 80 mg · L^{-1} b) Os compostos iônicos em solução apresentam íons livres, responsáveis pela condutividade elétrica da solução. Ex.: $KC\ell \rightarrow K^{1+} + C\ell^{1-}$.
27. b; **28.** a; **29.** F-F-V-V; **30.** a) 15,3% b) 0,25 L de garapa.

Página 95

UNIDADE 4

Capítulo 11

1. c; **2.** d; **3.** V-F-F-F; **4.** e; **5.** a; **6.** e; **7.** e; **8.** a; **9.** c; **10.** b; **11.** a; **12.** b; **13.** c;
14. a) C_2H_5OH (ℓ) + 3 O_2 (g) → 2 CO_2 (g) + 3 H_2O (ℓ)
ΔH = –1368 kJ/mol b) Exotérmica.
15. a) CO (s) + H_2 (g) + O_2 (g) → CO_2 (g) + H_2O (v)
ΔH = -520 kJ/mol b) P = 16 atm
16. a) 1970 kJ; b) 4,82 · 10^6 m; **17.** b
18. a) $Ca(OH)_2$ (aq) + CO_2 (g) → $CaCO_3$ (s) + H_2O (v).
Carbonato de cálcio ($CaCO_3$).
b) ΔH = –986 kJ

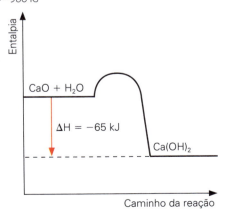

19. a) ΔH = 91,82 kJ · mol^{-1}, reação endotérmica
b) Como temos uma reação endotérmica, o aumento da temperatura influencia na qualidade do produto, logo, torna-se necessário manter a temperatura entre 15 e 25 °C.
20. d; **21.** e; **22.** a) FeO (s); ligação iônica CO (g), ligação covalente ou molecular b) ΔH = - 11,5 kJ/mol; **23.** b;
24. 01 + 02 + 08 = 11; **25.** c; **26.** a) −581 kJ · mol^{-1}; b) SnO (s) + $\frac{1}{2}$ O_2 (g) → SnO_2 (s) $ΔH_2$ = -295 kJ · mol^{-1}; **27.** b; **28.** b; **29.** é; **30.** a) Temperatura aumenta (liberação de calor) b) Temperatura diminui (absorção de calor).

Página 107

Capítulo 12

1. e; **2.** a; **3.** b; **4.** c; **5.** e; **6.** d; **7.** b; **8.** a) 2 H_2O_2 (aq) → 2 H_2O (ℓ) + O_2 (g) b) O dióxido de manganês (MnO_2) atua como catalisador, aumentando a velocidade de decomposição do peróxido de hidrogênio. **9.** a) ordem total da reação é 3 (2+1=3) b) 4 vezes; c) Adicionar um catalisador.

10. 1. 2 H_2O_2 (aq) $\xrightarrow{I^-}$ 2 H_2O (ℓ) + O_2 (g); 2. Falsa. 3. m = 1 e n = 1
11. F-V-V-F-F-V
12. vll vl ; **13.** d; **14.** 3; **15.** a; **16.** 02 + 04 = 06; **17.** d;
18. a) Lei da velocidade: v = k[Cr(VI)]¹. b) ordem 1 c) 1,6 x 10^{-2} min-1; **19.** d; **20.** a; **21.** d;
22. a) $CaCO_3$ (s) + CO_2 (g) + H_2O (s) → Ca^{+2} (aq) + 2 HCO^{-3}(aq)
b) Diesel: 2 $C_{12}H_{26}$ + 37 O_2→ 24 CO_2 + 26 H_2O
Gasolina: 2 C_8H_{18} + 25 O_2→ 16 CO_2 + 18 H_2O
c) Vm = 3 mols de C_8H_{18}/h
d) Haverá um aumento na concentração de CO_2, dissolvido na água, levando o equilíbrio a se deslocar para o lado dos produtos, ou seja, haverá dissolução do $CaCO_3$, degradando os corais.
23. 01 + 02 + 04 = 07; **24.** c; **25.** b; **26.** V-F-V-V; **27.** b; **28.** d;
29. a) O ferro reage com o oxigênio e vapor-d'água formando a ferrugem. Portanto, há aumento das massas do pedaço de ferro e da esponja de ferro. b) A esponja de ferro reage mais rapidamente do que o pedaço de ferro. Portanto, há maior aumento da massa da esponja. **30.** e.

Página 118

Capítulo 13

1. d; **2.** V-V-F-F-V; **3.** b; **4.** e; **5.** a; **6.** b; **7.** e; **8.** [H²] = 0,11 mol · L^{-1}; [HI] = 0,78 mol · L^{-1}; **9.** b; **10.** a; **11.** 1) 0,0304 2) 0,05 3) 0,0108 (CH_3COOH) e 0,0196 (dímero); **12.** b; **13.** a; **14.** a) Com a prática de exercícios físicos, ocorre aumento na eliminação de CO_2 (g) por aumento da taxa de respiração. Segundo o Princípio de Le Chatelier, ocorre um deslocamento do equilíbrio para a esquerda, provocando consumo de íons H^{+1}, o que causa aumento de pH (redução da acidez). b) Os diuréticos que eliminam água e eletrólitos, podem elevar o pH do sangue porque deslocam o equilíbrio citado para a esquerda, causando a diminuição da (aumento do pH); **15.** c; **16.** a; **17.** a) 5,18 mg · L^{-1}; b) 1,036 mg; c) ; **18.** c; **19.** d; **20.** c; **21.** a;
22. a) Incorreta. O iodeto de prata passa a fazer parte da água da chuva, alterando sua composição.
b) KP_S = [Ag^+] · [I^-], 9,1 · 10^{-9} mol · L^{-1}; **23.** b; **24.** 02; **25.** a; **26.** c; **27.** b; **28.** b;

Caderno de revisão   189

29. a)

[estrutura de Lewis: H-O-H com pares de elétrons]

b) 11,11% c) $3 \cdot 10^{-23}$ g; d) $K_w = [H^+ (aq)] \cdot [OH^- (aq)]$
30. 32,4 g/L; **31.** e; **32.** a; **33.** a; **34.** b; **35.** b; **36.** b; **37.** c
38. a) CO_2 (g) + H_2O (ℓ) + Ca^{2+} (aq) $\rightleftarrows$ $CaCO_3$ (s) + $2H^{1+}$ (aq)
b) Como os moluscos são constituídos por carbonato de cálcio, então sua formação envolve consumo de gás carbônico.
39. a; **40.** a.

Página 133

Capítulo 14

1. a) Cr; b) Zn; **2.** a) Ânodo: Ni (s); cátodo: $C\ell_2$ (g) b) 1,60 V; **3.** 0,790 g; **4.** d; **5.** c; **6.** b; **7.** a; **8.** a) Cd (s) + 2 OH^- (aq) → $Cd(OH)_2$ (s) + 2 e^- b) 13 V; **9.** a; **10.** F-V-V-V-F; **11.** d; **12.** b; **13.** d; **14.** e; **15.** F-F-V-F-F; **16.** b; **17.** d; **18.** V-F-V-F-F; **19.** b; **20.** a; **21.** c;
22. Processo: cristalização, propriedade: solubilidade,
Mg^{2+} (aq) + 2 OH^- (aq) → $Mg(OH)_2$ (s)
$MgC\ell_2$ (s) → Mg (ℓ) + $C\ell_2$ (g)
23. a; **24.** e; **25.** b; **26.** b; **27.** b; **28.** a;
29. a) O alumínio atua como ânodo. Os cátions Na^{1+} se dirigem para o eletrodo de Au e os ânions $C\ell^{1-}$, para o eletrodo de Aℓ. b) 2 H_2O (ℓ) + 2 e^- → H_2 (g) + 2 OH^- (aq)
30. c; **31.** c; **32.** c; **33.** c; **34.** c; **35.** c.

Página 148

UNIDADE 5

Capítulo 15

1. c
2.
a) [estrutura: -C-C-]
b) [estrutura: -C=C-C-]
c) [estrutura: anel benzênico com -C-]

3. b; **4.** d; **5.** e; **6.** e
7.
a) CH_3—CH_2—CH_2—CH_2—CH_2—OH
função química: álcool

CH_3—CH_2—C—$(CH_2)_5$—CH_3
         ‖
         O
função química: cetona

b) Sinal de alerta:
CH_3—CH_2—CH_2—CH_2—CH_2—OH
pentan-1-ol
álcool pentílico

c) Estrutura do fragmento:
[estrutura epóxido: -C-C- com O formando anel, H nos C]

8. E-E-E-C-E; **9.** d; **10.** c; **11.** b; **12.** b

13.

[estruturas: Propanona (cetona) e Isopropanol (álcool)]

O isopropanol apresenta a maior temperatura de ebulição.
14. c; **15.** c; **16.** d; **17.** a; **18.** d; **19.** 01 + 02 + 16 = 19; **20.** c; **21.** d
22. a)

[estrutura da fluoxetina com heteroátomos O e N destacados, grupo F_3C]
fluoxetina

b) Classes funcionais: haleto, éter e amina, Isomeria espacial: isomeria óptica.
23. Insaturada e mista; Cortisol: cetona; Melatonina: amida;
24. c; **25.** 02 + 04 + 16 = 22; **26.** b; **27.** c; **28.** b; **29.** c; **30.** e; **31.** b; **32.** b.
33.
a)
[estrutura ciclo-pentano]
ciclo-pentano

b) H_2C=CH—CH_2—CH_2—CH_3 ou
pent-1-eno

H_3C—CH=CH—CH_2—CH_3
pent-2-eno

34. d; **35.** a; **36.** a; **37.** d; **38.** c
39. a) A estrutura não apresenta assimetria molecular.
b) $1,0 \cdot 10^{-6}$ g/L ; **40.** b.

Página 168

Capítulo 16

1.
a) CH_3—CH_2—CH_2—CH_3—$C\ell_2$ $\xrightarrow{\Delta}$
$\begin{cases} CH_3—CH_2—CH_2—CH_3—C\ell + HC\ell \\ \text{1-cloro-butano} \\ CH_3—CH_2—CH—CH_3 + HC\ell \\ \qquad\quad |\\ \qquad\quad C\ell \\ \text{2-cloro-butano} \end{cases}$

b)
CH_3—CH_2—C^+—CH_3
         |
         H
         |
         $C\ell$

2. V-F-F-F-F; **3.** e; **4.** e; **5.** V-F-F-F-F; **6.** e; **7.** a
8. a) e b)

[estruturas: x(metanal) H-C(=O)-H; y(ácido metanoico) H-C(=O)-OH; Z(metanoato de etila) H-C(=O)-O-CH_2-CH_3]

c) etanoato de metila – metameria (compensação)

$$\left(CH_3-C\overset{O}{\underset{O-CH_3}{\diagup}}\right)$$

9. a) 7g b)

[estruturas de isômeros de C5H10 cíclicos]

$O=C=O$; $O=O$ e $H-O-O-H$

10. 01

11.
1) [estrutura com fórmula molecular] Fórmula molecular ⇒ $C_3H_6O_3$
Fórmula mínima ⇒ CH_2O

2) $H-\overset{O}{\underset{H}{C}}$ metanol (formaldeído)

3) $H-\overset{O}{\underset{H}{C}}$ —redução→ CH_3OH metanol
—oxidação→ $H-C\overset{O}{\underset{OH}{\diagup}}$ ácido metanoico (ácido fórmico)

4) $H-\overset{O}{\underset{H}{C}} + HO-CH_3$ —esterificação→ $H-C\overset{O}{\underset{O-CH_3}{\diagup}} + H_2O$
metanoato de metila

12. d; **13.** F-V-V-V-F; **14.** b; **15.** C-C-C-C; **16.** C-E-C-C; **17.** 08 + 16 = 24

18. a) carboxilato (função éster) e fenol.
b)
[reação de hidrólise/transesterificação de éster de ácido graxo com metanol]

19. e

20.
$H_3C-CH-CH_2-CH_3$ —H_2O→ $KBr-H_3C-CH-CH_2-CH_3$
      | |
      Br   OH
                                    Composto X
                                (Fórmula estrutural plana)

$H_3C-CH-CH_2-CH_3 + KOH$ —[O]/$K_2Cr_2O_7$/H_2SO_4→ $H_3C-C-CH_2-CH_3$
      | ||
      OH   O
                                                        Composto Y
                                                  (Fórmula estrutural plana)

Mecanismo é dado por substituição nucleofílica. O composto 2-bromobutano apresentará dois isômeros ópticos ativos.

21. b; **22.** a; **23.** a;

24.
a)

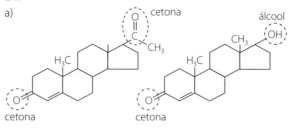

cetona, álcool, cetona, cetona

b) progesterona

[estrutura da progesterona] + Br_2 → [produto bromado]

testosterona

[estrutura da testosterona] + Br_2 → [produto bromado]

25. a; **26.** a) funções éster, álcool e éter. b) Fórmula molecular do hidroxitirosol: $C_8H_{10}O_3$.

27. a)

[estrutura do butan-2-ol com OH]

b) Função álcool c) Butan-2-ol.

28. b

29. a) Substituição.

b) $CH_2-CH_2-CH_3$ e $CH_3-CH-CH_3$
   | |
   Cℓ   Cℓ
 1 – cloro-propano   2 – cloro-propano

c) Isomeria plana de posição.

30. c

31.
a)

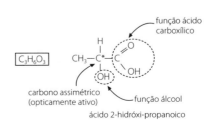

função ácido carboxílico
$C_3H_6O_3$
carbono assimétrico (opticamente ativo)
função álcool
ácido 2-hidróxi-propanoico

b) Reação de esterificação.

$$CH_3-CH(OH)-C(=O)-OH + HO-CH_2-CH_2-CH_3 \rightarrow$$
ácido 2-hidróxi-propanóico   propan-1-ol

$$\rightarrow CH_3-CH(OH)-C(=O)-CH_2-CH_2-CH_3 + H_2O$$
ácido 2-hidróxi-propanoico   água

32. e; **33.** a; **34.** d; **35.** d

Página 178

Capítulo 17

1. Como a água é polar, e o polietileno, apolar, as moléculas de água acabam interagindo melhor entre si (ligações de hidrogênio). 2. Como o dodecano também é apolar, ele acaba interagindo bem com a superfície do polietileno, "espalhando-se" sobre ela. 3. O vidro tem características polares (grupos Si-OH).

2. c

3. a) éster e álcool b) I. Esterificação II. Polimerização c) Aumento da concentração de álcool desloca o equilíbrio no sentido do produto (equilíbrio químico).

4. d; **5.** c; **6.** F-V-V-F-V; **7.** a

8. a)

$$H_2N-C_6H_4-C(=O)-OH$$

b)

(esquema de reação mostrando a formação de ligação peptídica entre os grupos ácido e amina, com liberação de H_2O)

ligação peptídica formada entre os grupos ácido e amina

9. a; **10.** d; **11.** 1300; **12.** 08 + 16 + 32 = 56; **13.** b; **14.** c; **15.** a; **16.** 02 + 16 = 18; **17.** c; **18.** b; **19.** d; **20.** b; **21.** c; **22.** b; **23.** d; **24.** c; **25.** e.